UNESCO

世界记忆名录

国家重点档案专题保护开发项目

民国时期广东邮政管理局侨批档案选编（1929—1949）

第四册

广东省档案馆 编

SPM 南方传媒 广东人民出版社
·广州·

图书在版编目（CIP）数据

民国时期广东邮政管理局侨批档案选编（1929—1949）/ 广东省档案馆编. —广州：广东人民出版社，2024.2
ISBN 978-7-218-17296-5

Ⅰ. ①民… Ⅱ. ①广… Ⅲ. ①华侨—档案资料—汇编—广东 Ⅳ. ①D634.3

中国国家版本馆 CIP 数据核字（2023）第 250584 号

ISBN 978-7-218-17296-5

MINGUO SHIQI GUANGDONG YOUZHENG GUANLIJU QIAOPI DANG'AN XUANBIAN（1929-1949）
民国时期广东邮政管理局侨批档案选编（1929—1949）
广东省档案馆　编

出 版 人：肖风华

项目统筹：柏　峰
责任编辑：周惊涛　陈其伟
装帧设计：书窗设计
责任技编：周星奎

出版发行：广东人民出版社
地　　址：广州市越秀区大沙头四马路 10 号（邮政编码：510199）
电　　话：（020）85716809（总编室）
传　　真：（020）83289585
网　　址：http://www.gdpph.com
印　　刷：广东信源文化科技有限公司
开　　本：889mm×1194mm　1/16
印　　张：147.25　　字　　数：800 千
版　　次：2024 年 2 月第 1 版
印　　次：2024 年 2 月第 1 次印刷
定　　价：4980.00 元（全五册）

如发现印装质量问题，影响阅读，请与出版社（020-85716849）联系调换。
售书热线：020-87716172

目录

调查统计（二）

黎仪燊关于陈复广东邮区各局最近办理侨批情况给邮政储金汇业局的半公函（一九四三年一月十五日）

432
178

半公函
函字 二一二

為陳復廣東郵區各局最近辦理僑批情況敬乞鑒察由

子青局長鈞鑒：本卅一年十大廿二日儲秘字第一七四號半公函，誦悉。查

本區批信局多係設於粵省各縣，現經函據廣州郵局呈復略以：「自太平洋戰

事發生後，各處僑批，逐漸斷絕。前營業之各批信局停業者十居八九。但有

部份僑眷及在廣州設立之僑批局，仍有少數批信經廣州藏由淪陷區

轉入內地。至本月上旬，已停止。現業已將批信局一律執行停頓，經過入

先後停止。所屬批信無從查詢，一一查明，是以關於淪陷區外之僑眷。

批已無法寄出。其實在情況，依外不易查知。除僑批有倪利行匯款外，

一

二

先施行。敬請

鈞安

職 秦郁棠 謹上

中華民國卅三年壹月拾五日

~~433~~ 179

繕寫

校對

广东邮政管理局曲江办事处关于陈报各方对局方办理侨汇的态度给邮政储金汇业局的半公函（一九四三年一月十八日）

中华民国三十二年壹月十八日

半公函 曲字第二一[illegible]号

广东邮政管理局曲江办事处

為陳報各方對局方辦理僑滙表示滿意敬乞 鑒核由

貴局局座鈞鑒：查本處於粵湘桂閩辦理僑滙，前以稽核撥解不甚[illegible]，遂不免被[illegible]見。致引起各方責難。其中除由及[illegible]延誤[illegible]，迭經呈報有案。至中國銀行往桂林撥付之玩鈔六千餘元，早經於去年十一月廿七日以前，均已先後分批由局轉寄古山及新曲兩局，將轉寄各局迅速清兌。亦經去年十二月廿三日第一三九[illegible]二零四六二號呈文陳報，並蒙鑒察。

[illegible]前奉廣東省政府卅一年亥[illegible]字第五五一二零號代電，以該[illegible]僑眷

~~420~~ 166

山新中卅日報函詢廣東郵匯真相，助多有關各僑會明其故等因。案將局方前時匯兌情形暨陸續清兌實況詳細述明原委。本年一月八日伊承伯豪省主席邀約會晤。對局方辦理僑匯及兌時實情，垂詢甚詳。據前當其任描述曉時，中國銀行員瀣孫先生曾對其說及，該行已付交偽金匯業局現鈔七八千萬元。其此項兌付純因郵局方面調撥不足所致。經曉前去年六月至十月共載獲由該行轉來梅州僑匯約九千萬元。而該行除在曲江由該行支行先後曾交付一千餘萬元外。直至十一月中旬始由該行在梅縣行交付六千萬元。該後一批之現鈔。亦經於十一月廿七日以前全數運往台山等局分發。至於遲

二

~~421~~ 167

大东战争．将兵艰苦之困难．与后方生活之悠闲等等．许为阐明．并曾知以

前因中行处理何事以致产生不足之困难．自收到该六千余元后．则已消免

百分之八九十．至于处免困难情形．大致明白．而对于部方之迅速处理消

免．认为满意．并盼以后继续努力办理．同时重希允对于[illegible]请求如有动难

任何困难须积极治力设法协助者．并力协助．

现因本月十二日本市中山日报刊载与前往路仲告．对部局办理困难．

已有满意记载．尤足引以为慰．兹检剪是该项新闻一段．附函送．转饬

查注．

三

168

四

詳查此次美洲匯款之積壓．純因一時大量湧到．而中行不能同時兌現普遍所致．但我方亦有辦不當失宜．查以台山新會及高要之僑匯（包括經紐約中國銀行及廣東銀行轉轉匯部份）事項．向係分由　儲金匯業局駐香港通訊處及桂林分局接轉．但自卅年十二月太平洋戰事發生後．香港方面之聯絡．因係中斷．而桂林分局頭寸吃緊．無力照數接轉．　曲江分局頭寸亦非充裕．除盡力首接轉上海儲匯局桂林分局暨金等局各百萬元或百餘萬元．所有餘力悉數用於經營金等等處之匯撥業務．及兌付泰國戰前舊存之僑匯外．已不遑兼顧台山一帶之僑兌需求．嗣迭經政長規定之單獨稅悉省稅令

~~423~~ 169

五

該一等局所之報告，其不敷及因欠之數項每行尚爲未完，少者十餘萬元，多者數十萬元，或達百萬元，至於准東八等郵總稅務長監督並如該台山一等各局共存盈餘充之擔保達數百萬元，（此存盈情形已於卅一年五月十八日上

日上

鈞金局案局第二十號半公函略有敘及，副本已奉　鈞局）依照設法協辦。當經於每次收到報告或函電，即督交財務部籌設法擔保，但除鶴山　開平局請營及電請恩平分局協撥外，似已無其他辦法。至於高要台山及新會等局之收到債數情形，截至本局自卅年十二月十日至卅一年一月廿九日尤　後

~~424~~ 170

由香港局撥付二百二十萬元。及自二月至六月間皆由　暹邏　月撥數十萬元。然此數除用以應付該局區內之積壓僑票之外。其餘尚可以轉撥台新兩局者為數不多。至　暹邏　撥付台山之數。僅二月份二十萬元。三月份四十二萬元。四月份五十萬元。新會局則二月份三萬元。三月十二萬元而已。以此少數之協助。而應付積壓數百萬元之各種匯票。自屬杯水車薪。迨至六月間儲匯局陸續有鉅款撥來。始能分次大宗轉撥台山及新會兩局。然後始能按照僑票收到先後挨次清理。故美洲僑胞所控訴積壓達半年而未兌付者。大約係指前年十二月八日以前匯到之郵轉匯單。而非純指自五月間開

六

425 171

七

瘧疾為千公路沿線台山分縣局之普遍病症，但此項山瘴特殊之病症，仍因中行有藥施送，又逐漸少，故又加增病患之呼籲耳。刻下台新一帶之美瘧疾現已消滅百分之八十，如能有藥救濟，即可消滅。謹將此中情形，故廉請合前後事實附陳，並另抄呈與省府來往電文二件，敬乞

鑒核。專肅敬請

崇安

附二件

副呈並附件錄呈　武鼓倫金區專局

職　蔡　儀　謹上

繕寫
校對　張惠貞

中華民國三十二年壹月念八日

附一：《曲江中山日报》的报道（一九四三年一月十二日）

426

廣東郵政管理局辦事處曲郵字第二一三號半公函之附件

（剪貼三十二年一月十二日曲江中山日報）

172

中山日報

粵僑務處通告
改善僑匯近況
六千萬元運抵肇慶濟付

【本報韶關訊】粵僑務處於（十一）日奉僑委會通令，詳述僑匯最近改善狀況，並着通告全省週知。該處遵令後[illegible]經發出佈告，茲摘錄其要點如下：廣東台山地方郵局發款功能，予以加強，（一）設法吸收當地僑金，以應兌付僑款。又郵政總局代理紐約中國銀行，在台山一帶辦付僑匯辦法，已于十月廿一二兩日陸續在桂際收到現款四千萬元，正在分批押運；並設法請當地廣東省銀行協助，此後僑匯、可逐步暢付。（二）關於以往未經暢付匯款一部原

因係各行局以鈔券接濟困難，業由中國銀行於十一月四日前後在桂林交付郵匯局法幣六千萬元，業已運抵肇慶。（三）粵省行暨中央銀行交接員紙一節，所有交到員紙依照院令核定押款五成辦法辦理，另由中國銀行撥給分省行週轉金二百萬元，以便先行付給，至該行員紙應先由外匯之原出票行償付，已由財部再請外部繼續交涉中。（四）關於改善僑匯，兌付及供應籌碼經商定：一、中國銀行以美金向中央銀行結換法幣兌付僑匯先交到美金二百萬元，由中

央銀行於最近期內在昆明桂林各交法幣[illegible]千萬元，以資源源應付。二、中國銀行於交付郵匯局讓單，應隨交現鈔，并於最近期內與付台山郵局偶轉會五百萬元，嗣後各地匯局對於僑匯隨到隨付。（五）關於溝通僑匯并商定：一、國外由中國銀行，多委託代理處，并積極推行電匯受款人登記辦法，二、國內除已由區行委託郵匯局外，并由該行增設行處。三、淪陷區僑匯交付事項，除由事會行積極辦理外，并由中國銀行於接近淪陷區設錢委託商業行莊代辦。

附二：广东省政府代电

427

173

畀字第八一三號半公函之附件

廣東省政府代電

財字第五五一二〇號

為據核香山新中國日報來函請查詢廣東僑滙真相以慰僑望等情分別電請記室賞範圍核明詳以便案辦由

廣東郵政管理局覽現據核香山新中國日報本年八月十二日來函請查詢廣東僑滙真相以慰僑望等情查原函查詢各節除分別函令各有關機關辦理外關於自由區之部(丙)及淪陷區之部(甲)(乙)暨共同之部(甲)(乙)各節係屬該局主管範圍合將原函抄發電仰遵照迅即查明具復以憑案辦為要主席李漢魂亥篠棠印抄發核香山新中國日報原函一件

陳安明

附三：抄送檀香山《新中国日报》原函一件（一九四二年八月十二日）

~~A28~~ 174

伯豪主席鈞鑒世亂日亟賢者宜勞遂合虎旌為勝鸞征潮自太平洋戰事爆發以來於今八
月交通阻梗郵遞艱難我美洲及檀香山華僑上念國家環境之艱難下憂家鄉妻兒之淪落
莫不五中欲裂悲淚盈眶近頃鄉訊傳來述及家鄉狀況有謂自由區如台山恩平開平等處者
物價騰貴乞及樹皮婉轉待死求生無術更有駭人聽聞者我美洲華僑二月間經由紐約中
國銀行郵匯家費得收者固有之因國內郵政方面阻滯而未收者亦不少即有收到匯票者
待票收款藉故推宕現款不足未能交款者有之更有勒索扣補匯經月展轉始收者亦有
之慘狀自出無可如何似此情形何堪設想其僑眷在淪陷區如中山新會者益不可問此間華
僑於二月間經由紐約中國銀行匯款接濟者及今半年尚未有人接到消息者檀香山中山
華僑眾多故敝報已代表華僑致函該行附寄電費請求查問究竟中山與東廣郵政是否尚
通匯款可否到達今雖未得覆訊然設身處此慘痛何如四邑中山華僑最多本可自救惟

二

自郵匯阻梗，僑兑艱難，令一方積款雖多，不敢寄付；一方仰盼待斃，粒米無存，兩方深陷一鴻溝，無由救助，天下痛心之事，孰過於此。敝報同人念此情形，同遭劫運，熟思數月，寢饋難安，因念鈞公為省粵人民所託命，雖事屬分外，惟民命所關，特敢冒瀆上書，懇求代查數事：

第一、關於自由區之部

甲、紐約中國銀行寄匯四邑之款，直達該處，其間有無障礙，請設法代為調查。

乙、收款人收受中國銀行兑票後，是否可以即向當地郵局提款，抑或祇限於中國銀行各該分行提款；如祇限該行分行提款，廣東銀行可否設法予以找兑之便利，或設法通飭各銀號予以「貼現」之便利。

丙、關於上述郵局阻滯及收款困難等事，是否屬實；如屬實情，可否設法改善。

176 ~~430~~

丁、關於廣東等賑實況如何假定華僑方面匯款指定救濟某鄉可否辦到辦後可否具函報告實況。

三

第二、關於淪陷區之部

甲、廣東省會县中山淪陷區是否通郵。

乙、紐約中國銀行匯寄淪陷區如中山之款是否可以直達無碍該處郵局有無責任。

丙、收款人收受中國銀行憑票後如何找兑有否對此問題有無辦法處理。

丁、關於賑濟淪陷區僑眷有無間接可靠的辦法。

第三、共同之部

甲、關於四邑中山對於美國通郵指明如者要靠曲江、廣州灣、或重慶轉寄方可到達但僑眷未必人人有親友在彼處此問題有無解決方法。

四

乙、現在北非印度皆極緊張，萬一飛郵中斷，祇靠電報，省府方面可否設置聯絡機關，藉使華僑。

丙、現在四邑中山消息隔閡萬分，省府所辦華僑通訊社，可否多發關於四邑中山等地之切實消息，使華僑得明家鄉真相。

以上數者為一般華僑所急欲明白而尤有待於

鈞座設法解救者也。我公愛民如命，夙所欽遲，故敢以瑣事奉瀆，惟我公教之。專頌

勳祺

新中國日報

弟李大明謹啟 卅、八、十二

广东邮区（后方）一九四三年份已挂号批信局详情表（一九四三年）

32年份 9

批信局名稱	開設地方	營業人籍貫姓名	分號或聯號數	執照號數	附註
周生利	汕頭	潮陽 周雲生	九	一〇〇八	
裕益	汕頭	澄海 周炯昌	十四	一〇〇九	
福興	汕頭	普寧 劉士彥	十三	一〇一〇	
振豐盛	汕頭	普寧 陳章武	十二	一〇一一	
勝發	汕頭	揭陽 鍾詩和	九	一〇一二	
福成	汕頭	潮陽 黃日輝	十三	一〇一三	
義發	汕頭	揭陽 余文仁	六	一〇一四	
吳順興	汕頭	澄海 吳興祥	十一	一〇一五	
陳悅記	汕頭	鳳凰 陳拔奇	十三	一〇一六	
棨成利	汕頭	澄海 許衍衡	十二	一〇一七	
許福成	汕頭	饒平 許質彬	十三	一〇一八	
合盛利	汕頭	揭陽 劉廷服	六	一〇一九	
洪萬豐	汕頭	棉湖 洪賢良	十九	一〇二〇	
棨大	汕頭	潮陽 蔡禮權	七	一〇二一	
恒記	汕頭	潮陽 林成禧	十八	一〇二二	
成利	汕頭	潮陽 蕭介珊	二	一〇二三	
李昌利	汕頭	潮陽 李潤初	十二	一〇二四	
光華益	汕頭	潮安 鍾少岩	十七	一〇二五	
有信	汕頭	澄海 黃壽三	十四	一〇二六	
光裕	汕頭	澄海 林左三	二十	一〇二七	
源益興	汕頭	潮安 陳梓良	十六	一〇二八	
四興	汕頭	潮陽 陳四合	八	一〇二九	
馬合豐	汕頭	潮陽 馬文龍	五	一〇三〇	
馬合發	汕頭	潮陽 馬星五	十六	一〇三一	
福德利	汕頭	潮陽 黃文秋	三	一〇三二	
福茂	汕頭	潮陽 黃南和	五	一〇三三	
信大	汕頭	普寧 陳謙銘	七	一〇三四	
致盛	汕頭	潮陽 鄭應林	七	一〇三五	卅二年暫停營業
陳通	汕頭	梅縣 陳濟軒	八	一〇三六	
祥富益	汕頭	潮安 鍾樹芳	十三	一〇三七	
玉合	汕頭	癸 林	十五	一〇三八	
裕大	汕頭	潮安 陳喜鎮	八	一〇三九	
佳興	汕頭	澄海 吳翩秋	十	一〇四〇	

10

批信局名稱	開設地方	營業人籍貫	營業人姓名	分號或聯號數	執照號數	附註
榮豐利	汕頭	豐順	黃勤敏	十五	一四一	
黃潮興	汕頭	饒平	黃善璧	九	一四二	
啟峰棧	汕頭	揭陽	魏啟和	十四	一四三	
和興盛	汕頭	潮陽	李德仰	二	一四四	
馬源豐	汕頭	潮陽	馬君聲	十一	一四五	
陳萬合	汕頭	潮陽	陳開宗	九	一四六	
老億豐	汕頭	潮陽	劉宗道	九	一四七	
利昌莊	汕頭	潮陽	王炳南	七	一四八	
協成興	汕頭	饒平	許漢平	八	一四九	
鄭順成利	汕頭	澄海	鄭舜之	八	一五〇	
振盛興	汕頭	澄海	曾慎一	七	一五一	
成順利振記	汕頭	澄海	鄭敦翰	八	一五二	
宏信	汕頭	澄海	芮鄉卿	九	一五三	
同發利	汕頭	豐順	羅舜桂	十三	一五四	
永安	汕頭	澄海	周禮旋	十六	一五五	
泰成昌	汕頭	潮陽	劉宗瀚	十四	一五六	
理元	汕頭	潮陽	馬承章	六	一五七	
和合祥	汕頭	普寧	張伯文	六	一五八	
廣順利	汕頭	澄海	謝子和	八	一五九	
鍾榮順	汕頭	普寧	張雲	十三	一六〇	
陳炳春	汕頭	澄海	陳克翁	十	一六一	
萬豐發	汕頭	揭陽	魏長榮	卅七	一六二	
潮利亨	汕頭	普寧	瑞記等	十一	一六三	
廣泰祥	汕頭	梅縣	李星海	十三	一六四	
萬興昌	汕頭	饒平	許文雅	十十	一六五	
普通	汕頭	潮安	吳彩堂	廿十	一六六	
宏通	汕頭	梅縣	張公垣	五八	一六七	
陳協盛	潮安	饒平	陳傳治	三	一六八	
張廣泉	汕頭	梅縣	張慵民	八	一六九	
嘉隆	汕頭	揭陽	蔡煥臣	十	一七〇	
提成	汕頭	大埔	劉適予	十三	一七一	
復安	汕頭	潮陽	黃逸民	七	一七二	
熊増昌	梅縣	梅縣	熊少繩	三	一七三	

12

批信局名稱	開設地方	營業人姓名籍貫	分號或聯號數	執照號數	附註
盛禎記	梅縣	侯新如 梅縣	八	一七四	
梁富記	梅縣	梁天受 梅縣	二	一七五	
陳德源	梅縣	陳勤爭 梅縣	七	一七六	
廣福興	梅縣	張雲卿 梅縣	六	一七七	
賴天記	梅縣	賴湧元 梅縣	三	一七八	
鍾均華	松口	鍾偉雄 梅縣	八	一七九	
謝和	松口	謝公我 松口	七	一八〇	
廣通	松口	王華岩 松源	四	一八一	
豐和昌	松口	梁東初 松口	二	一八二	
信宗成	揭陽	林道義 揭陽	十三	一八三	
彭南順	五雲洞	彭繼述 五雲洞大盛嶺	一	一八四	
蔡隆成	河婆	蔡展猷 龍潭	十五	一八五	
裕興昌	畬坑	張文泰 梅縣	六	一八六	
饒聯記	大埔	饒谷士 大埔	一	一八七	
張益發	汕頭	張鏡燊 揭陽	九	一八八	
陳泰泰	嘉積	陳菁莪 定安	四	一九六	
黃裕豐	中原	黃謨卿 樂會	五	一九七	
恒和興	嘉積	顏俊臣 樂會	六	一九八	
謙源隆	嘉積	楊受初 瓊東	二	一九九	
東富隆	長坡	吳春雨 瓊東	六	二〇〇	
新南	嘉積	王英臣 瓊東	二	二〇一	
華興	嘉積	王業桂 樂會	一	二〇二	
同益益	嘉積	王光甫 樂會	一	二〇三	
李泰	嘉積	李毓芳 瓊東	二	二〇四	
南通	嘉積	王壽卿 樂會	六	二〇五	
匯安	中原	黃甸興 樂會	七	二〇六	
東南	文昌	翁華文 文昌	一	二〇七	
廣源	海口	謝瑩齋 文昌	五	二〇八	
匯通庄	海口	王伯南 樂會	八	二〇九	
福昌	海口	鄭庭業 文昌	四	二一〇	
泰源豐	海口	林瑞平 文昌	五	二一一	
永源豐	海口	呂少溪 文昌	四	二一二	
源昌盛	海口	潘玉軒 文昌	四	二一三	

汕头一等邮局关于将汕头段内一九四三年份已挂号批信局详情表从新编印表册一份妥为收存以备查考给该局及内地局各人员的训令（一九四四年二月二十六日）

10 MAR 1944

汕頭一等郵局訓令第七五六號（内地局和字第四號）

令本局及内地局各人員

茲將汕頭段内叁拾弍年份已挂號批信局詳情表從新編印表册一份隨令附發，仰妥為收存以備查考。此令。

附發批信局詳情表一份

局長李藹瑩

中華民國卅三年二月廿六日

（不相關各組不發附件）

内地股

文書組

41

附：汕头段一九四三年份已挂号批信局详情表

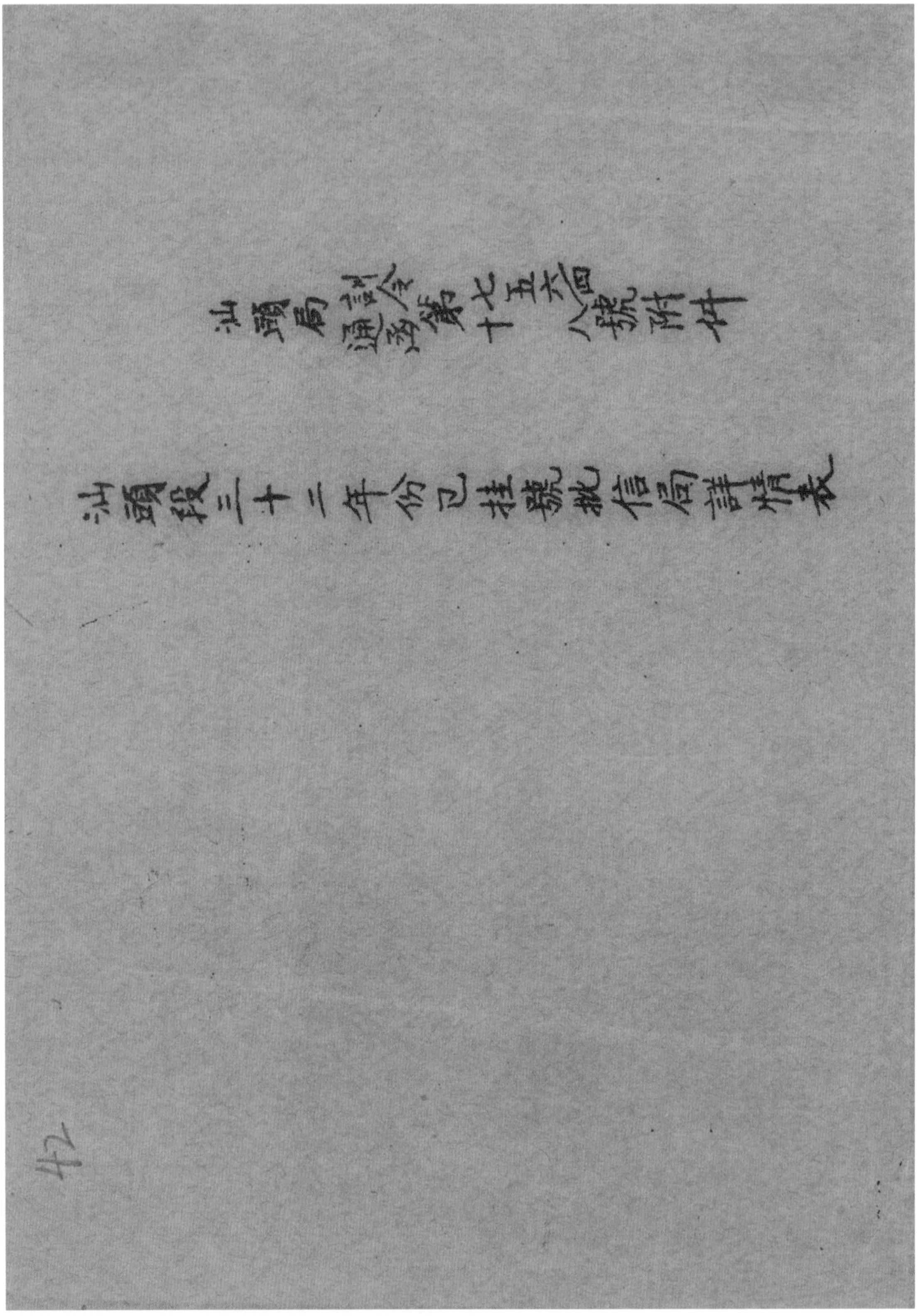

汕頭局通訊令第七十五、六、八號附件

汕頭段三十二年份已挂號批信局詳情表

42

43

42

批信局名稱	開設地方	營業人姓名	執照號數
周生利	汕頭	周雲生	一〇八
裕益	汕頭	周炯昌	一〇九
福興	汕頭	劉士彥	一一〇

分號名稱	開設地方	代理人姓名
劉喜合	潮陽	劉竹船
魏啟峯	揭陽	魏啟圃
洪萬興	仝右	洪賢炎
有信	澄海	黃弼卿
黃茂利	黃岡	黃子厚
陳裕源	惠來	陳銘經
詹恆亨	留隍	詹集秉
周榮興	佩刺克	周月波
義利	梹檳嶼	許連平
濬發源	北灣	陳再存
源順盛	詔安	周崇仁
光德成	揭陽	李運祥
有記	潮安	吳聘三
劉喜合	潮陽	劉竹船
黃德良	炮台	黃經通
黃茂利	黃岡	黃子厚
李源合	達濠	李渭臣
洪萬興	棉湖	洪賢炎
潘合利	店仔頭	潘立裕
協成興	蓮陽	許錫河
光益裕	東隴	周以文
光益裕	興寧	李小梅
永德盛	新嘉坡	許惟杰
陳聯豐	流沙南山	陳成剛
陳科成	東海新圩	陳進
劉喜合	潮陽	劉竹舟
魏啟峯	揭陽	魏啟圃
陳益隆	隆江	陳雲石
陳四合	金甌	陳雲騰
萬發	檳榔嶼	黃亞房
振慶大	新嘉坡	黃啟平
永新	棉蘭	劉士城
劉平合	盤谷	劉士平
源記	金邊	許其極

（其二）

~~43~~
44

批信局名稱	開設地方	營業人姓名	執照號數
福興（續）			
振豐盛	汕頭	陳章武	一一一
勝發	汕頭	鍾詩和	一一二
福成	汕頭	黃日輝	一一三

分號名稱	開設地方	代理人姓名
魚業	仙逵	黃文吉
新發興	仝右	黃克欽
陳聯豐	普寧	陳成剛
陳四合	潮陽	陳雲騰
陳科成	陸豐	陳進
鴻興號	碣石	秦士謀
永興盛	流沙	張炎輝
興勝號	棉蘭	黃捷昌
陳怡盛	仝右	陳紅
陳源利	仝右	陳諸說
有豐號	梹榔嶼	黃彬裕
德盛號	棉蘭	姚明盛
永興盛	盤谷	許子衡
和和號	仝右	許培年
魏啟峯	揭陽	魏啟圖
陳科成	東海坪	陳進
劉喜合	潮陽	劉德舟
陳聯豐	流沙	陳成剛
有信莊	潮安	許振豐
倪兩發	棉蘭	倪克照
兩發棧	日里民禮	倪徐盛
黃創成	日里寺砂蘭	黃玉柳
李同春	坤甸	李春樹
陳四合	金甌	陳雲騰
陳裕發	仝右	陳允貞
劉喜合	潮陽	劉竹船
陳立隆	隆江	陳雲石
光德成	揭陽	李運祥
洪萬豐	棉湖	洪賢明
榮泰昌德茂	檳榔嶼	陳玉如
榮泰昌恒記	怡保	陳玉文
泗利興	古樓	倪光
光盛	梹榔嶼	劉漢盛
盛業	仝右	張業仁

（其二）

45

44

批信局名稱	開設地方	營業人姓名	執照號數
福成（續）			
義發	汕頭	余文仁	一一四
吳順興	汕頭	吳興祥	一一五
陳悅記	汕頭	陳拔奇	一一六
榮利	汕頭	許衍衡	一一七

分號名稱	開設地方	代理人姓名
成興	佛刺克	馬成源
和成	仝右	陳榮桂
啟峯	揭陽	魏啟圃
義發	仝右	黃連陞
揚政記	棉湖	揚璧榮
劉喜合	潮陽	劉竹般
許福成	隆都	許再勵
義瑞興	盤谷	余文仁
劉喜合	潮陽	劉竹船
陳四合	仝右	陳雲騰
詹恒益	陷隍	詹正初
有信	澄海	芮鄉卿
魏啟峯	揭陽	魏啟圃
張合利	饒平	張景光
李源合	達濠	李偉臣
佳興	堤岸	林光源
永裕盛	日里	徐金
義利	盤谷	吳英欣
駿裕	新嘉坡	張屏之
陳合盛悅記	潮安	王璧如
陳悅記	鳳凰	文亞寬
洪萬興	棉湖	洪賢炎
劉喜合	潮陽	劉竹船
萬興昌	店仔頭	許文雅
普通	澄海	徐昌期
信昌	饒平	王昭平
光德成	揭陽	李運祥
恒益	陷隍	詹集秉
素齋	潮安	林步堂
陳悅記	盤谷	陳景雲
陳美盛	堤岸	陳國盛
許裕發	新嘉坡	許謙元
信昌	饒平	王昭平
悅記	潮安	陳拔

（其三）

46
45

批信局名稱	開設地方	營業人姓名	分號名稱	開設地方	代理人姓名	執照號數
榮成利（續）			萬興	棉湖	洪炎	
			德合	澄海	張作謀	
			春記	潮陽	劉竹	
			榮成利	新嘉坡	許違生	
			榮成發	堤岸	張肅	
			榮成興	盤谷	林智遠	
			萬祥	香港	洪賢良	
			華益	新嘉坡	劉炳岳	
			榮盛	仝右	陳深溪	
			榮順	散達坎	劉枚生	
許福成	汕頭	許賀彬	余亨記	黃岡	余禧棠	一一八
			魏啟峯	揭陽	魏啟圖	
			劉喜合	潮陽	劉竹船	
			有記	潮安	張劭初	
			許福成	隆都	許林松	
			寶華盛	東隴	柯天吉	
			增順榮昌	澄海	陳正有	
			許明發	盤谷	許玉聲	
			泰興裕	仝右	陳二如	
			振泰豐	仝右	陳培南	
			榮德泰	仝右	楊亦欣	
			繁榮	仝右	陳立舉	
			陳華興	仝右	陳伋華	
合盛利	汕頭	劉廷服	啟峯	揭陽	魏啟圖	一一九
			政記	棉湖	楊壁榮	
			合豐盛	湯坑	劉鴻美	
			聚豐	潮安	朱湘蘭	
			喜合	潮陽	劉竹船	
			榮盛利	盤谷	劉廷服	
洪萬豐	汕頭	洪賢良	光德成	揭陽	李運祥	一二〇
			洪萬興	棉湖	洪賢明	
			劉喜合	潮陽	劉竹船	
			鴻茂盛	黃岡	盧湘如	
			萬興昌	店仔頭	許文謙	

（其四）

46 47

批信局名	開設地方	營業人姓名	執照號數
洪萬豐（續）			

分號名稱	開設地方	代理人姓名
洪協和	河婆	洪明靈
黃創豐	琴潭	黃秉鈞
源順盛	詔安	周崇仁
震東桂記	留隍	魏傅村
潘合利	店仔頭	潘和棣
黃德良	開埠	黃經通
洪萬成	新嘉坡	洪賢炎
洪萬豐	檳榔嶼	林哲生
永合峯	吉礁	洪揚訓
萬成興	堤岸	洪夢予
洪萬發	盤谷	洪賢生
萬豐隆	新嘉坡	林月舟
和合興	棉蘭	丘金餘
滙通	新嘉坡	劉俠儀
福利	香港	謝少岩
榮大	仝右	方寬聲
致成	仝右	葉學堃
寶裕隆	散達坎	沈光閣
滙通	新嘉坡	曾子鳳
永合安	堤岸	陳海珊
成順利舜記	盤谷	鄭來舜
四合	潮陽	陳雲鵬
光德成	揭陽	李運祥
恒泰	潮陽	林德高
鴻茂盛	詔安	許鳳聲
科成	陸豐	陳進
桂興	留隍	魏傳材
承福興	檳榔嶼	林德音
天成	日里	張魯三
芳和	仝右	黃宗燊
元盛	棉蘭	林桐材
中興	日里	鄭廷彬
美隆	棉蘭	沈昇輝
新隆興	檳榔嶼	馬錫鈴

批信局名	開設地方	營業人姓名	執照號數
榮大	汕頭	蔡禮權	一二一
恒記	汕頭	林成禧	一二二

（其五）

48

47

批信局名稱	開設地方	營業人姓名	分號名稱	分號開設地方	代理人姓名	執照號數
恒記（續）						
成昌利	汕頭	蕭介珊				一二三
李華利	汕頭	李潤初				一二四
光益	汕頭	饒少岩				一二五
			新振發	楟椰鎮	陳江	
			同裕	仝右	陳金亮	
			永和	仝右	黃合	
			復泰記	仝右	張記	
			永萬源	新嘉坡	黃賓芝	
			成昌利	成田	馬爍京	
			成昌利	盤谷	蕭卓珊	
			馬玉堂	成田	馬玉堂	
			豐源	達濠	鄭猷建	
			陳益隆	惠來	陳雲石	
			魏啟峯	揭陽	魏啟圃	
			貞德良	仝右	黃興貞	
			政記	棉湖	楊壁榮	
			榮合興	河婆	李榮合	
			廣豐	湯坑	洪敵堂	
			永南興	日里	陳正興	
			陳和昌	薩拉瓦克	陳森榮	
			昌和	邦戛	李應元	
			李福利	新嘉坡	李明初	
			同榮興	怡保	周德榮	
			如陶	潮安	蔡若水	
			喜合	潮陽	劉竹船	
			源合	達濠	李渭臣	
			黃德良	炮台	黃經通	
			增順榮昌	蓮陽	陳有顯	
			同泰	東里	黃傳經	
			端孚	黃岡	余桂生	
			廣順	隆都	金振忠	
			光德成	揭陽	李運祥	
			孔明	新嘉坡	廖永錫	
			義順	堤岸	涂渚舟	
			滙元	仝右	吳鏡堂	
			公發祥	新嘉坡	曾傳義	
			大信	仝右	蔡朱鈿	

（其六）

~~48~~ 49

批信局開設營業人名稱地方姓名	分號名稱	分號開設地方	代理人姓名	執照號數
光益（續）	永桂合	坤甸	鄭芳和	
	再和成	新嘉坡	李應時	
	榮盛	仝右	陳深溪	
	喜合	潮陽	劉竹船	
	啟峰	揭陽	魏啟和	
	信成	澄海	余期欄	
	德良	揭陽	黃經通	
	源合	潮陽	李偉臣	
	有記	潮安	黃錫生	
	楊政記	棉湖	楊壁榮	
	榮合昌	河婆	李代衣	
	福和聖記	梅林	賴山梧	
	許廣源	詔安	許棗鳳	
	許陶合	黃岡	許烟濱	
	滙通盛	浮山	張少高	
有信 汕頭 黃壽三	有信	新嘉坡	李東宸	一二六
	仁友	坤甸	陳鴻惠	
	洛發源	北灣	陳再存	
光益裕 汕頭 林左三	源順盛	詔安	周崇仁	一二七
	光德成	揭陽	李運祥	
	有記	潮安	吳聘三	
	劉喜合	潮陽	劉竹船	
	黃德良	炮台	黃經通	
	黃茂利	黃岡	黃子厚	
	李源合	達濠	李渭臣	
	洪萬興	棉湖	洪賢炎	
	潘合利	店仔頭	潘立裕	
	協成興	蓮陽	許錫河	
	光益裕	東隴	周以文	
	光益裕	興寧	李小梅	
	再和成	新嘉坡	李應疇	
	萬益成	仝右	陳渠	
	泰與	安南	杜之漢	
	光昌	峇眼	陳國勳	

（其七）

49 50

批信局名稱	開設地方	營業人姓名	分號名稱	開設地方	代理人姓名	執照號數
光益裕（續）			和平	坤甸	林木水	
			同信	香港	周為昌	
源合興	汕頭	陳梓良	吳長記	坤甸	吳元利	一二八
			劉喜合	潮陽	劉竹船	
			陳四合	仝右	陳雲騰	
			有信	澄海	芮弼鄉	
			魏啟峯	揭陽	魏啟園	
			合利	饒平	張景光	
			詹恒亨	陷隍	詹正初	
			源合	達濠	李偉臣	
			許陶合	饒平	許泗濱	
			裕興	普寧	陳毓山	
			集祥昌記	潮安	林悟如	
			乾元	陳店	蔡集標	
			益安	堤岸	鍾言	
			榮成	香港	何澍棠	
			大元	盤谷	蔡大宏	
			英發	新嘉坡	黄英臣	
			恒興	棉蘭	蔡仁國	
四興	汕頭	陳四合	四合	潮陽	陳雲騰	一二九
			銘發	陸豐	葉芳輝	
			裕源	惠來	陳偉如	
			裕興	峇東	陳榮光	
			和裕	柔佛	陳趙順	
			錦昌	仙達	陳四銀	
			美豐	新嘉坡	鍾柳士	
			有興	檳榔嶼	秦昌德	
馬合豐	汕頭	馬文龍	協成豐	成田	馬燦銳	一三〇
			黄茂元	黄岡	黄子厚	
			劉喜合	潮陽	劉竹船	
			魏啟峯	揭陽	魏啟園	
			協成豐	盤谷	馬君勇	
			德順盛	成田	馬燦威	
馬德發	汕頭	馬星五	協成豐	成田	馬燦銳	一三一（其八）

51

批信局名稱	開設地方	營業人姓名	分號名稱	開設地方	代理人姓名	執照號數
馬德發（續）			劉喜合	潮陽	劉竹船	
			黃茂利	黃岡	黃子厚	
			啟峰	梅浣	魏啟圃	
			政記	棉湖	楊璧榮	
			普通	潮安	吳彩堂	
			增順榮昌	蓮陽	陳猪	
			鄭瑞記	陷隍	鄭燊南	
			光德成	揭陽	李運祥	
			潘合利	店仔頭	潘和梯	
			如陶	潮安	蔡若水	
			德順盛	盤谷	馬鑑波	
			協成豐	仝右	馬燦鏡	
			郭乾昌	仝右	郭應開	
			泰盛	仝右	馬育民	
福利	汕頭	黃文秋	福利	香港	謝蘭春	一三二
			福成	新嘉坡	薛木本	
福茂	汕頭	黃南和	茂利	盤谷	熊孝則	一三三
			福記	香港	李裕禮	
			集興	安南	林廷集	
			德泰	新嘉坡	林華民	
			德泰	巴塔維亞	林順來	
			中興	盤谷	洪鑑澄	
信大	汕頭	陳謙銘	合成	埠塘	陳謙銘	一三四
			光德成	揭陽	李運祥	
			洪萬興	棉湖	洪賢明	
			劉喜合	潮陽	劉竹船	
			陳四合	金甌	陳成安	
			陳普通	新嘉坡	陳容清	
			陳信裕	堤岸	陳崇翰	
致盛	汕頭	鄭應林	致成	香港	陳子謙	一三五
			聯興	盤谷	沈敬添	
			孔明齋	堤岸	陳漢林	
			祥泰隆	新嘉坡	張禎美	
			永萬源	仝右	房子英	

（其九）

52

51

60

致盛（續）

批信局名稱	開設地方	營業人姓名	執照號數
陳富通	汕頭	陳濟軒	一三六
祥益	汕頭	鍾樹芳	一三七
玉合	汕頭	林癸	一三八

分號名稱	開設地方	代理人姓名
裕豐利	新嘉坡	蔡朱鈿
茂興利	新嘉坡	陳子群
陳富源	梅縣	陳勤爭
陳富源	興寧	陳怡廷
陳富源	香港	陳國鈞
陳富通	三塔雜亞	陳冕鈞
陳華興	盤谷	陳俶華
亞木	加爾各答	陳亞木
應興	仰光	張啟田
慎昌	仝右	陳慎修
如陶	潮安	蔡若水
喜合	潮陽	劉竹船
源合	達濠	李渭臣
黃德良	砲台	黃經通
增順榮昌	蓮陽	陳有顯
同泰	東里	黃傳經
端孚	黃岡	余桂生
廣順	隆都	金振忠
光德成	揭陽	李運祥
孔明齋	新嘉坡	廖永錫
恒豐	堤岸	吳君厚
南豐	仝右	陳可南
滙元	仝右	吳鏡堂
喜合	潮陽	劉竹船
啟峰	揭陽	魏啟園
有信	潮安	苪翔卿
信成	蓮陽	余斯耀
萬隆	潮陽	陳開宗
合利	饒平	潘和梁
聚豐	潮安	朱湘蘭
鴻茂盛	黃岡	盧湘如
端孚	饒平	余桂生
桂興	留隍	魏傳材
玉合	堤岸	王克昌

（其十）

52

53

批信局名稱	開設地方	營業人姓名	分號名稱	開設地方	代理人姓名	執照號數
玉合（續）			陳寬記	堤岸	陳傳禧	
			德隆	金塔	郭鏡蒼	
			廣德發	安南擺草	柯德裕	
			玉合	香港	王克成	
裕大	汕頭	陳喜鎮	孚信	潮安	芮易加	一三九
			喜合	潮陽	劉竹船	
			光德成	揭陽	周良	
			益昌	惠來	陳銘經	
			元盛	棉蘭	林梓桐	
			集隆	散達次	丘步雲	
			永集隆	香港	丘金鐘	
			順隆	新嘉坡	周致松	
佳興	汕頭	吳翩秋	劉喜合	潮陽	劉竹船	一四〇
			陳四合	仝右	陳雲騰	
			詹恒亨	溜隍	詹正初	
			有信莊	澄海	芮潤卿	
			魏啟峰	揭陽	魏啟圖	
			張合利	饒平	張景光	
			李源合	達濠	李偉臣	
			郭德隆	金塔	郭鏡蓉	
			陳源來	安南擺草	陳連偉	
			林中興	安南薄寮	林如石	
榮豐利	汕頭	黃勤敏	榮豐利	揭陽	黃徽猷	一四一
			榮豐利	梅縣	徐春苑	
			榮豐利	興寧	卓海鴻	
			榮豐利	昆明	徐瑞芳	
			洪萬興	棉湖	洪賢明	
			黃協記	湯坑	黃元衡	
			劉喜合	潮陽	劉竹船	
			魏桂興	溜隍	魏傳材	
			信昌	浮山	王進受	
			廣滙昌	河婆	劉天津	
			榮豐利	盤谷	徐名奮	
			榮豐利	香港	徐名宏	

（其十二）

54

批信局名稱	開設地方	營業人姓名	分號名稱	開設地方	代理人姓名	執照號數
榮豐利（續）			蔡誠美	柔佛	蔡誠輝	
			廣復興	新嘉坡	蔡俊美	
			滙通號	廖內	張竹廷	
黃潮興	汕頭	黃善壁	廣順	店仔頭	余振忠	一四二
			劉喜合	潮陽	劉竹船	
			魏啟峯	揭陽	魏啟團	
			有記	潮安	黃筠生	
			許廣源	詔安	許鳳聲	
			發利	松下	陳雲初	
			鄭和記	樟林	鄭敦衍	
			王廣合謹記	內浮山	王帆	
啟峰棧	汕頭	魏啟和	黃潮興	盤谷	黃順泰	一四三
			啟峰	揭陽	魏啟團	
			政記	棉湖	楊璧榮	
			喜合	潮陽	劉竹船	
			茂利	黃岡	黃子厚	
			信成	蓮陽	余斯耀	
			有信	澄海	苪弼卿	
			怡泰	潮安	張栢珊	
			陶合	黃岡	許一然	
			永豐發	金塔	林君正	
			陳德華	盤谷	陳成煌	
			新峰棧	新嘉坡	魏茂中	
			李同春	坤甸	李春樹	
			源合興	仝右	許双順	
			馨合美記	堤岸	黃國珊	
和興盛	汕頭	李德仰	永南興	棉蘭	李耆南	一四四
			和豐	檳榔嶼	李應南	
馬源豐	汕頭	馬君聲	政記	棉湖	楊璧東	一四五
			啟峰	揭陽	魏啟峯	
			普通	潮安	吳彩堂	
			茂利	黃岡	黃子厚	
			喜合	潮陽	劉竹船	
			協成豐	成田	馬爍銳	

（其十二）

批信局開設營業人名稱地方姓名（續）

名稱	地方	姓名	分號名稱	開設地方	代理人姓名	執照號數
馬源豐			永順利	庇田	馬松軒	
			成昌利	仝右	馬燦京	
			協成豐	盤谷	馬燦銳	
			永順利	仝右	馬松軒	
			成昌利	仝右	蕭卓珊	
陳萬合	汕頭	陳開宗	陳萬合	大長隴	陳元祿	一四六
			魏啟峰	揭陽	魏啟園	
			蔡嘉泰	達濠	蔡通記	
			劉喜合	潮陽	劉竹船	
			陳明發	香港	陳豪華	
			回春園	仝右	方庭初	
			陳春盛	金塔	陳炳光	
			陳成春	盤谷	陳家鐘	
			陳源興	棉蘭	陳開珠	
老億豐	汕頭	劉宗道	順裕發	潮陽	鄭和璋	一四七
			福裕興	潮安	林楚明	
			順裕祥	澄海	李合賜	
			致成	香港	陳子謙	
			老億豐	仝右	謝少岩	
			順合隆	新嘉坡	李宗饒	
			順合祥	金塔	黃明興	
			合昌	盤谷	劉宗武	
			南昌合記	仝右	劉宗武	
利昌莊	汕頭	王炳南	有信	潮安	芮廻鄉	一四八
			喜合	潮陽	劉竹船	
			啟峰	揭陽	魏啟園	
			信成	蓮陽	余斯耀	
			桂昌	詔安	陳子丹	
			聚豐	潮安	朱湘蘭	
			利昌	堤岸	王永	
協成興	汕頭	許漢平	陶合莊	黃岡	許猷其	一四九
			魏啟峰	揭陽	魏啟園	
			劉喜合	潮陽	劉竹船	
			廣源莊	詔安	許鳳聲	

-54-

55

（其十三）

56 55

批信局名稱	開設地方	營業人姓名	分號名稱	開設地方	代理人姓名	執照號數
協成興	汕（續）					
			協成興	東隴	黃潮存	
			有記莊	潮安	張幼初	
			協成興	盤谷	許經緯	
			廣和成	仝右	許清福	
			啟峰	揭陽	魏啟圖	
鄭順成利	汕頭	鄭舜之				一五〇
			有記	潮安	黃鈞生	
			協成興	東隴	許錫河	
			喜合	潮陽	劉竹船	
			和記	樟林	鄭敦行	
			振盛興	圖濠	曾國聲	
			潘合利	店行頭	潘和楝	
			鄭成順利舜記	盤谷	鄭舜之	
振盛興	汕頭	曾慎一				一五一
			振盛興	澄海	曾慎一	
			魏啟峰	揭陽	魏啟圖	
			泰成昌	潮陽	劉宗翰	
			黃茂利	黃岡	黃子厚	
			桂興	陷隍	魏傳村	
			振盛興	盤谷	曾壯吾	
			遠明	香港	曾益三	
			鄭和記	樟林	鄭敦行	
成順利振記	汕頭	鄭敦翰				一五二
			廣順	店仔頭	余振忠	
			有記	潮安	黃鈞生	
			魏啟峰	揭陽	魏啟圖	
			劉喜合	潮陽	劉竹船	
			許廣源	詔安	許鳳聲	
			發利	松下	陳雲初	
			王廣合謹記	內浮山	王帆	
			成順利振記	盤谷	陳府弼	
宏信	汕頭	芮弼卿				一五三
			喜合	潮陽	劉竹船	
			啟峰	揭陽	魏啟和	
			信成	澄海	余斯耀	
			德良	揭陽	黃經通	
			有記	潮安	黃鈞生	
			孚成	饒平	黃靜岩	

（其十四）

57 56

批信局名稱	開設地方	營業人姓名	分號名稱	開設地方	代理人姓名	執照號數
宏信（續）			森春	陸豐	魏應元	
			楊政記	棉湖	楊璧榮	
			潮興	散達坎	潘益三	
同發利	汕頭	羅舜桂	同發利	揭陽	羅荇福	一五四
			義合泉	湯坑	羅必有	
			劉喜合	潮陽	劉竹舟	
			洪萬與	棉湖	洪賢明	
			魏啟峰	揭陽	魏啟圖	
			普通莊	潮安	吳彩堂	
			黃茂利	黃岡	黃子厚	
			萬興昌	隆都	許文謙	
			魏桂興	階隍	魏傳材	
			同發利	興寧	徐石河	
			同發利	梅縣	徐海林	
			同發利	盤谷	羅价藩	
			同發利	香港	張少謙	
永安	汕頭	周禮旋	喜合	潮陽	劉竹船	一五五
			洪萬興	揭陽	洪賢炎	
			許廣源	詔安	許鳳聲	
			德良	潮陽	黃興貞	
			滙通盛	饒平	張少高	
			潘合利	店仔頭	潘法民	
			增順榮昌	蓮陽	陳友顯	
			卯發利	潮安	邱步雲	
			同泰	東隴	黃傳鐘	
			光德成	揭陽	李運祥	
			如陶	潮安	蔡若永	
			有記	仝右	吳聘三	
			吳有記	葫蘆市	林碩之	
			永安	興寧	李筱梅	
			光益裕	東隴	周以文	
			永安祥	新加坡	周壽昌	
			劉喜合	潮陽	劉竹船	
蘇成昌	汕頭	劉宗翰	普通	潮安	吳彩堂	一五六（其十五）

58 ~~57~~

批信局名稱	開設地方	營業人姓名	分號名稱	開設地方	代理人姓名	執照號數
泰成昌（續）			魏啟峯	揭陽	魏啟圃	
			洪萬興	棉湖	洪賢明	
			黃榮昌	潮陽	黃來耀	
			詹恒亨	留隍	詹集東	
			陳裕源	惠來	陳雲石	
			有信	澄海	丙[illegible]卿	
			黃茂利	黃岡	黃子厚	
			魏桂興	留隍	魏傅材	
			潘合利	饒平	潘和標	
			泰記	盤谷	劉燕臣	
			南昌合記	仝右	劉宗武	
			南亨泰	仝右	林潤濱	
			永振發	成田	髙承章	
			普通	潮安	吳彩堂	
			喜合	潮陽	劉昭	
			啟峰	揭陽	魏啟圃	
			永振發	盤谷	馬仲瀾	
			廣豐隆	新嘉坡	蕭錦福	
			和合祥	普寧	張志翔	
			榮昌	澄海	陳立欣	
			啟峰	揭陽	魏啟圃	
			喜合	潮陽	劉竹船	
			陶合	饒平	許一然	
			和合祥	盤谷	張偉秋	
			廣順利	澄海	謝寶鑑	
			增順榮昌	仝右	陳友顯	
			喜合	潮陽	劉竹船	
			啟峰	揭陽	魏啟圃	
			茂利	饒平	黃子厚	
			源順盛	詔安	周從仁	
			廣順利	盤谷	謝毅庵	
			春豐	安順	謝如秀	
			有記	潮安	黃筠生	
			啟峰	揭陽	魏啟圃	
理元	汕頭	馬承章				一五七
和合祥	汕頭	張伯文				一五八
廣順利	汕頭	謝子和				一五九
鍾榮順	汕頭	張雲				一六〇（其十六）

59

批信局名稱	開設地方	營業人姓名	分號名稱	開設地方	代理人姓名	執照號數
鍾榮順（續）			喜合	潮陽	劉竹船	
			鴻發盛	饒平	盧湘如	
			許福成	隆都	許再勵	
			有信	澄海	洪弼卿	
			永興盛	流沙汙	林良乾	
			順合泰	盤谷	賴芳圖	
			永興盛	金石	許子衡	
			有豐號	擴鄉嶺	黃祐彬	
			振通號	堤岸	陳成康	
			榮豐號	新嘉坡	許昌期	
			致成號	香港	陳子謙	
陳炳春	汕頭	陳克翁	有記	潮安	張幼初	一六一
			啟峰	揭陽	魏啟圓	
			喜合	潮陽	劉竹船	
			潘合利	饒平	潘和棟	
			捷慶	菴埠	陳煒珊	
			泰申棧	東隴	朱炳松	
			黃茂元	黃岡	黃子厚	
			陳炳春銀行	盤谷	陳克佳	
			炳合豐批局	金石	陳耀廷	
			陳嘉彰莊	香港	陳少光	
萬豐發	汕頭	魏長榮	啟峯	揭陽	魏啟圓	一六二
			政記	棉湖	揚璧榮	
			喜合	潮陽	劉竹船	
			茂利	黃岡	黃子厚	
			合豐盛	湯坑	劉鴻美	
			有信	澄海	苟弼卿	
			桂興	留隍	魏傳材	
			普通	潮安	魏子庚	
			陶合	黃崗	許一然	
			福成	隆都	許再勵	
			永興盛	流沙	林良乾	
			邱發利	意溪	邱臥雲	
			潘合利	店市	潘和溧	

（其十七）

59

60

批信局開設營業人名稱地方姓名（續）

萬豐發

潮利亨汕頭瑞記等

分號名稱	開設地方	代理人姓名
如陶	潮安	蔡若水
榮盛利	盤谷	劉廷服
振華豐	仝右	邱卓然
馨合美記	堤岸	黃國珊
同春	坤甸	李春澍
永成豐	盤谷	黃伯俠
永興盛	仝右	許聲育
興合公司	坤甸	林時亨
吳長記	仝右	吳元利
同春非記	仝右	李春茂
仁友公司	仝右	朱若洲
忠合原芝	仝右	林源舉
人壽堂	仝右	鄭清源
鄭永和	仝右	鄭武波
德安堂	仝右	鄭武俊
和興公司	仝右	吳清松
建豐公司	仝右	鍾可維
永桂合	仝右	鄭才和
黃坤合	仝右	黃積金
益成禮記	仝右	林芝娘
永成發	仝右	林克明
鄭和發	仝右	鄭雅在
林陞合	仝右	林御廷
榮和公司	仝右	林道香
魏啟峰	揭陽	魏啟圃
陳四合	潮陽	陳雲騰
劉喜合	仝右	劉竹船
陳裕興	普寧	陳偉豪
陳聯豐	仝右	陳成剛
陳科成	陸豐	陳進
陳裕源	惠來	陳雲石
潮利亨	檳榔嶼	陳見民
益安號	堤岸	連鏡川
永南興	棉蘭	李子南

執照號數

一六三

（其十七）

-60-

61

批信局名稱	開設地方	營業人姓名	分號名稱	開設地方	代理人姓名	執照號數
潮利亨（續）						
廣泰祥	汕頭	李星海	潮興隆	香港	陳宏昌	一六四
			廣泰祥	潮安	李日記	
			余同裕	高陵	余德記	
			黃萬美	仝右	黃煇如	
			羅足記	大麻	羅奕桂	
			黃同益	仝右	黃達紫	
			仁安堂	三河	余敬初	
			饒源茂	大埔	饒采生	
			楊萬成	百侯	楊榮軒	
			吳合興	湖寮	吳紹烱	
			廣潮盛	盤谷	張漢生	
			亞東	仝右	張壽之	
			南昌	新嘉坡	陳緄之	
			葆和堂	仝右	藍通章	
萬興昌	汕頭	許文雅	萬興昌	隆都	許文謙	一六五
			振興	錢東	黃立初	
			許陶合	黃岡	許獻其	
			洪萬興	棉湖	洪賢炎	
			喜合	潮陽	劉竹船	
			林大成	汫洲	林大成	
			廣泰祥	梅縣	李星海	
			桂興	隌隍	魏桂興	
			沛成	下湖	吳沛成	
			唐勤	澄海	唐阿勤	
			邱發利	意溪	邱臥雲	
			萬興昌	盤谷	許文珍	
普通	汕頭	吳彩堂	如陶	潮安	蔡若水	一六六
			劉喜合	湖陽	劉竹船	
			魏啟峰	揭陽	魏啟圖	
			增順榮昌	蓮陽	陳友烈	
			桂興	隌隍	魏傅材	
			端亭	黃岡	余桂生	
			楊政記	棉湖	楊壁榮	
			廣順	隆都	金振忠	

（其十九）

62

普通（續）

批信局名稱	開設地方	營業人姓名	分號名稱	開設地方	代理人姓名	執照號數
宏通	汕頭（暫遷梅縣）	張公垣	沛成	上湖	吳雨卿	一六七
			協成	浮洋	李楚謙	
			捷慶	菴埠	陳渭珊	
			如陶分局	溪口	陳壽眉	
			聯益	興寧	盛雲友	
			吳泰安	盤谷	余悟真	
			常豐泰	仝右	陳德安	
			乃裕	檳榔嶼	周植南	
			利豐亨	香港	吳鏡堂	
			致成	仝右	陳子謙	
			協成豐	盤谷	馬君勇	
			振泰豐	仝右	陳培南	
			信泰	吉隆坡	陳梧溪	
			裕隆昌	梅縣	張啟文	
			張源隆	興寧	張滙川	
			同豐	松口	張伯哉	
			古盛孚	蕉嶺	古少梅	
			廣泰祥	汕頭	李星海	
			許廣源	詔安	許鳳聲	
			宏通莊	梅縣	梁俊逵	
			裕隆昌	畬坑	張士珍	
			宏通莊	興寧	梁志鵬	
			中國銀行	新嘉坡	黃伯權	
			中國銀行	檳榔嶼	黃伯權	
			中國銀行	吉隆坡	張智	
			中國銀行	大坡	陸振興	
			中國銀行	怡保	甄潤珊	
			中國銀行	芙蓉	熊志蒼	
			中國銀行	小坡	莊文剛	
			中國銀行	巴廈帕哈特	熊大純	
			泉豐	吉隆坡	陳世飛	
			福春	塞加瓦特	李尚三	
			陳鴻昌	古晉	陳鴻泰	
			泉豐	塞加瓦特	鄭其陞	

（其二十）

63

批信局開設營業人名稱地方姓名（續）

宏通

分號名稱	開設地方	代理人姓名	執照號數
義成	居鑾	張榮茂	
華昌	吉冷丹	黃逸民	
慶和興	安順	黃和慶	
駿興祥	吉隆坡	葉立基	
瑞泉	太平埠	王振敎	
天星	怡保	鄭奕春	
泉吉	巴雙	鄭天祥	
同益興	麻剌甲	黃學五	
成吉利	檳榔嶼	李清吉	
南洋貿易行	美里坡	陳木興	
春成	宋嘉蘭	顏詔丹	
豐順棧合記	怡保	李伯濤	
豐順棧合記	安順	李仲禮	
杏濟堂	太平	戴尊三	
財利	巴里文燕	王聲慧	
瑞記	金寶	李叔宏	
源公司	江沙蔥蘭	蔡哲生	
協成泰	峇眼	鄭金灶	
王松昌	坤甸	王傳政	
李協和	三發坡	李讓	
源發	棉蘭	張念道	
李勝安	仝右	李傳兵	
華昌	山口洋	陳敬塘	
豐隆	峇眼	李季信	
新福順	江沙坡	蔡世撩	
友和樹膠	麻剌甲	劉友知	
新茂裕	塞加民特	張政章	
協豐	巴度帕哈特	陳和庚	
凌祥隆	坤甸	凌耿章	
蔡三盛	山口洋	蔡芳三	
曾益成	帕堵泥	曾廣傑	
利民	微里濱	黃叔度	
源盛	三寶壠	黃五福	
裕和	亞齊	謝康祥	

（其二十二）

~~63~~ 64

批信局名稱	開設地方	營業人姓名	執照號數
宏通（續）			
陳協盛（暫遷饒平鳳凰圩）	潮安	陳傳治	一六八
張廣泉（暫遷梅縣）	汕頭	張庸民	一六九
嘉隆（暫遷河婆）	汕頭	蔡煥臣	一七〇
捷成（暫遷高陂）	汕頭	劉廸予	一七一

分號名稱	開設地方	代理人姓名
益盛	彭亨	李兆垣
泰順	饒平	林述爾
寬記	堤岸	陳傳禧
美珍	盤谷	王壯興
裕隆昌	畬坑	張仕珍
裕隆昌	梅縣	張啟文
張源隆	興寧	張滙川
羅進記	盤谷	羅奮南
德昌隆	芙蓉	吳炳安
公益	麻剌甲	葉應彩
裕隆昌	香港	張文泰
土庫張	萬隆	張志貞
榮合昌	河婆	李化初
李裕昌	揭陽	李國仁
合興	香港	蔡龍
廣復興	新嘉坡	蔡俊美
昭昌	山口洋	蔡昭
錦記	勿里洞	蔡錦合
老成利	柔佛	蔡月初
誠美	古樓	蔡錦標
廣安隆	薩拉瓦克	蔡渭亭
蔡東昇	佩剌克	蔡聘
益成昌	大埔	劉達根
集成	仝右	劉理臣
吳達興	大麻	吳井言
隆昌仁	仝右	劉耀庭
增發	三河	余昌文
公和發記	恭洲	劉玉階
耀記	高陂	劉燮臣
廣豐莊	梅縣	劉輝初
南生莊	仝右	何柏生
廣恆豐	松口	黃志宏
廣利	峰市	何文初
平平	盤谷	張遜之

（其二十二）

65

批信局開設營業人名稱	地方	姓名	分號名稱	開設地方	代理人姓名	執照號數
捷成（續）						
復安	汕頭	黃逸民	南生莊	香港	何偉南	一七二
			益和	潮安	劉寶生	
			益成	潮陽	鄭仰雲	
			光德成	揭陽	李運祥	
			洪鑑興	棉湖	洪爵光	
			復安	香港	謝梅萱	
			復茂	新嘉坡	王佑明	
			中歐	盤谷	洪鑑澄	
熊增昌	梅縣	熊少繩	環通旅店	汕頭	劉潤楠	一七三
			遠東公司	檳榔嶼	熊炳昌	
			南通公司	香港	潘君勉	
感記號	梅縣	侯新如	盛世號	興寧	侯伯源	一七四
			朱順昌	廣州	朱芷秀	
			盛記號	汕頭	劉克超	
			林耀原	上海	林耀卿	
			中記	孟加錫	廖世恭	
			合記	怡保	陳懋階	
			盛記	香港	侯新如	
			葉怡隆	勿里洞	葉鑑秋	
梁禎記	梅縣	梁天受	張廣泉	汕頭	張鏞民	一七五
			羅進記	盤谷	羅進滿	
陳富源	梅縣	陳勤爭	陳富通	汕頭	陳濟軒	一七六
			陳富源	興寧	陳怡庭	
			陳富通	巴塔維亞	陳㬎鈞	
			陳富源	香港	陳國鈞	
			陳華興	盤谷	陳伋華	
			亞木莊	加爾各答	陳亞木	
			應興	仰光	張啟田	
廣德興	梅縣	張雲卿	王泗記	怡保	王炯南	一七七
			協發號	仝右	梁政元	
			海濱酒店	仰光	梁文邦	
			義順源	香港	李璣臣	
			應春堂	仰光	張質君	
			陳華興	盤谷	陳叙華	

（其二十三）

65

66

批信局名稱	開設地方	營業人姓名	執照號數
賴福記	梅縣	賴湧元	一七八
鍾天華	松口	鍾偉權	一七九
謝均和	松口	謝公我	一八〇
廣通	松口	王華岩	一八一
豐昌號	松口	梁東初	一八二
信和成	揭陽	林道義	一八三

分號名稱	開設地方	代理人姓名
賴隆泰	松口	賴蔭初
賴福記	汕頭	賴啟煥
賴福記	盤谷	賴沅華
協興隆	汕頭	李其漢
陳華興	盤谷	陳伋華
振遠	仝右	林鴻興
咸豐泰	仝右	熊道南
大華	仝右	熊鑑均
協興源	芙蓉	李其新
陸潤記	巴塔維亞	劉啟民
同益	香港	林翊球
英華公司	巴塔維亞	蕭照明
華豐泰	三寶壠	曾孔坡
華豐源	香港	曾德堅
仁愛堂	檳榔嶼	古炳寰
仁愛棧	怡保	古國璇
廣仁堂	金寶	古國璇
陳華興	盤谷	陳伋華
廣通	汕頭	王華岩
李三茂	怡保	李棠三
王泗記	仝右	王炯南
李戴基	吉隆坡	李戴基
培源公司	巴塔維亞	廖燊瞻
德彰公司	巴塔維亞	梁茂章
合和成	揭陽	林道義
合和成	汕頭	林健輝
普通	澄海	徐昌期
信昌	饒平	王貽平
詹恒益	隮隍	詹集棠
信和成	坤甸	林男權
和平	仝右	林木水
吳長記	仝右	吳元利
源合興	仝右	許雄仁
林木榮	仝右	林木榮

（表二十四）

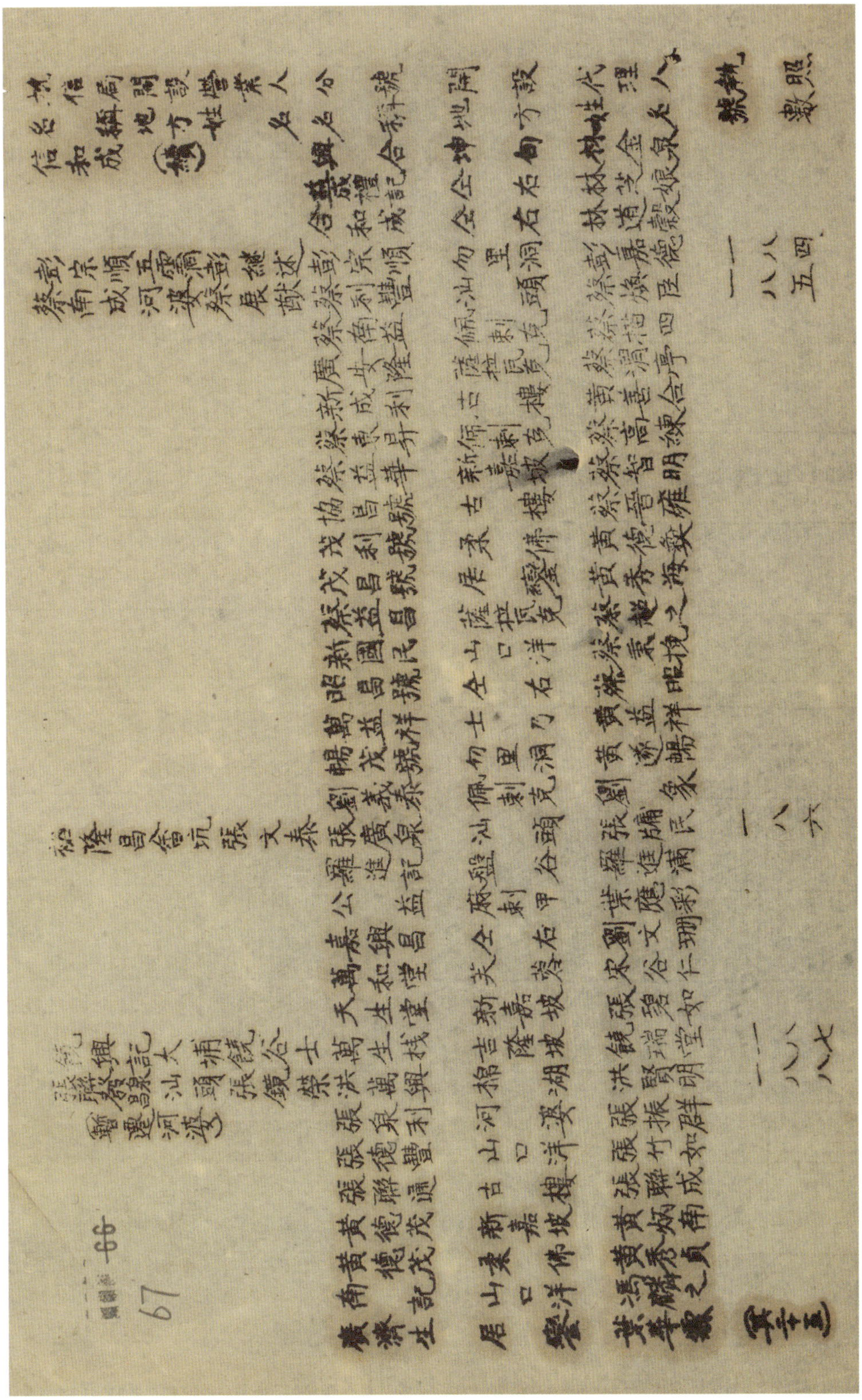

批信局名稱	開設地方	營業人姓名	執照號數
信和成（續）			
彭宗順	五雲洞	彭繼述	一八四
蔡南成	河婆	蔡展猷	一八五
茂隆昌	畲坑	張文泰	一八六
饒興記	大埔	饒谷士	一八七
張聯發（暫遷河婆）	汕頭	張鏡榮	一八八

分號名稱	開設地方	代理人姓名
興合	坤甸	林金泉
成禮記	仝右	林芝娘
合和成	仝右	林道穀
彭宗順	勿里洞	彭嘉德
蔡利豐	汕頭	蔡煥臣
蔡南益	佩剌克	蔡楷四
廣安隆	薩拉瓦克	蔡潤亭
新成利	古樓	黃善合
蔡東昇	佩剌克	蔡高練
蔡益華	新嘉坡	蔡智明
協昌號	古樓	黃晉雍
茂利號	柔佛	黃德燊
茂昌號	居鑾	蔡秀海
蔡益昌	薩拉瓦克	蔡趣之
新國民	山口洋	蔡秉挽
昭昌號	仝右	蘇昭
萬益祥	士乃	黃益祥
暢茂號	勿里洞	黃遜暢
劉義泰	佩剌克	劉象
張廣泉	汕頭	張牖民
羅進記	盤谷	羅進滿
公益	麻剌甲	葉應彩
嘉興昌	仝右	劉文珊
萬和堂	芙蓉	宋谷仁
天生堂	新嘉坡	張碧如
萬生棧	吉隆坡	饒瑞堂
洪萬興	棉湖	洪賢明
張泉利	河婆	張振群
張德豐	山口洋	張竹如
張聯通	古樓	張聯成
黃德茂	新嘉坡	黃炳南
黃德茂	柔佛	黃秀貞
南記	山口洋	馮麟之
廣濟生	居鑾	葉華鑾

（其三十五）

-67-
68

批信局名稱	開設地方	營業人姓名	分號名稱	開設地方	代理人姓名	執照號數
張聯發昌號（續）			劉義泰	佩剌克	劉士賢	
森春莊（暫遷葵潭）	汕頭	魏應元	福和合記	梅林	賴山梧	（卅年度）一八四「有效時間特准延長一年」
			黃兩順	葵潭	黃維暢	
			榮合昌	河婆	李合榮	
			有信	潮安	芮獅卿	
			啟峯	揭陽	魏啟圖	
			東成	大坪	鍾彝琴	
			新成利	柔佛	黃子松	
			榮昌	居鑾	賴義昌	
			萬益祥	柔佛	黃萬事	
			茂利	柔佛	黃日東	
			惟安棧	薩拉瓦克	洪賀	
			昭昌	山口洋	蔡灼然	
泉利（暫遷高陂）	汕頭	劉紹倉	泉利	虎市	梁星九	（卅一年度）一八六「有效時間特准延長一年」
			與利	松口	范宜洪	
			集成	大埔	劉理匡	
			增發	三河	余昌文	
			吳達興	大麻	吳井言	
			發記	公洲	劉玉階	
			耀記號	高陂	劉燮臣	
			南生莊	梅縣	何柏生	
			萬泰和興記	新嘉坡	劉璧和	
			南與	仝右	何春史	
			耒成莊	香港	何育鄉	
			南生莊	仝右	何偉南	
發源和記（暫遷饒平鳳凰）	汕頭	陳傳仁	裕盛	潮安	林溷濤	（卅一年度）二〇五「有效時間特准延長一年」
			喜合	潮陽	劉德船	
			祥盛	黃岡	巫子勳	
			有信	澄海	芮獅卿	
			啟峯	揭陽	魏啟圖	
			萬興昌	店仔頭	許文謙	
			廣和盛	鳳凰	陳善德	

（其二十六）

批信局名稱	開設地方	營業人姓名	分號名稱	開設地方	代理人姓名	執照號數
廣源和記	（饒）		義昌	饒平	錢凱臣	
			達記	堤岸	陳文	
			美盛	盤谷	潘志真	

69

68

（其三十七）完

广东邮政管理局曲江办事处关于奉电饬调查粤省各批信局因此次战事所受损失情形致广东邮政管理局的代电（一九四四年三月七日）

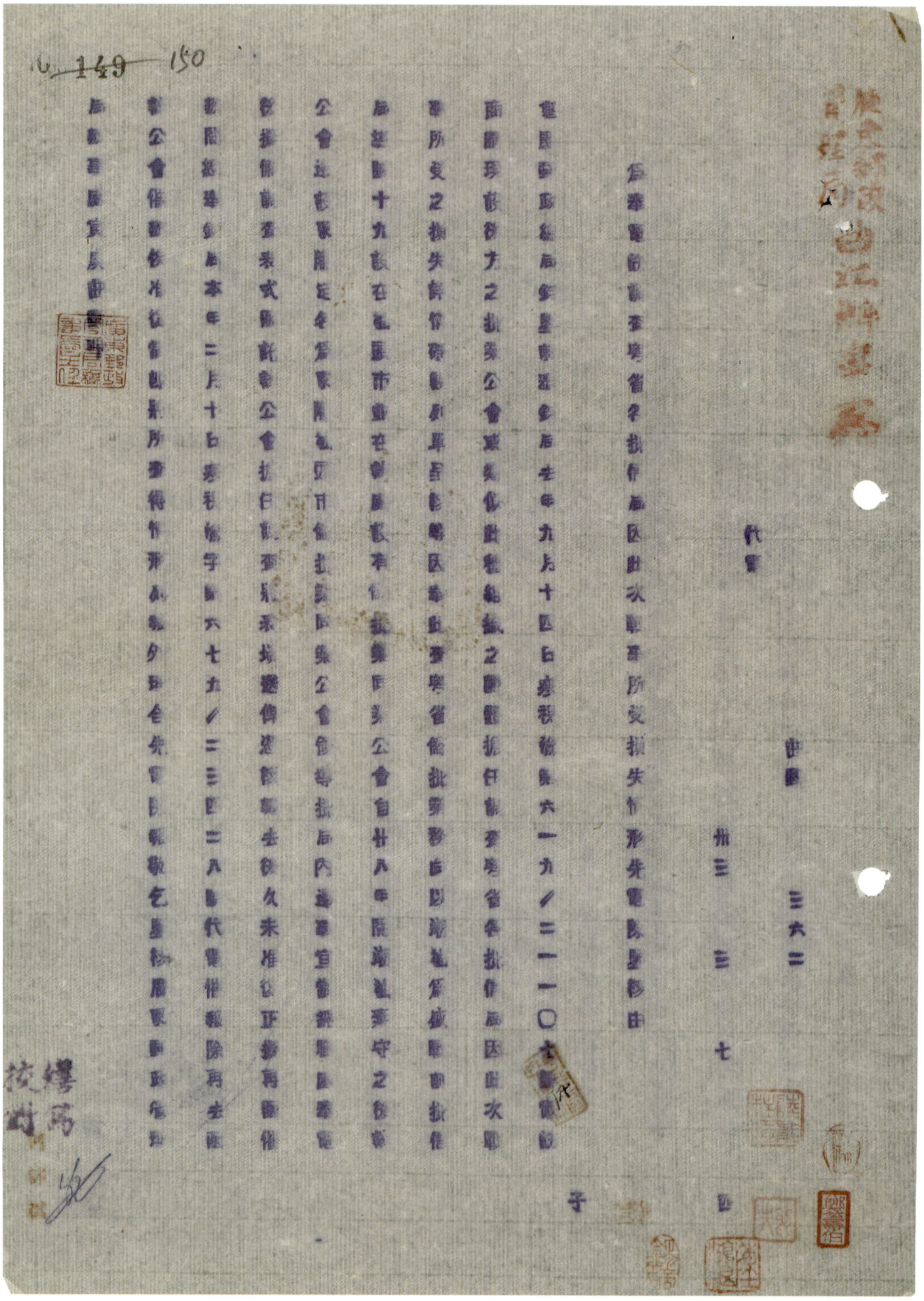

广东邮区（后方）一九四四年份已挂号批信局详情表（一九四四年）

11

廣東郵區（後方）三十三年份已掛號批信局詳情表（見曲江辦事處三十三年十月廿三日曲郵字第五三/一九七四一號公函）

批信局名稱	開設地方	營業人姓名	分號或聯號數	執照號數	附註
陳協盛	潮安	陳傳治	三	六三	
張廣泉	汕頭	張脯氏	八	六四	暫遷梅縣
嘉隆	汕頭	蔡煥臣	十	六五	暫遷河婆
捷成	汕頭	劉建予	十	六六	暫遷高陂已遷回汕頭（見汕頭呈第九三六七號）
熊增昌	梅縣	熊少繩	三	六七	
盛記	梅縣	侯新如	八	六八	
梁禎記	梅縣	梁天受	二	六九	
陳富源	梅縣	陳勤争	七	七〇	
廣德興	梅縣	張雲卿	六	七一	
賴福記	梅縣	賴湯元	三	七二	
鍾天華	松口	鍾偉權	八	七三	
謝均和	松口	謝公我	七	七四	
廣通	松口	王華岩	四	七五	
豐昌	松口	梁東初	二	七六	
信和成	揭陽	林道義	十三	七七	
彭宗順	五雲洞	彭維述	一	七八	
蔡南成	河婆	蔡展猷	十五	七九	
裕隆昌	畲坑	張文泰	六	八〇	
饒興記	大埔	饒谷士	一	八一	
張聯發號	汕頭	張鏡榮	九	八二	暫遷河婆（卅五.十. 已遷回汕頭）
森春	汕頭	魏應元	十二	八三	暫遷葵潭已遷回汕頭（見汕頭呈第九三六七號）
廣源合記	汕頭	陳傳仁	十	八四	暫遷饒平
泉利	汕頭	劉紹昌	十二	八五	暫遷高陂
宏通	汕頭	張公恒	五八	八六	暫遷梅縣

廣東郵區

（後方）

三十三年份已挂號批信局詳情表

1944

~~130~~ 132

廣東郵區綏字三十三年份已掛號批信局詳情表

批信局名稱	開設地方	營業人姓名	分號名稱	開設地方	代理人姓名	執照號數
陳協盛	潮安	陳傳治	泰順	饒平	林述爾	六三
			寬記	堤岸	陳傳禧	
			美珍	盤谷	王壯奐	
張廣泉	汕頭（暫遷梅縣）	張牖民	裕隆昌	畬遠	張仕珍	六四
			裕隆昌	梅縣	張啟文	
			張源隆	興寧	張滙川	
			羅進記	盤谷	羅雲南	
			德昌隆	芙蓉	吳炳安	
			裕隆昌	香港	張文泰	
			土庫張	爪哇	張志貞	
			公益	麻剌甲	葉應彩	
嘉隆	汕頭（暫遷河婆）	蔡煥臣	榮合昌	河婆	李化初	六五
			李裕昌	揭陽	李國仁	
			合興	香港	蔡龍	
			廣復興	新加坡	蔡俊美	
			船昌	山口洋	蔡船	
			錦記	勿里洞	蔡錦合	
			老成利	柔佛	蔡自勤	
			誠美	古樓	蔡錦標	
			廣安隆	薩拉[illegible]克	蔡潤亭	
			蔡東昇	佩拉克	蔡聘	
捷成	汕頭（暫遷[illegible]）	劉建予	益成昌	大涌	劉達根	六六
			集成	大埔	劉理臣	
			吳達興	〃麻	吳井言	
			榮合〃	大麻	劉耀庭	
			管發	三河	余昌文	
			公和發記	泰洲	劉玉階	
			攘記	高陂	劉燮臣	
			南生	梅縣	何柏生	
			廣恒豐	松口	黃志宏	
			平平	盤谷	張遜之	

（第一頁）

~~131~~ 133

批信局	地址	經理人	分號	地點	負責人	編號
熊增昌	梅縣	熊少強	環通旅館	汕頭	劉潤墻	六七
			廣東公司	檳榔嶼	熊炳昌	
			南通公司	香港	潘丟魁	
盛記	梅縣	侯新如	盛記	汕頭	劉克超	六八
			盛世	興寧	侯伯源	
			林耀記	上海	林雄鄉	
			朱順昌	廣州	朱亞秀	
			合記	怡保	陳懋階	
			中原	孟加錫	廖世恭	
			葉怡隆	勿里洞	葉[illegible]秋	
			盛記	香港	侯新如	
梁植記	梅縣	梁天爱	張香泉	汕頭	張鏞民	六九
			羅進記	盤谷	羅進滿	
陳富源	梅縣	陳勤爭	陳富通	汕頭	陳濟軒	七〇
			陳富源	興寧	陳怡庭	
			陳富源	巴塔維亞	陳冕鈞	
			陳富源	香港	陳國鈞	
			陳華興	盤谷	陳紹華	
			亞木莊	加爾各答	陳亞木	
			應興公司	仰光	張啟田	
廣德興	梅縣	張雲鄉	王細記	怡保	王炯南	七一
			協發洸	怡保	梁政允	
			海濱酒店	仰光	梁文邦	
			義順源	香港	李機臣	
			慶春堂	仰光	張質君	
			陳華興	盤谷	陳保華	
賴福記	梅縣	賴湧元	賴隆泰	松口	賴蔭初	七二
			賴福記	汕頭	賴啟煥	
			賴福記	盤谷	賴沅華	
鍾天華	松口	鍾偉權	協興隆	汕頭	李其漢	七三
			陳華興	盤谷	陳保華	
			振遠公司	盤谷	許鴻興	
			成豐泰	盤谷	藍道南	

（第二頁）

134

132

[illegible]

~~133~~ 135

蔡南成（續）

蔡南益	佩剌吉	蔡描
廣安隆	灌拉克克	蔡渭亭
新成利	古樓	黄善合
蔡東昇	佩剌克	蔡高練
蔡益華	新加坡	蔡啟明
協昌號	古樓	蔡晋雍
茂利號	柔佛	黄德彝
茂昌號	居鑾	黄秀海
蔡益昌	薩拉瓦克	蔡超之
新國民	山口洋	蔡垂挽
昭昌號	山口洋	蔡聰
萬益祥	士乃埠	黄益梓
暢茂號	勿里洞	黄遂暢
劉義春	巴剌京	劉象

八〇　裕隆昌　當坑　張文泰

汲廣泉	汕頭	張脯民
羅進記	盤谷	羅進滿
公益	麻剌甲	葉應彩
嘉興昌	麻剌甲	劉文珊
萬和堂	芙蓉	宋谷仁
天生堂	新嘉坡	張碧如

八一　饒興記　大埔　饒谷士

萬生茂	吉隆坡	饒瑞堂

八二　張聯發號（暫遷河婆）　湯頭　張鏡榮

洪萬興	棉湖	洪賢明
張恩利	河婆	張振群
張洪興	山口洋	張竹如
張聯通	古樓	張聯成
黄德茂	新嘉坡	黄炳南
黄德茂	柔佛	黄秀貞
南記	山口洋	馮麟之
廣濟生	居鑾	葉華霖
劉嘉泰	佩剌克	劉士賢

八三　森春（暫遷[illegible]潭）　汕頭　魏應元

福和記	梹林	賴山
黄兩順	葵潭	黄維幌
蔡合昌	河婆	李合榮

（第四頁）

134 136

森春（續）

潮源合記	汕頭（暫遷饒平）	陳傳仁
有信	湖安	苏獅鄉
啟峰	揭陽	魏啟團
東成	大坪	鍾舜琴
新成利	柔佛	黃子松
榮昌	柔佛	賴義昌
萬益祥	柔佛	黃萬事
茂利	柔佛	黃日東
惟汶利	蘆拉瓦克	許賀
貽昌	山口洋	蔡灼然

八四

泉利	汕頭（暫遷高陂）	劉紹昌
裕盛	宋岸	林氣濤
喜台	潮陽	劉德船
祥盛	黃岡	巫子勳
有信	澄海	苏獅鄉
啟峰	揭陽	魏紋隱
萬興昌	店行頭	許文論
慶江盛	鳳凰	陳書德
義昌	饒平	錢凱臣
[illegible]記	浸岸	陳文
美盛	盤谷	蔡志真
泉利	流川	梁星九

八五

宏通	汕頭（暫遷梅縣）	張公垣
興利	松口	范宜洪
集成	大埔	劉理臣
增發	三河	余昌文
呂達興	大麻	吳井言
公和發記	茶洲	劉王階
耀記	高陂	劉燮臣
南生	桃源	何柏生
萬泰和記興	新嘉坡	劉璧和
南興	新嘉坡	何春史
志成	香港	何東鄉
南生	香港	何偉南
裕隆昌	[illegible]祿	張啟文
張源隆	興寧	張滙川

八六

（第五頁）

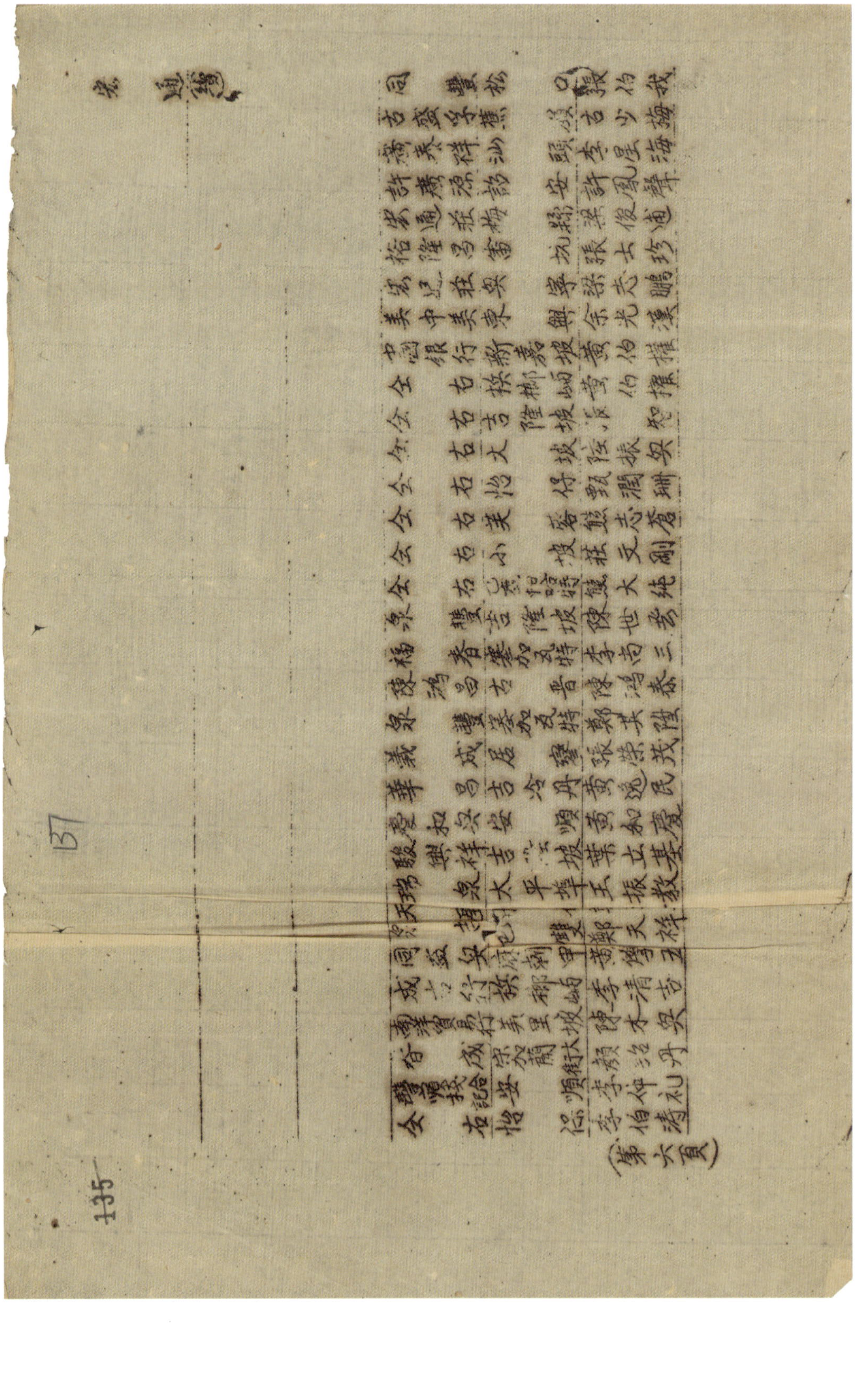
（第六頁）

135

B7

宏　通（鑛）

138

~~136~~

杏濟堂	太平	戴尊三
財利	巴重文礁	王聲慧
瑞記	金寶	李叔宏
源源公[illegible]	〃沙	蔡哲生
協成泰	峇眼亞	鄭金灶
王松昌	坤甸	王傳政
李協和	三發坡	李讓
源發	棉蘭	張[illegible]逵
李勝安	棉蘭	李[illegible]岳
華昌	山口洋	陳敬塘
豐隆	峇[illegible]哴	李季信
新福順	江沙坡	蔡世橑
友和樹膠	厭刺甲	劉友知
新芳裕	峇[illegible]特	張政章
協豐	巴度帕[illegible]	陳和庚
凌祥隆	坤甸	凌耿章
蔡三盛	山口洋	蔡芳三
曾益成	帕塔泥	曾鷹傑
利民	徽里濱	黃叔度
源盛	三寶瓏	黃五福
裕和	棄齊美海	謝康祥
益	[illegible]	李[illegible]垣
美中美	萬沛埠	余雪漢

（完）

廣東郵政管理局辦事處 令 字第 號 第 頁

令 等郵局

廣東郵區後方三十三年份已掛號批信局一覽表

批信局名稱	開設地方	營業人姓名	分號名稱	開設地方	代理人姓名	執照號數
			德昌隆	芙蓉	吳炳安	
			羅進記	盤谷	羅厝南	
			張源隆	興寧	張滙川	
			裕隆昌	梅縣	張啟文	
張廣泉	汕頭（暫遷梅縣）	張牖民	裕隆昌	畲坑	張仕珍	六四
			美珍	盤谷	王壯輿	
			寬記	堤岸	陳傳禧	
陳協誠	潮安	陳傳治	泰順	饒平	林述爾	六三

（九甲）

第 2

廣東郵政管理局辦事處　令　字第　號第　頁

令　　筆郵局

老成利柔　佛蔡自初

錦記勿里洞蔡錦合

明昌山口洋蔡[illegible]昭

廣復興新嘉坡蔡俊美

合興香港蔡龍

李裕昌揭陽李國仁

(暫還梅縣) 河婆

嘉隆汕頭蔡煥臣

榮合昌河婆李化初六五

公益麻剌甲葉應彬

土庫張瓜哇張志貞

裕隆昌香港張文泰

（九甲）

3

廣東郵政管理局辦事處 令 字第 號第 頁

令 等郵局

耀記 高陂 劉奕臣

公和發記 恭洲 劉玉階

增發 三河 余昌文

隆昌仁 大麻 劉耀庭

吳達興 大麻 吳井言

集成 大埔 劉理臣（暫遷高陂）

揚成 汕頭 劉建予

益成昌 大埔 劉達根 六六

蔡東昇 佩拉克 蔡聘

廣安隆 薩拉瓦克 蔡渭亭

誠美古 樓 蔡錦標

（九甲）

4

廣東郵政管理局辦事處　令　字第　號第　頁

令　等郵局

朱順昌　廣州　朱芷秀

林耀記　上海　林耀卿

斌世興　寧侯　伯源

斌記　梅縣　侯新如
斌記　汕頭　劉克趋　六八

南通公司　香港　潘君勉

遠東公司　梹榔嶼　熊炳昌

熊增昌　梅縣　熊少繩
懷通旅館　汕頭　劉潮梅　六七

手手盤　谷　張遜之

廣恒豐　松口　黃志宏

南生　梅縣　何柏生

（九甲）

5

廣東郵政管理局辦事處　令　字第　號第　頁

令　等郵局

陳富源香港陳国鈞

陳富通巴塔維亞陳冕鈞

陳富源輿寧陳怡庭

陳富源梅縣陳勤爭陳富通汕頭陳濟軒七〇

羅進記盤谷羅進滿

梁禎記梅縣梁天受張廣泉汕頭張牖氏六九

鉞記香港侯新和

葉怡隆勿里洞葉鑑秋

中原孟加錫廖世恭

合記怡保陳懋階

（九甲）

廣東郵政管理局辦事處 令 字第 號第 頁

令 等郵局

賴福記梅縣賴湯元賴隆泰松口賴蔭初七二

陳華興盤谷陳级華

應春堂仰光張質君

義順源香港李職臣

海濱酒店仰光梁文邦

協茂棧怡保梁政元

廣德興梅縣張雲鄉王泗記怡保王桐南七一

應典公司仰光張啟田

亞木莊加尔各答陳亞木

陳華興盤谷陳级華 役

（九甲）

7

廣東郵政管理局辦事處 令 字第 號第 頁

令 等郵局

同益有 港林翊球

陸潤記八打威亞劉啟民

協興源芙蓉李其新

大華盤谷鄭昀靈

咸豐泰盤谷鄭道南

張遠公司盤谷林鴻興

陳華興盤谷陳伋華

鍾大華松口鍾偉權

協興隆汕頭李其漢七三

賴福記盤谷賴沅華

賴福記汕頭賴啟煥

（九甲）

8

廣東郵政管理局辦事處令　字第　號第　頁

令　等郵局

王泗記　怡保　王桐南

李三茂　怡保　李堂三

廣通[illegible]松　口王華岩　廣通　汕頭　王華岩　七五

陳華興　盤谷　陳伋華

廣仁堂　金寶　古國璇

仁愛棧　怡保　古國璇

仁愛堂　檳榔嶼　古柄裳

華豐源　香港　曾德堅

華豐泰　三寶壠　曾孔坡

謝均和　松口　謝公義　英華公司　巴塔維亞　蕭照明　七四

（九甲）

9

夬

廣東郵政管理局辦事處 令 字第 號第 頁

令 等郵局

和平 坤甸 林木水

信和成 坤甸 林秀權

詹恒益 階哩 詹集東

信昌 饒平 王貽平

普通 澄海 徐昌期

合和成 汕頭 林健輝

信和成 揭陽 林道義

合和成 揭陽 林道義 七七

德彰公司 同 丘梁茂章

豐昌 松口 潘秉初

培源公司 巴達維亞 廖楚瞻 七六

李戴基 吉隆坡 李戴基

（九甲）

廣東郵政管理局辦事處　令　字第　號第　頁

令　等郵局

廣安隆薩挂瓦克蔡渭亭

蔡南益佩利克蔡　捕

蔡南成河　婆蔡長献蔡利豐汕　頭蔡煥臣七九

彭宗順五雲洞彭徒述彭宗順勿里洞彭嘉德七八

合和成坤　甸林直敏

益成禮記坤　甸林芝娘

與合坤　甸林金泉

林木崇坤　甸林木崇

源合與坤　甸許雄仁

吳長記坤　甸吳元利

（九甲）

11

廣東郵政管理局辦事處

令 第 號 頁

令 等郵局

萬益祥 士乃埠 黄益祥

晧昌號 山口洋 蔡晧

新国民 山口洋 蔡秉挽

蔡益昌 蕯拉瓦克 蔡莛之

茂昌號 居鑾 黄秀海

茂利號 柔佛 黄德彝

協昌號 吉摟 蔡晋雍（蔡晋雍）

蔡益華 新加坡 蔡啟明

蔡東昇 佩利克 蔡高練

新成利 吉㨗 黄善合

（九甲）

12

廣東郵政管理局辦事處　令　字第　號第　頁

令（轄邊河婆）等郵局

張聯發泉昌汕頭張鏡榮洪萬興棉湖洪賢明　八二

鏡興記大埔鏡谷士萬生棧書隆埔鏡瑞堂　八一

天生堂新嘉坡張碧如

萬和堂芙蓉宗谷仁

嘉興昌麻剌甲劉文珊

公益麻剌甲葉應彩

羅進記盤谷羅進滿

裕隆昌侖坑張文泰張廣泉汕頭張牖氏　八〇

劉義泰佩剌克劉象

暢茂號勿里洞黃逐暢

（九甲）

13

決

廣東郵政管理局辦事處 令 字第 號第 頁

令 等郵局

（暫還蔡譚）

黃西順蔡 譚黃維暢

森 春汕 頭魏應充

福和記合 梅 林賴山梧 八三

劉義泰佩弦克劉士賢

廣濟生居 鑾葉華霖

南記山口洋馮麟之

黃徒茂柔 佛 黃秀貞

黃德茂新嘉坡黃柄南

張朕通古 棲 張朕成

張徒豐山口洋張竹如

張泉利河 婆 張振辟

（九甲）

14

廣東郵政管理局辦事處　令　字第　號　第　頁

令　等郵局

昭　昌山口洋蔡灼然

惟安棧薩拉克洪　賀

茂　利棧　佛黄日東

萬益祥棧　佛黄萬事

榮　昌棧　佛賴義昌

新成利棧　佛黄子松

東　成大　坪鍾舜琴

啟　峰猫　陽魏啟國

有　信鄉　安茵鄉鄉

榮合昌河　婆李合榮

（九甲）

15

廣東郵政管理局辦事處 令 字第 號第 頁

令 等郵局

美盛盤谷蔡志真

獲记堤岸陈文

義昌饒平錢鎧臣 凯

廣和盛鳳凰陈書徒

萬興昌店仔頭許文通 課

啟峰揭陽魏啟團

有信澄海蔡獅鄉

祥盛黄岡丞子勲

喜合潮陽劉德船

廣源合記 和 汕頭陳傳仁裕盛潮安林冠濤八四

（暫遷饒平）

（九甲）

16

廣東郵政管理局辦事處　令　字第　號第　頁

令　等郵局

南與新嘉坡何春史

萬泰和記與新嘉坡刘璧和

南生梅縣何柏生

耀記高陂刘賓臣

公和茂记茶洲刘玉階

益成昌　大埔　刘達根

吳達與大麻吳井言

增茂三河余昌文

集成大埔刘理臣

與利松口范宜洪

（暂達高陂）

泉利汕頭劉绍昌

泉利虎市渠墨九八五

（九甲）

17

廣東郵政管理局辦事處

令　字第　號　第　頁

令 等郵局

裕隆昌　拿坑　張士珍
宏通莊　梅縣　梁俊道
許廣源　詔安　許鳳声
廣泰祥　汕頭　李星海
古盛孚　蕉嶺　古少梅
同豐　松口　張伯我
張源隆　興寧　張雁川
宏通　（彰邑梅縣）汕頭　張公恒
裕隆昌　梅縣　張啟文　八六
南生　香港　何偉南
志成　香港　何賓卿

（九甲）

18

廣東郵政管理局辦事處　令　字第　號第　頁

令　等郵局

令左巴度怕哈特然大纯
令左小坡莊文剛
令左芙落然志蒼
令左怡保甄洵珊
令左大坡陸根輿
令左吉隆坡張智
令左檳榔嶼黄伯校
中国良行新嘉坡蕭伯校
美中美东奥余光漢
宏通莊奥寧梁志鵬

（九甲）

19

廣東郵政管理局辦事處令 字第 號 第 頁

令 等郵局

大量 怡保 鄭奕春

瑞泉 太平埠 王振敎

勝興祥 吉隆坡 葉立基

慶和興 安順 黃和慶（黃和慶）

華昌 吉冷丹 黃逸民

義成 居鑾 張榮茂

泉豐 塞加瓦特 鄭其陞

陳鴻昌 古晉 陳鴻泰

福春 塞加瓦特 李喬（向）三

泉豐 吉隆坡 陳世飛

（九甲）

20

廣東郵政管理局辦事處 令 字第 號第 頁

令 等郵局

瑞记金 寳李叔宏

财利巴里文礁 王声慧

杏濟堂太平 戴尊三

同左怡保 李伯涛

豐順栈合记安顺 李仲礼

春成宋加蘭街大 颜治丹

南洋貿易行美里 波陈木興

成吉行梹榔嶼 李涛吉

同益興麻利甲 董学五

泉吉巴双 鄭天祥

（九甲）

21

廣東郵政管理局辦事處　令　字第　號

令　等郵局

友和　樹膠　麻剌甲　劉友知

新福順　仁沙坡　蔡世揆

豐隆　峇眼　李季信

華昌　山口洋　陳啟塘

李勝安　棉、蘭　李仕兵

源茂　棉蘭　張念道

李協和　三發坡　李讓

王松昌　坤甸　王傳政

協成泰　峇眼亞鄭　金社

源源公司　江沙　蔡贊生

（九甲）

22

廣東郵政管理局辦事處令　字第　號第　頁

令　等郵局

美中美　葛佈埠　金雲漢

益盛　彭亨了文佬甲　李北垣

裕和　曼奇美倫　謝康祥

源盛　三宝壠　董玉福

利民　徽里濱　黃叔度

會益成　帕塔泥　雷廣傑

蔡三盛　山口洋　蔡芳三

凌祥隆　坤甸　凌肱章

協豐　巴度帕哈特　陳松庚

新茂裕　塞加瓦特　張政章

（九甲）

廣東郵政管理局辦事處　令　字第　號第　頁

汕頭局通函第一九
訓令第七六〇五號附件

民國三十三年份汕頭段已掛號批信局詳情表

後開各批信局執照業經郵政總局駐滬辦事處分別批註自民国三十三年一月一日起至同年十二月三十一日止繼續有效一年

計開

(一)詳情與三十二年份相同者(参看卅二年份批信局詳情表)

批信局名稱	執照號數	批信局名稱	執照號數	批信局名稱	執照號數
同生利	一〇八	福與	一一〇	勝發	一一二
裕益	一〇九	振豐盛	一一一	義發	一一四

令　等郵局

(九甲)

廣東郵政管理局辦事處 令 字第 號 第 頁

令 等郵局

批信局名称	執照号数	批信局名称	執照号数	批信局名称	執照号数
成昌利	一二三	福成	一一三	荣豐利	一四一
恒记	一二二	福利	一三二	佳興	一四〇
荣大	一二一	马德豐	一三一	裕大	一三九
洪萬豐	一二〇	马合豐	一三〇	王合	一三八
合成利	一一九	源合興	一二八	祥益	一三七
许福成	一一八	光益裕	一二七	致盛	一三五
荣成利	一一七	有信	一二六	信大	一三四
悦记	一一六	光益	一二五	福茂	一三三
英顺興	一一五	李華利	一二四	陈四興	一二九

（九甲）

廣東郵政管理局辦事處 令 字第 號第 頁

令 等郵局

成順利振記	一五二	萬豐發	一六二		
振盛興	一五一	陳炳春	一六一		
鄭順成利	一五〇	鍾榮順	一六〇		
協成興	一四九	廣順利	一五九		
利昌	一四八	和合祥	一五八		
老億豐	一四七	理元	一五七		
陳萬合	一四六	泰成昌	一五六		
馬源豐	一四五	永安	一五五	復安	一七四
啟峯棧	一四三	同發利	一五四	廣泰祥	一六四
黃潮興	一四二	宏信	一五三	潮利亨	一六三

（九甲）

26

廣東郵政管理局辦事處 令 字第 號第 頁

令 等郵局

批信局名稱	開設地方	營業人姓名	分號名稱	開設地方	代理人姓名	執照號數
			林大成	汫洲	林大成	
			喜合	潮陽	刘竹[illegible]	
			許陶合	黃岡	許獻其	
葛興昌	汕頭	許文雅	葛興昌隆	都	許文運	一六五
			馬泰盛	盤谷	馬宗洲	
			和豐	檳榔屿	李在南	
			永南興	棉蘭	李藹南	
和興盛	汕頭	馬東洲	馬泰盛	成田	馬育民	一四四

（二）詳情畧有変更者修正如左

（九甲）

27

廣東郵政管理局辦事處 令 字第 號第 頁

令 等郵局

萬興昌 興寧 許自耘

萬興昌 饒平 許允一

萬興昌 梅縣 許允田

王信昌 內浮山 王昭平

啟峰 揭陽 魏啟圖

邱發利 意溪 邱綿雲

唐勤隆 海唐 唐阿勤

沛成 下湖 吳沛成

桂興 陽隍 魏桂興

（九甲）

28

廣東郵政管理局辦事處　令　字第　號　第　頁

令

等郵局

桂奥陷　陰　魏傳材

增順葉蓮　陽　陈友列

魏啟峯揭　陽　魏啟圃

劉壽令潮　陽　劉竹船

普通汕頭吳彬臺

如陶潮　安　蔡蓉水　一六六

裕豐盤　谷　陈述雲

天外天盤　谷　陈璜奎

萬奥昌盤　谷　許文珍

萬奥昌揭　陽　許自稷

（九甲）

廣東郵政管理局辦事處 令 字第 號第 頁

令 等郵局

常豐泰匯 谷 陳德安

吳泰安匯 谷 余培真

楊收記 棉湖 楊璧堂

聯益興 亭 盛雲友

如陶分局 漢口 陳壽眉

捷興 菴埠 陳渭洲

協成 浮洋 李楚通

廣順隆 鄒 余振忠

瑞字 黃岡 余桂生

（九甲）

30

廣東郵政管理局辦事處
令　字第　號第　頁

令　等郵局

信　泰吉隆坡　陳梧溪
振泰豐盤谷　陳培南
協成豐盤谷　馬君勇
瑞　成香港　陳子謙
利豐亨香港　吳鏡堂
萬　裕檳榔嶼　周植南

（九甲）

31

廣東郵政管理局辦事處 令 字第 號第 頁

批信局名稱	開設地方	營業人姓名籍貫	分號或聯號數	執照號數	附註
陳益泰	嘉積	陳青莪 定安	四	一九六	
黃泰豐	中原	黃模卿 樂會	五	一九七	未到
匯安	中原	黃甸興 樂会	七	二〇六	未到
恒裕興	嘉積	顏俊臣 樂会	六	一九八	
謙和隆	仝右	楊愛初 瓊東	二	一九九	
新富南	仝右	王英臣 瓊東	二	二〇一	
同益	又	王光甫 樂会	一	二〇三	
李益泰	又	李毓芳 瓊東	二	二〇四	
東南	文昌	翁華文 文昌	一	二〇七	

（九甲）

32

廣東郵政管理局辦事處

令　　字第　　號第　　頁

令　　等郵局

批信局名稱	開設地方	營業人姓名	籍貫	分號或聯號數	批工人數
福昌	海口	鄭庭業	文昌	四	二一〇
泰源豐	海口	林瑞平	文昌	五	二一一
永源豐	海口	呂少溪	文昌	四	二一二
源豐盛	海口	吳多池	瓊山	一	
[illegible]通	嘉積	陳天清			
准通	嘉積	陳光良	[illegible]	九	
南通	又	王壽卿、畢榮會		四	
聚合昌莊	又	陳聞楨、畢東璇		五	

停于卅四年度奉請停業

（九甲）

广东邮政管理局办事处关于改善东兴等地批业商号递寄泰国批信及回批办法实施后情形陈报察核给邮政储金汇业局的半公函（一九四五年一月五日）

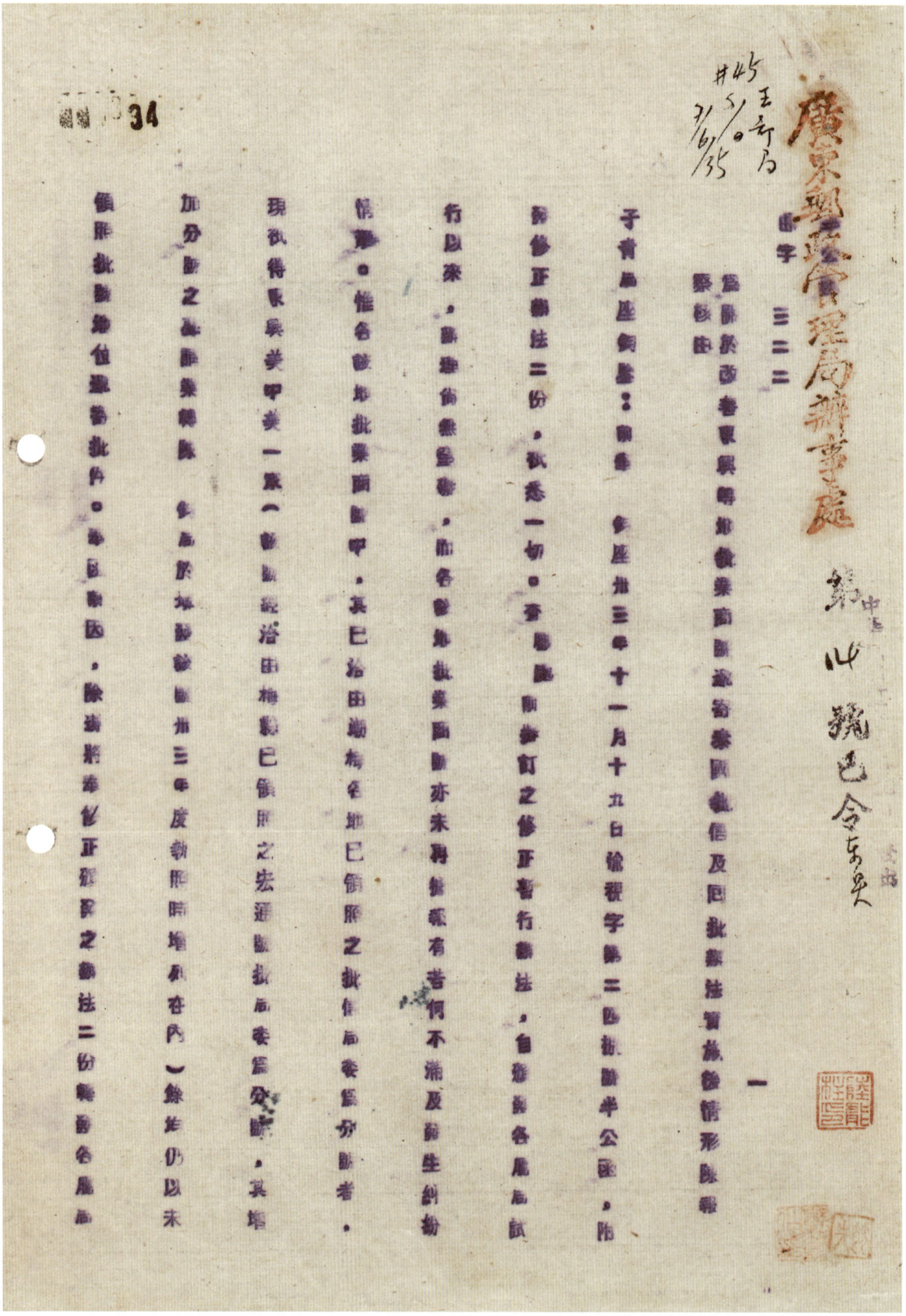

35

廣東郵政管理局秘書處

鈞諭，並飭依其它各事件可照區內儲金辦法辦理。至於各局局按月收管款項

二

備報目錄及收款科目號碼數目，亦經分飭查照，俟編報告再呈核外，理合備文

匯陳察核。敬乞

鑒核。謹肅敬請

鈞安

職 [illegible] 謹上

中華民國卅四年壹月五日發

邮务视察员黄伯长关于呈报调查各批信局批信业务情形致广东邮政管理局局长黎仪燊的呈（一九四六年一月二十二日）

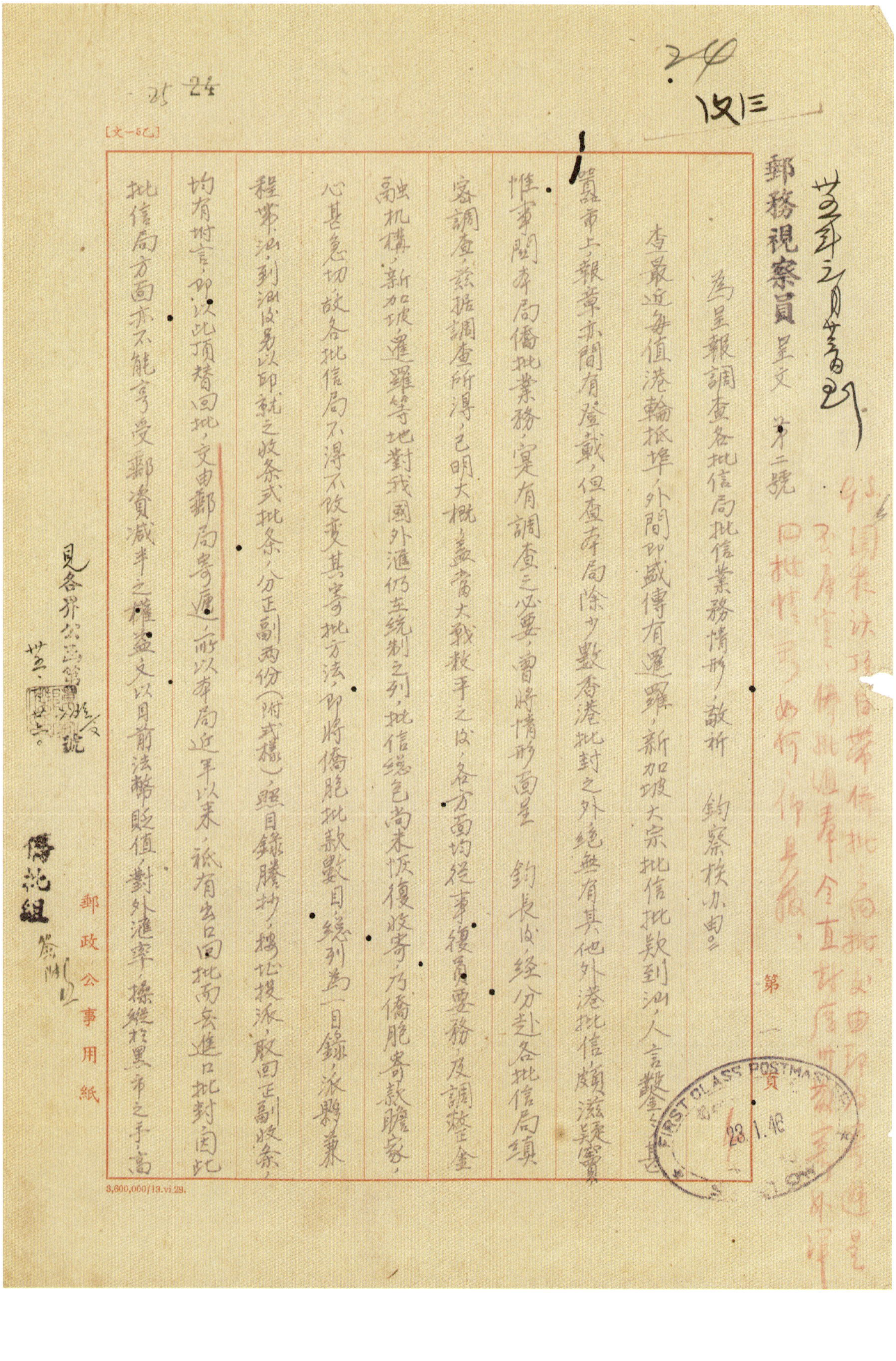
24 收三

卅五年一月廿四日到

[文-5乙]

郵務視察員呈文　第二號

為呈報調查各批信局批信業務情形，敬祈　鈞察核办由

查最近每值港輪抵埠，外間即盛傳有暹羅、新加坡大宗批信批款到汕，人言鑿鑿，甚囂市上，報章亦間有登載，但查本局除少數香港批封之外，绝無有其他外港批信，頗滋疑竇。惟事關本局僑批業務，寔有調查之必要，曾將情形面呈　鈞長，后经分赴各批信局續密調查，兹据調查所得，已明大概：蓋當大戰放手之後，各方面均從事復員要務，及調整金融机構，新加坡、暹羅等地對我國外滙仍在统制之列，批信總包尚未恢復收寄，乃僑胞寄款贍家，心甚急切，故各批信局不得不改变其寄批方法，即將僑胞批款數目總列為一目錄，派夥兼程带汕，到汕後易以即就之收条式批条，分正副兩份（附式樣），照目錄謄抄，據址投派，取回正副收条，均有附言，即以此項替回批，交由郵局寄遞，所以本局近年以来，祗有出口回批而無進口批封，因此批信局方面亦不能享受郵資减半之權益，又以目前法幣貶值，對外滙率，操縱於黑市之手，高

見各界公函第　號

僑批組

郵政公事用紙

第一頁

FIRST CLASS POSTMASTER 23.1.46

3,600,000/13.vi.29.

25
26

FIRST CLASS POSTMASTER 23.1.46 SWATOW

25

[文一5乙]

入天雲，一轉手之間，可獲利數倍，利之所在，群趨若鶩，一般水客遂乘運而起，在南洋各地競攬僑批滙欵，其所走路线，海陸空俱全，綜計(一)海程由汕頭搭船至香港轉海防，河內而達暹羅，新加坡。(二)陸程由汕頭入内地經東興，河内，或由廣州取道邕寧，龍州等處。(三)空程由香港乘飛机至河内或檳榔嶼再轉目的地，由以上諸线，水客穿梭往來，絡繹不绝，競攬批款，挾帶私信，寔繁有其徒，往返不過數星期，較之郵政或批信局快捷諸多，一般僑胞咸皆捨此就彼，批信局在南洋各地之批信業務，大受影响，而郵政方面亦間接蒙受不利也。凡弊之生，必有其因，因去則弊自戢，查水客之敢猖獗走私者，寔因目前交通阻滞，郵遞尚未步上正軌，乃予机以利用，然欲肅本清源，當從郵路方面着手，据聞香港至檳榔嶼及河内已有定期航空班，若暹羅郵件由香港寄航空至河内再由河内配搭大陸郵東至暹羅，需時四五日，新加坡郵件由香港寄航空至檳榔嶼再由檳榔嶼配搭海輪，需時不過一星期，此航空郵路苟能開闢成功，則水客走私，無可競比，其行業將不擊自敗，蓋以郵政寄遞妥善，批信局

第二頁

郵政公事用紙

3,600,000/13.vi.29.

26

27

26

[文一5乙]

信用堅著，僑胞势必樂此捨彼。再就郵局收入計算，數必倍增，因批信局為營業競爭，其回批必從航空寄遞，彼輩不計郵資之低昂，而期回批之能否迅速即達。是誠一舉而兩利備也。未審香港至河内及檳榔嶼之定期航空是否確實，擬呈請 管理局予以調查，如果實在，則請設法開闢此路郵綫，俾可增裕局方收入，而杜外間私運。兹又詢據僑批組組長沈錫眉称，自前本局封發南洋各地郵件係按照通令，以散件封由廣州聯郵組分轉，如是封發，似屬欠當。查汕頭與香港為聯郵交換局，凡南洋各地郵件應由本局直接封發，方符功能。恐通令係指非聯郵局而言，擬請飭該僑批組組長將通令予以查明，並請自即日起仍照以前办法直接由本局封發，以免迂迴周折，耽誤郵遞。至於水客私運郵件，擬請呈 管理局令飭属下各局嚴加注意緝办，為維護郵政法綱計，實難稍予姑息寬恕也。理合備文呈報，敬祈

鈞察核办。

第三頁

郵政公事用紙

3,600,000/13.vi.28.

27

28

[文一5乙]

24

局長 謹呈

附一件

郵務視察員

呈 一月廿二日

郵政公事用紙

第四頁

3,600,000/13.vi.29.

广东邮政管理局关于广东邮区最近业务及经济状况暨侨汇支绌情形给邮政储金汇业局的半公函（一九四六年六月二十六日）

廣東郵政管理局 半公函

四七 一

爲關於本區最近業務及經濟狀況暨儲匯支絀情形敬陳鑒核由

子青局座鈞鑒：奉讀

鈞座發下本年五月廿二日業通字第二〇號函、關於河北區開源節流已有成效一案、至感興奮。職區自去年十月復員以來、對於業務之發展、無日不剴切勸告、督飭所屬向前邁進、綜核全區過去每月收入、逐漸進步、成績亦頗不弱。茲列表如下：

（一）營業

年份 月份 營業收入總金額 比上月增加金額

FILE

10

卅四	十一	三四、三七五、七〇〇元	
	十二	五五、〇八一、四〇〇元	二〇、七〇五、七〇〇元
卅五	一	八三、五六一、一〇〇元	二八、四七九、七〇〇元
	二	一〇六、一三〇、〇〇〇元	二二、五六八、九〇〇元
	三	一三九、六六六、一〇〇元	三三、五三六、一〇〇元
	四	一四七、六二一、四〇〇元	七、九五六、三〇〇元
	五	二一一、五三七、三〇〇元	六三、九一四、八〇〇元

上列各月份每月均有增加、其原因大抵係各地逐漸復原、各[illegible]路線漸

二

11

三

漸加速、故售票收入、每月均有顯著之增加、由本年三月份起、每月包裹資費收入、平均亦有二千七百萬元以上、現在膏聯[illegible]合國[illegible]資增加、將來收入必更可觀。

（二）匯金（單位萬元）

年份	月份	存簿	小額	支票	定期	通知	團體	滙券	總額
卅四	十一	一一,四五八	一五一	一,四九二	五四七	一三	二	三,六〇七	一七,二七〇
卅四	十二	一一,八五一	一五八	四,七二二	五四一	一〇	二	三,二四一	二〇,九二五
卅五	一	七,九九八	一七五	五,八二五	五三五	一〇	二	三,七七八	一八,三二三

12

四

二	七九七六	一七七	七八二九	五九六	一〇	二	三七八	二〇三七八
三	七三三五	一三四	八九四四	五七六	一〇	二	三七〇	二〇七一三
四	一二八四二	一七八	八二〇〇	四三〇	一〇	二	三七八二	二四四三四
五	一二九四八	一一九	一三三六四	四七四	一〇	二	三八〇五	四〇〇〇三

存簿及支票儲金均有增加，惟現在幣值日低，招攬定期儲金已無辦法矣

三、匯業（單位萬元）

（甲）開發

年份	月份	普通	高額	電報	小款	總	其他匯費收入	總數

13

廿四	十一	六，〇七三	一，一八一	二二五	二五三	七七八二	三四〇
	十二	一，三六八二	二，二一九	一三九	六七六	七，七五六	八八二
廿五	一	二，二七五〇	四，一八三	一，八九一	一，三三〇	三〇，一四四	一，二二六
	二	二〇，三二〇	一，七四一	二，三五五	一，〇七七	二五，三九三	九九一
	三	二九，四七八	三，〇三三	二，七〇三	一，三三七	三六，五四一	一，四三三
	四	三九，一八三	三，八九二	五，三八〇	一，六七九	五〇，一三四	一，九七六
	五	五〇，一五六	七，二〇一	七，八八八	二，二五〇	六七，四九九	二，六四二

五

(乙)兑支（单位万元）

14

六

年份	月份	普通	高額	電報	小款	總共	匯兌損失
廿四	十一	三,九六三	九二一	一九	二三五	五,一一八	一三九
	十二	九,五三三	一,八八五	一,一八一	五七一	一三,一七〇	一九〇
廿五	一	一八,四五五	三,三七八	一,二四二	一,四七	二四,一二二	一,三八三
	二	一九,八九六	二,八七〇	二,七五二	一,三一四	二六,八三二	五九六
	三	三一,九八三	三,六〇〇	二,五一三	一,四八〇	三九,五六六	一,五六二
	四	四一,三八一	三,七五七	三,四八八	一,八二三	五一,四八九	一,六八七
	五	五三,五〇七	三,六七八	七,六四一	二,〇七九	六六,九〇五	一,一〇四

15

七

根據上述數字，開發與兌支，每月有進步，惟平均仍屬兌超，僑頭寸充足，匯業仍可繼續猛進，至匯價損失之鉅，大部份係匯款接濟台屬眉應兌華僑匯票所致。

四、支出（單位萬元）

年份	月份	薪資	津貼	福利	購米	辦公	運輸	其他	總共
卅四	十一	〢三	三六	二,四〡七	九七六	三〇二	一一八	一一三	三,九七五
	十二	一六	四八	三,三五〇	一,三九六	一,二九一	二九八	一四三	六,五四二
卅五	一	一九	九八	八,六八〇	二,四五四	一,九二一	五三二	一九八	一三,九〇二

16

八

二	一五	一三七	一一，三〇四	三，七二五	二，二五八	七四八	四三七	一八，六二四
三	一六	二三五	二〇，〇〇八	五，二九四	二，七五六	一，三〇三	二八二	二九，八八四
四	一五	二四八	二一，八五三	八，八五一	四，五六一	一，三〇〇	三九六	三七，一二四
五	一七	三七七	二八，四三三	一四，七二七	六，四三五	一，二九三	四五四	五一，七〇六

收復初期、收支比較、所差甚微、但本年一月以後、則緣本省糧荒嚴重、米價狂漲、因而影響一般物價上升、致生活指數日高一日、以五月份為頂點、支出多至五一、七〇六萬餘元、故數月來造成以下之每月虧損數目：

17

年份	月份	虧損數目
卅四	十一	五，四二〇，〇〇〇元
	十二	一〇，三七〇，一〇〇元
卅五	一	五五，四八六，七〇〇元
	二	八〇，一四〇，四〇〇元
	三	一五九，二二一，一〇〇元
	四	二二三，六五七，七〇〇元
	五	三〇五，五四九，四〇〇元

九

虧損數目愈來愈高、考其原因、純係生活程度日高之影響、試觀上述福利及膳米兩項之支出、實佔最多數、蓋自收復以來、職局新設二等郵局一間、三等郵局三間、恢復三等郵局九間、由代辦所改升三等郵局十二間、共廿五間、辦公費不過增加五倍、惟人手方面、不無有所增加、其原因、除上述新設及恢復局所外、則以職局在未接收之前、所有辦理郵件部份人手、已減至最低限度、迨復員後、郵運日暢、各類郵件之收寄投遞及經轉、均大量激增、原有人數、無法應付、又自本年二月間華僑匯票業經恢復辦理、故為圖業務之進展而開源起見、除郵務方面、僱用僱員五十名適匯環境外、其他單純新嘉坡華僑匯票、截至五月底止、添用僱員六十二名、長期跑差一五六名、短期跑差四十三名、員工薪津連同查核僑票旅費、每月約需三千萬元、均屬節無可節者。至於新嘉坡華僑匯票、雖在職局帳內未能列報前項收益、但閱在外匯比率中、已獲利不鮮、自亦可視為間接之開源矣。

職局經濟、雖極力開源、然支出龐大、無法使其平衡、加以華僑銀行之匯票、紛源源而來、應付已感拮据萬分。最近復承兌美國大通銀行之匯票、數目比南洋各地僑票為鉅。惟基金毫無、東羅西掘、事前對於各僑票分發局需要若干、並無所知、每於屬局請領協款時、始行籌措、不得預派無預籌之快捷、而撥維現款、又極感艱難、不得已於最近派財務幫辦陸能柱往香港、與儲匯局駐港通訊處籌商徹底辦法、復悉辦理僑匯之重心已移上海、洽商關於僑匯各種問題、均無結果、但以個人愚見、僑匯收支、如果生活指數繼續低減（按六月份已減低將近一億元）、相信三兩月後或可平衡、惟辦理僑匯、若無基金、殊難收效、中國銀行亦因此故、備受社會攻擊、我郵局若不及早設法、將來必步中國銀行之後塵、信譽一損、恢復維艱、聞中國銀行

21

十三

現已集足基金，廣州常備三百億元，台山常備二百億元，我郵局照現在情形論，常備數目，廣州需五億元，汕頭需三億元，海口需三億元，江門需二億元，華僑及大通銀行匯來若干，上海分發局備知其詳，每接到各該銀行通知，即請源源接濟，庶不致竭蹶。華南各個僑匯問題，適合就管見所及，一併臚陳，倘荷

鑒察辦理。專此，敬請

崇安

副員呈 郵政儲金匯業局

職 黎儀燊 謹上

中華民國卅五年六月廿六日

繕寫 張光志

校對 [illegible]

汕头一等邮局一九四六年四月份统计抽查清单（一九四六年六月十二日）

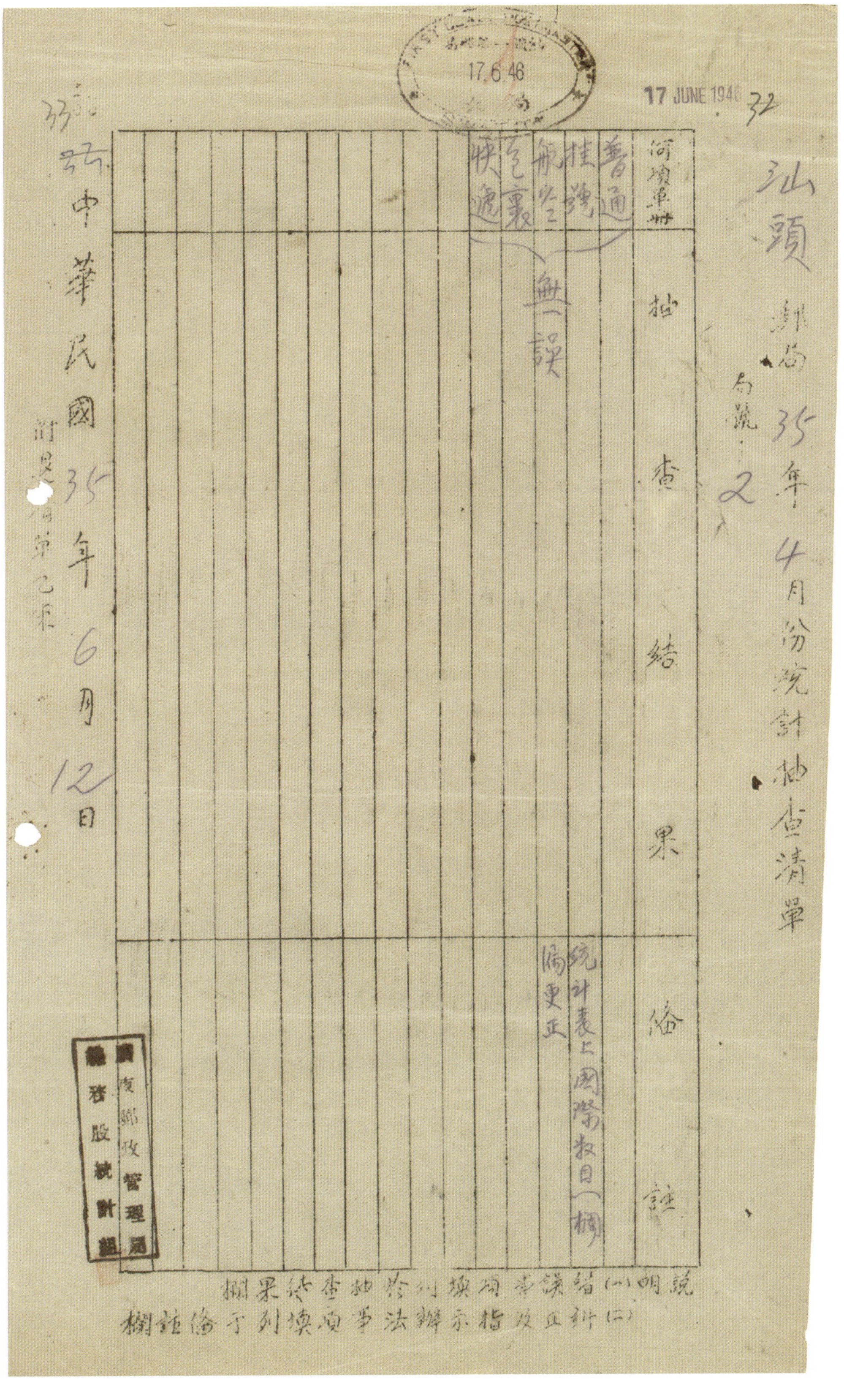

32

汕頭郵局35年4月份統計抽查清單

局號：2

17 JUNE 1946

17.6.46

何項單冊	抽查結果	備註
普通、掛號、航空、包裹、快遞	無誤	統計表上國際數目（欄）倘更正

中華民國35年6月12日

廣東郵政管理局總務股統計組

說明（一）錯誤事項填列於抽查結果欄

（二）計正及指示辦法事項填列於備註欄

广东邮政管理局文书组关于无需再寄各月份批信统计表副份给汕头一等邮局文书组的笺函（一九四六年八月十二日）

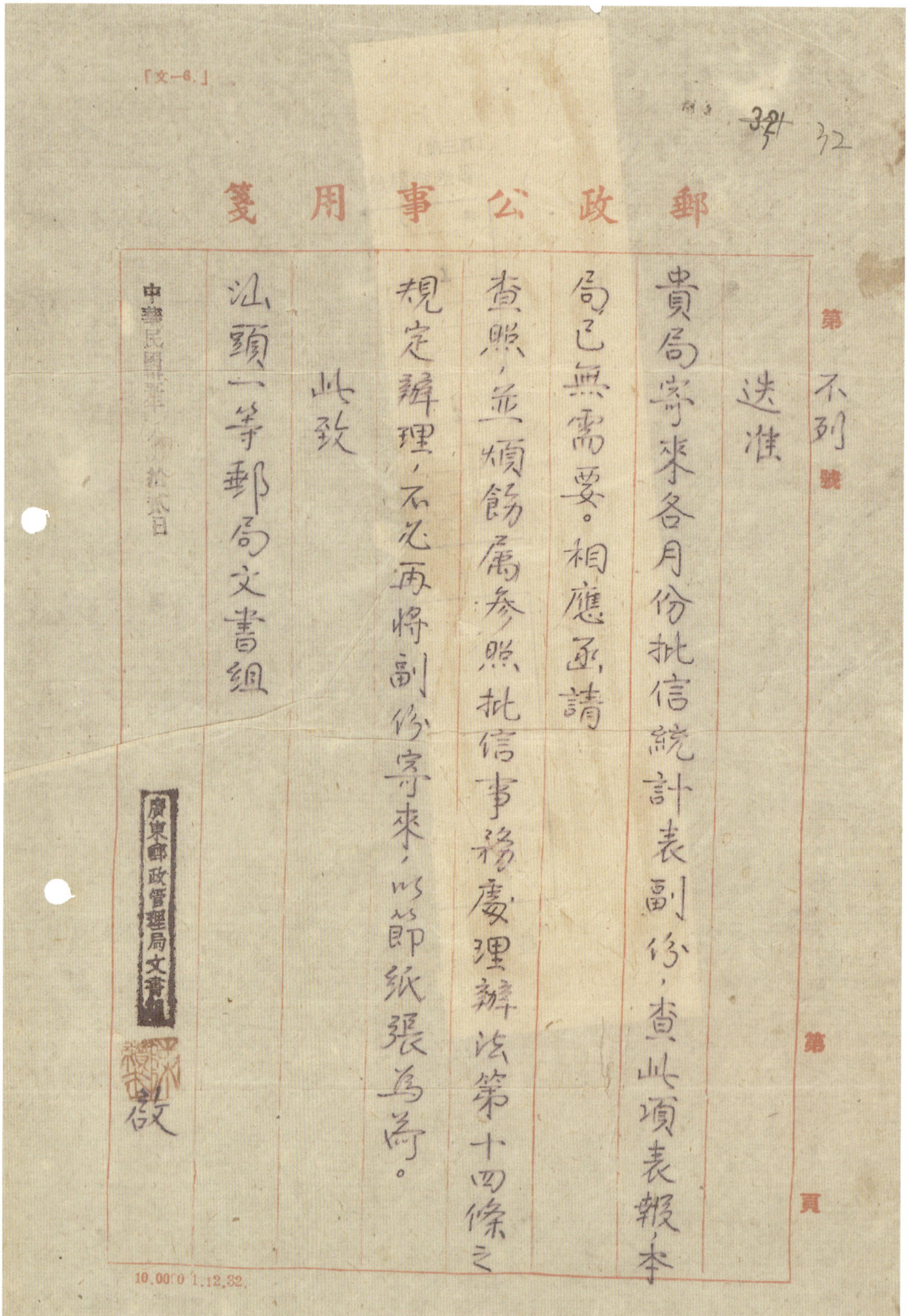
「文-6.」

~~321~~ 32

郵政公事用箋

第 不列 號

迭准

貴局寄來各月份批信統計表副份，查此項表報，本局已無需要。相應函請

查照，並煩飭屬參照批信事務處理辦法第十四條之規定辦理，不必再將副份寄來，以節紙張為荷。

此致

汕頭一等郵局文書組

廣東郵政管理局文書組 敬

中華民國卅五年八月拾貳日

10,0000 1.12.32.

海口（琼山）二等邮局一九四六年九月份战前侨汇退汇数目表（一九四六年九月）

29

海口(琼山)二等局

民国三十五九月份戰前僑滙退滙數目表

Name of O.C.B.C.	No. of Retce.	Amount of Remittance N.Cy.$	B/A No.	Date.	Adv. of U.R.'s Nos.	Remarks.
Rangoon	125	$ 18,165.-			1/3	
Total:	125	$ 18,165.-	54/276	30/9/46		

編製員

僑滙組組長

广东邮政管理局关于奉饬将广东邮区业已挂号之批信局详情列单呈报并将处理该项未经核准经营之批信总包不同情形呈复致交通部邮政总局局长的呈（一九四六年十一月一日）

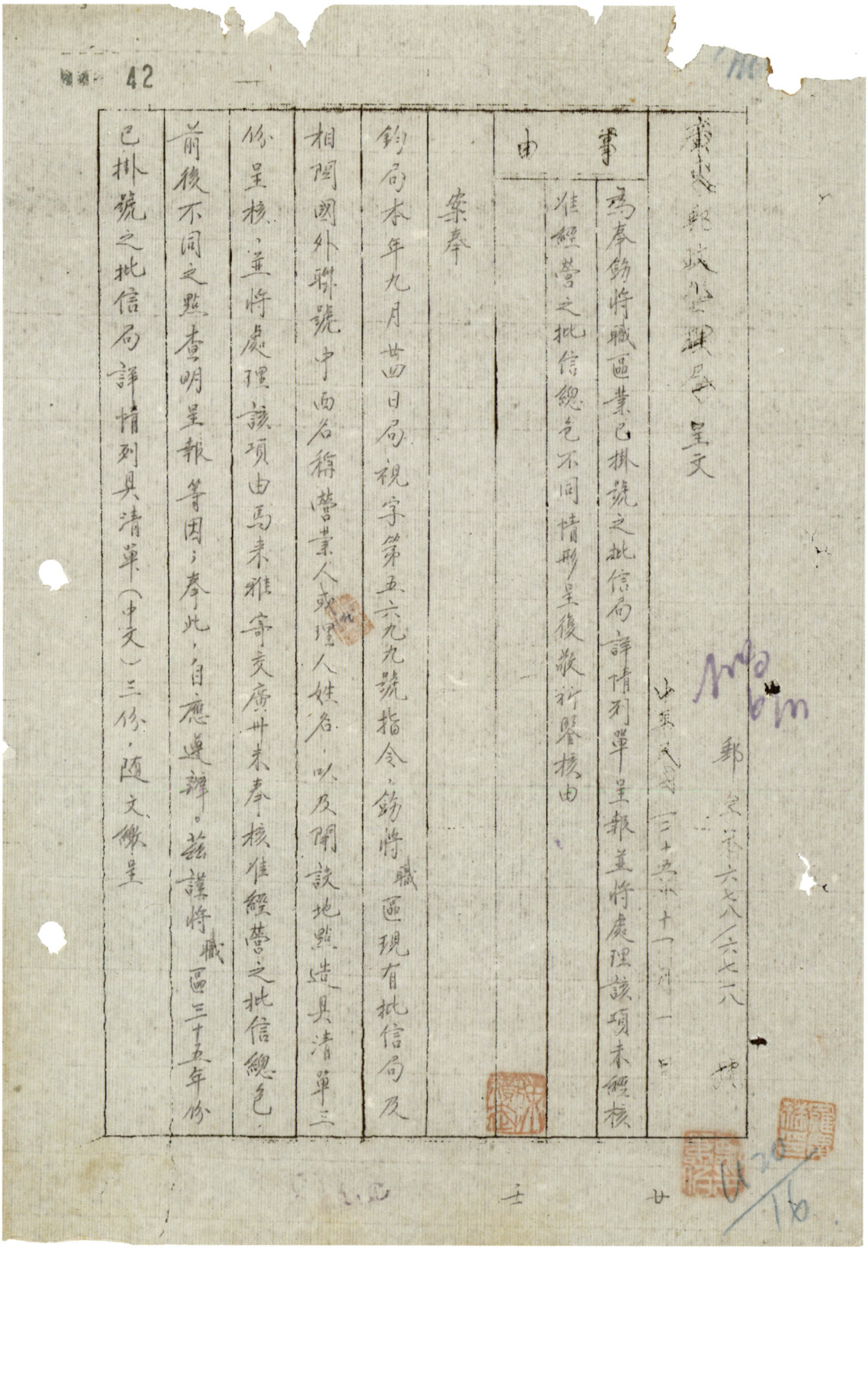

42

廣東郵政管理局呈文

郵字第六七八/六七八號

中華民國三十五年十一月一日

事由：為奉飭將職區業已掛號之批信局詳情列單呈報並將處理該項未經核准經營之批信總包不同情形呈復敬祈鑒核由

案奉

鈞局本年九月廿四日局視字第五六九九號指令，飭將職區現有批信局及相關國外聯號中西名稱、營業人或經理人姓名，以及開設地點造具清單三份呈核，並將處理該項由馬來雅寄交廣州未奉核准經營之批信總包前後不同之點查明呈報等因；奉此，自應遵辦。茲謹將職區三十五年份已掛號之批信局詳情列具清單（中文）三份，隨文繳呈察核辦理，惟該項批信局，多屬潮梅人士所開設，其名號之西文拼音，均依潮梅方言，與國語或廣州語相差甚遠，職局又無批信局西文名稱存檔，故未能譯附。

至關於處理該項未經核准之批信總包前後不同一節，則因初時寄來之批信總包，係寄交職局清理組郵佐宋韻鏘收者，前經於本年五月十六日財字第三六二/四〇九九號呈文呈報 鈞局在案。為制裁郵局人員辦理僑匯起見，故將其依照郵政規則第一四五條第二節前段之規定，隨同懲證退還原寄局，以示儆惕，惟在後寄來之各批信總包，係寄交未經在郵局掛號辦理批信之商號，姑存體念僑匯之意，故按照上述郵政規則同條同節後段之規定，作為欠資辦理。但該項批信總包，有小部份收件人已允遵納欠資收取，其餘大部份，則以該項總包，既經馬來雅郵政，業已准許交寄，應去函交涉為詞，請求暫存，以待

44

解決。惟留候日久，仍未見納費領取，日間將飭屬將其掃數退回原寄局，以資

取締。奉令前因。理合將辦理該項自馬來雅寄來廣州未奉核准經營批信

之商號批信總包經過情形，備文呈報，敬祈

鑒核。謹呈

郵政總局局長

附清單三份

署廣東郵政管理局局長黎儀燊

繕寫　張述志

校對　何詠彬

附：广东邮区一九四六年份已挂号批信局详情表

廣東郵區三十五年份已掛號批信局詳情表

批信局名稱	開設地方	經營人姓名	分號名稱	開設地方	代理人姓名	執照號數
豐昌號	松口	梁慕侁	坪洋公司	巴城雅王	廖楚驊	第三號
			德乾號	仝右	梁汝章	
鍾天華	松口	鍾保權	協興隆	汕頭	李其漢	第四號
			陳華民	盤谷	陳似華	
			振遠	仝右	林鴻興	
			成豐泰	仝右	熊道南	
			大華	仝右	熊均靈	
			協美源	芙蓉	李其彬	
			陸潤記	巴城雅王	劉啟元	
			同益	香港	林[illegible]	
謝坤和	松口	謝公我	英華	巴城雅王	蕭熙明	第五號
			萬豐泰	三寶壟	曾乃坡	
			華豐源	香港	曾德堅	
			仁愛堂	棉蘭嶼	古叔崇	
			仁愛楼	怡保	古厚坡	
			廣仁堂	金寶	古國璣	
			陳華興	盤谷	陳似華	
廣遠莊	松口	王華岩	廣遠莊	汕頭	王華岩	第六號
			李三茂	怡保	李業三	
			王細記	仝右	王細南	

45

執照號數	代理人姓名	開設分號地址	分號名稱	經理人姓名	開設地址	通信處
	李新基	吉隆坡	李新基		（續）	[illegible]
第七號	張[illegible]	汕頭	張[illegible]	張文泰	[illegible]	[illegible]
	羅進[illegible]	[illegible]谷	羅進[illegible]			
	[illegible]	[illegible]甲	[illegible]			
	劉[illegible]	仝上	[illegible]			
	[illegible]	[illegible]	[illegible]			
	張[illegible]	新[illegible]坡	[illegible]			
第八號	鍾[illegible]	吉隆坡	[illegible]	鍾[illegible]	大埔	[illegible]
第九號	洪[illegible]	檳城	洪[illegible]	張[illegible]	汕頭	張[illegible]
	張[illegible]	河[illegible]	張[illegible]			
	張[illegible]	山口洋	張[illegible]			
	張[illegible]	[illegible]	張[illegible]			
	[illegible]	新加坡	[illegible]			
	黃[illegible]	[illegible]	黃[illegible]			
	馮[illegible]	山口洋	[illegible]			
	[illegible]	[illegible]	[illegible]			
	劉[illegible]	[illegible]	[illegible]			
第十號	[illegible]	汕頭	[illegible]	[illegible]	河婆	[illegible]
	[illegible]	[illegible]	[illegible]			
	[illegible]	[illegible]	[illegible]			
	黃[illegible]	[illegible]	[illegible]			
46	[illegible]	[illegible]	[illegible]			

第三頁　47

批信局之名稱	開設地方	營業人姓名	分號名稱	分號開設地方	代理人姓名	執照號數
蔡南成（續）			蔡茂華	新加坡	蔡啟明	
			協昌號	古楼	蔡晉雍	
			茂利號	柔佛	黃能彝	
			茂昌號	居鑾	黃秀海	
			蔡益昌	薩拉叉克	蔡起之	
			新國民	山口洋	蔡東旋	
			昭昌號	仝左	蔡昭	
			萬益祥	士乃埠	黃益祥	
			暢茂號	勿里洞	黃遂暢	
			劉義泰	佩利克	劉象	
嘉[illegible]隆	汕頭 [illegible]河婆	蔡炳臣	榮合昌	河婆	李化初	第十一號
			李裕昌	揭陽	李國仁	
			合興	香港	蔡龍	
			廣復興	新加坡	蔡俊夷	
			昭昌	山口洋	蔡昭	
			錦記	勿里洞	蔡錦合	
			老成利	柔佛	蔡月初	
			誠美	古楼	蔡錦標	
			廣安隆	薩拉叉克	蔡渭亭	
			蔡東昇	佩利克	蔡聽	
彭宗順	河婆 五雲洞	彭維述	彭宗順	勿里洞	彭[illegible]德	第十二號

47

第四頁 48

執照號數	代理人姓名	開設地方	分號名稱	營業人姓名	開設地方	信局名稱
第十三號	張啟文	梅縣	裕隆昌	張瑞炳 梁蔭公	汕頭	安通
	張運洲	興寧	張裕隆			
	張佑成	松口	同豐			
	古卜梅	蕉嶺	古盛泉			
	李星海	汕頭	廣泰祥			
	許鴻吉	龍安	許廣祥			
	梁俊道	梅縣	宏通莊			
	張士珍	畬坑圩	裕隆昌			
	梁志鵬	興寧	宏通莊			
	余上漢	丙村	聚生昌			
	黄伯雄	新加坡	中國銀行			
	仝右	檳榔	仝右			
	張智	吉隆坡	仝右			
	陳振興	大坡	仝右			
	戴潤卿	怡保	仝右			
	熊六蒼	芙蓉	仝右			
	林文開	小坡	仝右			
	熊大統	峇株巴轄	仝右			
	陳也兆	吉隆坡	泉豐			
	李向三	馬六甲埠	福泰			
	陳鴻泰	吉呂	陳鴻昌			
	鄭其陵	馬六甲埠	泉豐			
	孫紫茨	[illegible]	泰成			

49

第五頁　49

總號所在地	開設分號地點	營業人姓名	商號名稱	所在地	經理人姓名	號數
安隨	(鋪)		華昌	吉冷外	黃讓民	
			廣和興	永順	黃朴廣	
			順興祥	土瓜坑	黃三美	
			瑞泉	太平坑	王朝義	
			天美	怡信	鄭美春	
			泉吉	巳豐	鄭天祥	
			同益興	麻東甲	黃遜入	
			成吉行	松柏塱	朱清吉	
			遠洋貿易行	美里坡	陳大興	
			美成	大仙街	顏錦昌	
			合豐順號	怡保	李伯洪	
			全右	安順	李仲樵	
			杏益堂	太平	戴善三	
			財利	巳里文律	王子慧	
			瑞記	全豐	李啟安	
			源源公司	江沙	蘇松生	
			協成泰	坐山星	鄭金牧	
			王松昌	神洞	王偉成	
			李協和	三條坡	李鎮	
			源、泰	檳蘭	張念道	
			李勝榮	全左	李偉榮	
			華昌	山口洋	陳啟韜	69

第六頁 50

號數	代理人姓名	開設地方	分號名稱	營業人姓名	開設地方	批信局名稱
	李季信	吉叻	豐隆		（續）	安通
	蔡世祥	江沙埠	新福順			
	劉文松	麻剌甲	文和棧			
	張政章	[illegible]	新茂裕			
	陳和庚	[illegible]	協豐			
	凌秋業	坤甸	凌祥隆			
	蔡芳三	山口洋	蔡三盛			
	曾慶麟	[illegible]	曾益興			
	[illegible]	[illegible]	利民			
	黃文福	三寶瓏	源盛			
	謝慶祥	[illegible]	裕和			
	李兆垣	[illegible]	益盛			
	余雲漢	[illegible]	美中美			
第十四號	朱述秀	廣州	朱順昌	侯新松	梅縣	盛記
	林耀炯	上海	林耀記			
	侯佰深	興寧	盛世			
	劉雲超	汕頭	盛記			
	陳德信	松口	合記			
	詹世來	孟加錫	中原			
	葉鑑秋	勿里洞	葉裕隆			
	侯新松	香港	盛記			
第十五號	劉潤楠	汕頭	張達隆	熊少龍	梅縣	熊揭昌

50

51

第七頁

載此號數	代理人姓名	所設地方	分號名稱	營業人姓名	所設地方	批信局名稱
	龍煥昌	檳榔嶼	萬東公司			
	潘君魁	香港	南通公司			
第十六號	張晴民	汕頭	張廣泰	梁天送	梅縣	梁楠記
	羅雄滿	盤谷	羅進記			
第十七號	陳濟軒	汕頭	陳富通	陳劉寧	梅縣	陳富澤
	陳松庭	興寧	陳富澤			
	陳旻勳	巴達維亞	陳富通			
	陳國勳	香港	陳富澤			
	陳似華	盤谷	陳萃興			
	陳亞木	加尔各答	亞木莊			
	張啟田	仰光	雁興			
第十八號	魏滌初	松口	魏隆泰	魏鴻元	梅縣	魏福記
	魏啟燦	汕頭	魏福記			
	魏汝華	盤谷	仝左			
第十九號	王嫺南	怡保	王泗記	張運卿	梅縣	廣德興
	梁政元	怡保	協發號			
	李讚臣	香港	義順隆			
	張質君	仰光	應香堂			
	陳似華	暹羅	陳萃興			
	梁文郁	仰光	海濱通莊			
第二十號	林謹嘉	揭陽	合和成	林謹嘉	揭陽	信和成
	林健雄	汕頭	仝左			
	徐昌朝	澄海	益昌通			
計	王鑑平	饒平	信昌			

52

第八頁

批信局名	開設地方	營業人姓名	分號批局名	開設地方	代理人姓名	執照號數
信和成	（續）		[illegible]	萬隆	[illegible]	
			信和成	坤甸	林勇權	
			和[illegible]	坤甸	林[illegible]人	
			[illegible]記	坤甸	吴元[illegible]	
			[illegible]合興	仝	許雄仁	
			林木崇	仝上	林木崇	
			興合	仝上	林金泉	
			[illegible]成利記	仝上	林光非	
			合和成	仝上	林[illegible]	
陳協盛	汕頭	陳佳沾	泰順	[illegible]馬辰	林[illegible]	第廿一號
			寶記	[illegible]	陳佳[illegible]	
			美珍	[illegible]	王壯興	
廣泰利記	汕頭	陳佳[illegible]	裕盛	[illegible]	林[illegible]	第廿二號
			吉合	潮陽	劉德[illegible]	
			祥盛	黃岡	王子[illegible]	
			有信	澄海	[illegible]	
			啟峰	揭陽	魏啟周	
			萬興昌	[illegible]	許文[illegible]	
			廣和[illegible]	鳳凰	陳[illegible]	
			萬昌	[illegible]	[illegible]	
			隆記	[illegible]	陳文	
			美盛	[illegible]	蔡[illegible]	
陳[illegible]	[illegible]	陳[illegible]	悅來	[illegible]	王[illegible]	第廿三號

52

第九頁 53

批信局名稱	開設地方	東家人姓名	分局名稱	開設地方	代理人姓名	執照號數
陳益泰	[illegible]		益和豐	新加坡	陳鏡清	
			慶泰	金寶	王先謨	
			吉興隆	新加坡	何明軒	
恆裕興	嘉積	顏俊臣	恆裕興	仝右	王桂記	第廿四號
			仝右	麻剎甲	吳錦輝	
			仝右	繆阿尔	王鶴	
			仝右	吉隆坡	陳善長	
			永裕興	檳榔嶼	王裕廣	
			群華商	吞蜜乍	周達卿	
新富南	嘉積	王英臣	德香園	怡保	王子和	第廿五號
			人信莊合記	新加坡	王保民	
回益	嘉積	王允甫	協興號	怡保	王文臣	第廿六號
謙和隆	仝右	楊德星	啟州	吉隆坡	楊維炳	第廿七號
			天成美	新加坡	楊甘五	
裕益	汕頭	周炯昌	濬發源	北灣	陳再存	執照未來發到
			源順盛	詔安	周崇仁	
			協成泰	蓮陽	許錫河	
			光德成	揭陽	李運祥	
			有記	潮安	吳聘三	
			洪萬興	棉湖	洪賢炎	
			劉喜合	潮陽	劉竹梅	
			黃茂利	黃岡	黃子厚	
			黃德昌	炮台	黃鑑逵	

53

第十頁

54

批信局名稱	開設地方	營業人姓名	分號名稱	開設地方	代理人姓名	執照號數
裕益	（续）		李源合	暹京	李渭臣	
			潘合利	庇仔頭	潘育裕	
			永德盛	新加坡	許惟杰	
福興	汕頭	劉士彦	陳聯豐	流沙圩南山	陳成刚	[illegible]
			陳科成	東海新圩	陳　進	
			劉喜合	潮陽	劉竹舟	
			魏啟峰	揭陽	魏啟圃	
			陳益隆	隆江	陳雲石	
			陳四合	金甌	陳雲騰	
			萬發	梹榔嶼	黃亞彦	
			振慶大	新加坡	黃啟平	
			永新	棉蘭	劉士城	
			劉平合	盤谷	劉士平	
			源記	安南金邊	許其極	
			魚業	仙達	黃文吉	
			新發興	仙達	黃克欽	
振豐盛	汕頭	陳章武	陳聯豐	普寧	陳成刚	
			陳四合	潮陽	陳雲騰	
			陳科成	陸豐	陳　進	
			鴻興號	碣石	秦士謀	
			永興盛	流沙	張炎輝	
			興勝號	棉蘭	黃鏡昌	
			陳治盛	仝右	陳　紅	
			陳源利	仝右	陳諸說	
			有豐號	梹榔嶼	黃耀裕	
			德盛號	棉蘭	姚明盛	

第十四 55

執照號數	代理人姓名	分號地址	分號名稱	營業人姓名	總號地址	信局名稱
	許卜衛	鹽灶	永興盛		（暹）	振盛興
	許增豐	仝右	和泰興			
執照未領到	魏啟周	揭陽	魏啟峰	鍾錦和	汕頭	陳泰
	陳佳	東湖圩	陳炳成			
	劉德安	潮陽	劉吉合			
	陳成潤	流沙圩	陳秋豐			
	黃棣豐	潮安	南信莊			
	倪李照	棉康	俊同發			
	倪偉盛	日里民禮	同發棧			
	黃三帅	七里牛砂灣	黃創成			
	李春樹	坤甸	李同春			
執照未領到	魏啟周	揭陽	啟峰	余文仁	汕頭	萬泰
	黃建德	仝右	萬泰			
	楊騰宗	棉湖	楊政記			
	劉竹龍	潮陽	劉吉合			
	許鳳廳	隆都	許福成			
	余文仁	鹽灶	黃瑞興			
執照未領到	劉竹龍	潮陽	劉吉合	吳興祥	汕頭	吳順興
	陳漢穩	仝右	陳四合			
	詹玉[illegible]	[illegible]	詹[illegible]盛			
	江炳炯	澄海	南信			
	魏啟周	揭陽	魏啟峰			
	張華元	饒平	張合利			
	李偉臣	達濠	李得合			
	林九洋	[illegible]岸	佳興			
	佐全	日里	永裕盛			
	吳英欣	鹽灶	萬利			

55

第十二頁　56

批信局名稱	開設地方	營業人姓名	分號名稱	開設地方	代理人姓名	執照號數
吳順興	（續）		駿裕	新加坡	張廉之	
陳悅記	汕頭	陳拔本	陳合盛	潮安	王璧如	執照未發到
			陳悅記	鳳凰	文夙寬	
			洪萬興	棉湖	洪賢文	
			劉喜合	潮陽	劉竹雄	
			萬興昌	庵仔頭	許文猷	
			普通	澄海	徐昌期	
			信昌	饒平	王裕平	
			光德成	揭陽	李蓮祥	
			恒益	陷隍	詹集東	
			素齋	潮安	林步堂	
			陳悅記	盤谷	陳景雲	
			陳美盛	堤岸	陳國威	
			許裕發	新加坡	許謙元	
榮成利	汕頭	許衍衛	信昌	饒平	王昭平	執照未發到
			悅記	潮安	陳拔	
			萬興	棉湖	洪炎	
			德合	澄海	張作謀	
			春記	潮陽	劉竹	
			榮成利	新加坡	許蓮生	
			榮成發	堤岸	張甫	
			榮成興	盤谷	林智遠	
			萬祥	香港	洪賢良	
			華益	新加坡	劉炳岳	
			榮盛	仝右	陳深廣	
			榮順	散達坎	劉枝生	
許福成	汕頭	許寶彬	余亨記	黃岡	余禧堂	執照未奉發

56

第十三頁 57

執照號數	代理人姓名	開設地方	分號名稱	營業人姓名	開設地方	總號名稱
	魏啟圓	揭陽	魏啟峰		(鎮)	許福成
	劉竹桃	潮陽	劉吉合			
	孫幼和	潮安	有記			
	許林松	陸豐	許福成			
	柯天喜	東隴	廣美正成			
	陳玉有	惠陽	增順榮昌			
	許玉聲	饒平	許明發			
	陳二和	仝右	泰興發			
	楊帝成	仝右	榮德泰			
	陳炎舉	仝右	協榮			
	陳汝華	仝右	陳華興			
	林亨芝	仝右	長興利			
	陳炎樓	仝右	裕興盛			
	魏啟圓	揭陽	裕啟華	劉丕航	汕頭	金盛利
	楊詹榮	梅湖	啟記			
	劉鴻義	澄海	金豐發			
	朱湘蘭	潮安	聚豐			
	劉竹桃	潮陽	喜合			
	劉丕航	饒平	榮盛利			
	李運祥	揭陽	光德成	洪賢全	汕頭	洪萬豐
	洪賢明	梅湖	洪萬興			
	劉竹桃	潮陽	劉吉合			
	蔡光祥	潮安	松開			
	鍾少卿	仝右	洪光茂			
	黃樹和	普寧	洪茂盛			
	許文瀛	庵埠	萬興昌			
	洪明賓	河婆	洪福和			

第十四页 58

执照号数	代理人姓名	开设分号地址	分号名称	营业人姓名	开设地方	批信局名称
	黄秉钧	苏泽	黄创丰		[illegible]	洪万丰
	周汉作	诗莱	泽顺兴			
	魏侍材	暹罗	庆来栈记			
	潘如林	庇仔头	潘合利			
	黄立道	开埠	黄德昌			
	洪贤文	新加坡	洪万成			
	洪哲生	槟榔屿	洪万丰			
	林扬利	仝上	永合兴			
	洪楚宇	吧岸	万成兴			
	洪贤支	盘谷	洪万发			
	林丹南	新加坡	万丰隆			
	丘金康	日里	和合兴			
	刘佳兴	新加坡	汇通			
	谢少光	香港	福利	蔡承樑	汕头	荣大号
	方宪吉	仝上	荣大			
	叶世荣	仝上	致成			
	沈光国	吉隆坡	宝裕隆			
	潘子周	新加坡	汇通			
	陈沛琳	吧岸	永合荣			
	郭来鑫	盘谷	成顺利			
	陈云倩	潮阳	四合	林成楼	汕头	恒记
	李运祥	揭阳	光德成			
	林德高	潮阳	恒泰			
	郭广吉	普宁	鸿发盛			
	陈进	陆丰	科成			
	魏侍材	澄海	桂泉			
	林德吉	槟榔屿	来福兴			

58

第十五頁 59

批信局名稱	開設地方	營業人姓名	分號名稱	開設地方	代理人姓名	執照號數
恒記	（續）		天成	日里	張魯三	
			芳和	日里	黃宗彝	
			元盛	棉蘭	林炯材	
			中興	日里	鄭廷彬	
			其隆	棉蘭	沈昇煋	
			新隆興	檳榔嶼	馮錫銓	
			新振發	仝右	陳江	
			同裕	仝右	陳金東	
			永和	仝右	黃合	
			復泰記	仝右	張記	
			永萬源	新加坡	黃賽芝	
成昌利	汕頭	蕭介珊	成昌利	成田	馬燦京	執照未發到
			成昌利	盤谷	蕭卓珊	
李華利	汕頭	李潤初	馬玉堂	成田	馬玉堂	執照未發到
			豐源	達濠	鄭獻廷	
			陳益隆	惠來	陳雲石	
			魏啟峰	揭陽	魏啟儒	
			黃德良	仝右	黃奕貞	
			政記	棉湖	楊璧棠	
			榮合興	河婆	李榮合	
			廣豐	湯坑	洪啟堂	
			永南興	日里	陳正興	
			陳和昌	瓜隆拔	陳森棠	
			昌和	邦戛	李應元	
			李福利	新加坡	李明初	
			周榮興	怡保	周德榮	
光益	汕頭	饒少岩	如潮	潮安	蔡若水	執照未發到
			喜合	潮陽	劉竹銘	
			淳合	達濠	李渭臣	

59

第十六頁 60

執照號數	代理人姓名	分號地址	分號名稱	寄款人姓名	總號地址	總計信件合數
	陳友興	蓮陽	潮揭榮昌		（續）	一八五
	余桂生	黃岡	瑞泉			
	金振光	隆都	盧順			
	李達祥	揭陽	大德成			
	魏啟團	仝右	啟峰			
	李楚謙	澄洋	協成			
	洪玉標	仝右	茂生			
	紀軼三	普濱	銘盛利			
	黃[illegible]	黃岡	[illegible]入			
	洪頌明	棉湖	萬泉			
	黃[illegible]	天星	泰豐			
	康永鵬	新加坡	孔明			
	[illegible]	仝右	公發祥			
	蔡[illegible]	仝右	大信			
	[illegible]	坤甸	永桂合			
	劉[illegible]	新加坡	[illegible]達			
	陳兆初	仝右	瑞盛			
	吳良球	暹洋	德豐			
	任[illegible]	[illegible]	任來昌			
執照十一號	劉[illegible]	潮陽	嘉合	黃卓三	汕頭	[illegible]信
	魏啟和	揭陽	啟泰			
	余[illegible]	[illegible]	信成			
	黃[illegible]	[illegible]	德良			
	李信民	潮陽	[illegible]合			
	黃[illegible]生	潮州	[illegible]記			
	[illegible]	棉湖	福[illegible]記			
	李作[illegible]	河婆	榮合昌			
	[illegible]山[illegible]	梅林	福[illegible]記			
	許[illegible]	[illegible]安	許[illegible]祥			

第十七頁

[illegible]	登記人姓名	[illegible]	[illegible]	[illegible]	[illegible]	[illegible]
	許漢寶	黄岡	許潤合		[illegible]	大有信
	洪少重	洪山	洪通盛			
	李叉辰	新加坡	有信			
	[illegible]	[illegible]	[illegible]			
[illegible]	洪石竹	汕頭	[illegible]	[illegible]	[illegible]	[illegible]
	[illegible]	[illegible]	洪順成			
	許錦河	澄海	協成興			
	李建侯	揭陽	元德成			
	吳聘之	潮安	吉記			
	洪賜良	潮州	洪茂成			
	劉竹銘	潮陽	劉吉合			
	黄文彦	普寧	黄成利			
	黄發道	饒平	黄德昌			
	李潤庭	達濠	李泽合			
	洪友裕	庵仔頭	洪合利			
	李慶時	新加坡	正和成			
	洪辰	金石	萬隆成			
	林之漢	安南	春興			
	陳國梁	[illegible]	元昌			
	林本水	[illegible]	和平			
	周炳昌	香港	同信			
	吳允利	[illegible]	吳長盛			
[illegible]	劉竹銘	潮陽	劉吉合	陳梓泉	汕頭	濟合興
	陳定膺	金石	陳四合			
	林炳卿	澄海	大有信			
	魏叔聞	揭陽	魏成峰			
	張吉之	饒平	合利			

61

[illegible] 62

[illegible]	[illegible]	[illegible]	[illegible]	[illegible]	[illegible]	[illegible]
[illegible]	[illegible]		[illegible]	[illegible]	[illegible]	
			[illegible]	[illegible]	[illegible]	
			[illegible]	[illegible]	[illegible]	
			裕 [illegible]	[illegible]	[illegible]	
			[illegible]	[illegible]	[illegible]	
			[illegible]	[illegible]	[illegible]	
			[illegible]	[illegible]	[illegible]	
			[illegible]	[illegible]	[illegible]	
			[illegible]	[illegible]	[illegible]	
			[illegible]	[illegible]	[illegible]	
			[illegible]	[illegible]	[illegible]	
[illegible]	[illegible]	[illegible]	[illegible]	[illegible]	[illegible]	[illegible]
			[illegible]	[illegible]	[illegible]	
			[illegible]	[illegible]	[illegible]	
			[illegible]	[illegible]	[illegible]	
			[illegible]	[illegible]	[illegible]	
			[illegible]	[illegible]	[illegible]	
			[illegible]	[illegible]	[illegible]	
			[illegible]	[illegible]	[illegible]	
			[illegible]	[illegible]	[illegible]	
[illegible]	[illegible]	[illegible]	[illegible]	[illegible]	[illegible]	[illegible]
			[illegible]	[illegible]	[illegible]	
			[illegible]	[illegible]	[illegible]	
			[illegible]	[illegible]	[illegible]	
			[illegible]	[illegible]	[illegible]	
			[illegible]	[illegible]	[illegible]	
			[illegible]	[illegible]	[illegible]	
			[illegible]	[illegible]	[illegible]	

62

第十九頁 69

信局名稱	開設地址	營業人姓名	分號名稱	分號地址	代理人姓名	執照號數
馬信發	（續）		新祥昌	寬岔	新慶興	
福利	汕頭	黃文彬	福利	香港	謝萬秦	執照未領到
			福成	新加坡	薛永本	
			茂利	盤谷	蘇來興	
信大	汕頭	陳謙魁	合成	[illegible]坡	陳謙魁	執照未領到
			光德成	檳榔	李達祥	
			洪萬成	棉湖	洪寶順	
			劉嘉合	南陽	劉仲能	
			陳四合	金邊	陳成業	
			陳嘉通	新加坡	陳宏清	
			陳信裕	[illegible]岸	陳幸新	
致成	汕頭	鄭肇彬	致成	香港	陳子謙	執照未領到
			聚泉	盤谷	沈紹添	
			孔明齋	[illegible]	陳達林	
			祥泰隆	新加坡	孫維良	
			永萬鴻	仝右	李少英	
			裕豐利	仝右	蔡來和	
			茂泉利	仝右	陳子祥	
祥益	汕頭	鍾樹芳	如陶	潮安	蔡老水	
			嘉合	潮陽	劉仲能	
			澤合	達濠	李碧山	
			增順永昌	揭陽	陳有興	
			瑞泰	黃岡	余桂生	
			慶順	隆都	金振芳	
			光德成	檳榔	李達祥	
			啟泰	仝右	蘇啟團	
			錫成	海澄	李楚謙	

~~63~~

第廿一頁 65

批信局名稱	開設地方	營業人姓名	分設局名稱	分設地方	代理人姓名	執照號數
裕大（續）			益昌	惠来	陳銘銓	
			元盛	棉蘭	林梓桐	
			集隆	巖達坎	邱步雲	
			永集隆	香港	邱金鐘	
			順隆	新加坡	馮致松	
佳吳	汕頭	吳騆秋	劉喜合	潮陽	劉竹篪	執照未到
			陳四合	仝右	陳雲騰	
			詹恒亨	溜隍	詹正初	
			有信莊	澄海	許弼卿	
			魏啟峯	揭陽	魏啟圖	
			張合利	饒平	張景光	
			李源合	達濠	李偉臣	
			德隆	金塔	郭鏡蓉	
			源來	安南撈叻	陳達偉	
			中興	安南薄寮	林如石	
榮豐利	汕頭	黃勤敏	榮豐利	揭陽	黃叢猷	執照未到
			仝右	梅縣	徐春苑	
			仝右	興寧	卓海鴻	
			仝右	昆明	徐瑞荃	
			洪萬興	棉湖	洪賢明	
			黃協記	湯坑	黃名衡	
			劉喜合	潮陽	劉竹篪	
			魏桂興	溜隍	魏傳材	
			信昌莊	浮山	王進之	
			廣進昌	河婆	劉天津	
			榮豐利	盤谷	徐名鬱	
			仝右	香港	徐名宏	
			萬誠美	柔佛	蔡誠梓	
			廣美興	新加坡	蔡俊茂	
			進遠號	暹內	張竹廷	

65

批信局名稱	開設地方	營業人姓名	分號名稱	開設地方	代理人姓名	執照號數
黃潮興	汕頭	黃善賓	廣順	老竹頭	余振忠	執照未到
			劉喜合	潮陽	劉竹能	
			魏啟峯	揭陽	魏啟國	
			有記	潮安	黃錫炎	
			許濃海	詔安	許鳳声	
			發利	松下	陳實初	
			鄭和記	樟林	鄭襄衍	
			王廣合運記	内洋山	王帆	
			黃潮興	盤谷	黃順泰	
啟峯棧	汕頭	魏啟和	啟峯	揭陽	魏啟國	執照未到
			啟記	棉湖	楊璧棠	
			喜合	潮陽	劉竹能	
			茂利	黃岡	黃子參	
			信成	達濠	余斯煙	
			有信	澄海	黃瑞卿	
			怡泰	潮安	張柏濂	
			陶合	黃岡	許一鳴	
			永豐發	金墟	林君正	
			陳德泰	盤谷	陳成煌	
			新峰棧	新加坡	魏茂中	
			李同春	坤甸	李春樹	
			馨合成記	堤岸	黃國瑞	
			源合興	坤甸	許以順	
和興盛	汕頭	馬東坤	馬泰成	戍田	馬有民	執照未到
			永茂興	棉蘭	李蒼南	
			和豐	槟榔嶼	李應南	
			馬泰盛	盤谷	馬定州	
馬源豐	汕頭	馬居声	啟記	棉蘭	楊璧東	
			啟峯	揭陽	魏啟峰	

第廿二頁

66

67

[illegible]

名稱	地點	負責人姓名	名稱	地點	代表人姓名	戰鬥人數
馬啓豐	（[illegible]）		[illegible] 堤	[illegible]	吴炳堂	
			[illegible]	[illegible]	[illegible]	
			[illegible] 仝	[illegible]	劉竹[illegible]	
			[illegible]	[illegible]	[illegible]	
			[illegible]	[illegible]	[illegible]	
			[illegible]	[illegible]	[illegible]	
			[illegible]	[illegible] 仝	馬[illegible]	
			[illegible]	仝右	馬[illegible]	
			[illegible]	仝右	[illegible]	
陳[illegible]	[illegible]	陳[illegible]	陳[illegible]	[illegible]	陳[illegible]	
			[illegible]	[illegible]	[illegible]	
			[illegible]	[illegible]	[illegible]	
			劉[illegible]	[illegible]	劉竹[illegible]	
			陳[illegible]	[illegible]	陳[illegible]	
			[illegible]	仝右	方[illegible]	
			陳[illegible]	仝[illegible]	陳[illegible]	
			陳[illegible]	[illegible]	陳[illegible]	
			陳[illegible]	[illegible]	陳[illegible]	
[illegible]	[illegible]	劉[illegible]	[illegible]	[illegible]	[illegible]	
			[illegible]	[illegible]	林[illegible]	
			[illegible]	[illegible]	[illegible]	
			[illegible]	[illegible]	陳[illegible]	
			[illegible]	仝右	[illegible]	
			[illegible]	[illegible]	李[illegible]	
			[illegible]	[illegible]	黄[illegible]	
			[illegible]	[illegible]	劉[illegible]	
			[illegible]	仝右	仝右	

67

68

[illegible]	[illegible]	[illegible]	[illegible]	[illegible]	[illegible]	[illegible]
利昌莊	汕頭	王以達	有信	潮安	林炳鶴卿	
			嘉合	潮陽	劉竹能	
			啟峰	揭陽	魏啟閩	
			信成	蓮陽	余其鍊	
			桂昌	鮀浦	陳子州	
			泰豐	潮安	林湘濤	
			利昌	安東	王永	
協成興	汕頭	許漢平	南合莊	黃岡	許獻英	
			啟峰	揭陽	魏啟閩	
			刘嘉合	潮陽	刘竹能	
			廣德莊	鮀浦	許鳳声	
			協成興	東隴	黃潮芹	
			有記莊	潮安	孫炳鈞	
			協成興	鹽灶	許佳鍊	
			廣裕成	金石	許清福	
			泰合昌	金石	蔡布天	
鄭順成利	汕頭	鄭祥之	啟峰	揭陽	魏啟閩	
			有記	潮安	黃炳上	
			協成興	東隴	許錫河	
			嘉合	潮陽	刘竹能	
			和記	樟林	蕭秉衍	
			振盛興	閘濠	詹鳳声	

-69-

第廿五頁 69

信局名號	開設地方	東家人姓名	分局名號	開設地方	代理人姓名	執照號數
鄭順成利	（續）		潘合利	庵仔頭	潘和楷	
			鄭順成利分號	鹽灶	鄭發之	
振盛泉	汕頭	黃讀一	振盛泉	澄海	黃讀一	
			魏啟峰	揭陽	魏啟周	
			泰成昌	潮陽	劉宗輔	
			黃茂利	黃岡	黃子舉	
			桂泉	隆隍	魏存材	
			振盛昌	鹽灶	黃杜昌	
			達明	香港	黃發三	
振成順記利	汕頭	鄭敦輔	鄭和記	樟林	鄭敦衍	
			廣順	庵仔頭	余振忠	
			有記	潮安	黃錫生	
			魏啟峰	揭陽	魏啟周	
			劉喜合	潮陽	劉竹船	
			許廣琳	普安	許慶芳	
			發利	松下	陳雲初	
			王廣合達記	內洋山	王帆	
			振成順記利	鹽灶	陳奉弼	
宏信批局	汕頭	黃南卿	吉喜合	潮陽	劉竹船	
			啟峰	揭陽	魏啟和	
			信成	澄海	余欽樹	
			德良	揭陽	黃桂通	

69

修廿六夏

70

批信局名稱	開設地方	營業人姓名	分號名稱	開設地點	代理人姓名	收批數
宏信批局	（續）	—	百記	潮安	黃鈞生	
			萃成	饒平	黃靜波	
			森泰	澄海	魏進九	
			楊成記	揭陽	楊鴻平	
			潮興公司	[illegible]	潘盛三	
同發利	汕頭	羅錫桂	同發利	揭陽	羅錫桐	
			泰合隆	澄城	羅光有	
			喜合	潮陽	劉竹余	
			洪萬興	揭陽	洪德明	
			啟峰	揭陽	魏啟國	
			喜順	潮安	吳光望	
			黃茂利	普寧	黃千金	
			萬興昌	陸豐	許文德	
			泰桂興	潮陽	魏傳材	
			同發利	吳興	徐百川	
			仝右	梅縣	徐海林	
			仝右	豐順	羅仰進	
			仝右	香港	孫少謙	
永安	汕頭	周札旋	喜合	潮陽	劉竹余	
			洪萬興	揭陽	洪德明	
			許廣源	詔安	許廣[illegible]	
			德良	潮陽	黃泉貴	

70

第廿七頁

批信局名稱	開設地址	負責人姓名	分號名稱	開設地址	代理人姓名	業冊號數
永安	[illegible]		匯通盛	饒平	張少高	
			潘合利	仝上	潘法天	
			暹順興號	澄海蓮陽	陳友頭	
			炳發利	潮安	許步雲	
			同泰	東隴	黃偉鏗	
			光德成	揭陽	李達祥	
			和興	潮安	蔡老水	
			信記	仝上	吳耕三	
			吳有記	梅縣松口	林顯之	
			永安	普寧	李振梯	
			光益成	東隴	周以文	
			永安祥	新加坡	周春昌	
泰成昌	汕頭	劉宗輔	劉喜合	潮陽	劉竹鑑	
			喜通莊	潮安	吳松庭	
			魏啟峰	揭陽	魏啟周	
			洪萬興	仝上	洪賢岸	
			建興昌	潮陽	黃大樹	
			餘興昌	隆都	余榮庚	
			陳裕泰	東隴	陳寬石	
			有信莊	澄海	沈滿卿	
			黃長利	普寧	黃子修	
			魏桂興	隆都	魏倚材	

77

第廿八頁

批信局名稱	開設地方	營業人姓名	分號名稱	分號開設地方	代理人姓名	執照號数
泰成昌（續）			潘合利	饒平	潘和意	
			再發利	潮安	邱映三	
			集僑	蓮陽	陳烽	
			泰記	盤谷	劉燕良	
			南昌合記	仝右	劉宗武	
			南亨泰	仝右	林渭濱	
			陳振興	仝右	陳振江	
理元	汕頭	馬承章	永振發	成田	馬承章	
			普通	潮安	吳彩堂	
			喜合	潮陽	劉昭	
			啟峰	揭陽	魏啟國	
			永振發	盤谷	馬仲瀾	
			廣豐隆	新加坡	蕭錦福	
和合祥	汕頭	張伯文	和合祥	普寧	張志翔	
			榮昌	澄海	陳立欣	
			啟峰	揭陽	魏啟國	
			喜合	潮陽	刘竹船	
			陶合	饒平	許一然	
			和合祥	盤谷	張偉秋	
廣順利	汕頭	謝子和	廣順利	澄海	謝宝鑑	
			增順榮昌	仝右	陳友顯	
			劉喜合	潮陽	劉竹船	

72

72

第廿九頁 73

批信局名稱	開設地址	經營人姓名	分設機構	開設地址	代收人姓名	郵匯號數
唐順利	（鏈）		魏啟峰	揭陽	魏啟國	
			黃海利	饒平	黃下集	
			洪順盛	普寧	周煥仁	
			唐順利	饒公	謝啟庵	
			春豐	達[illegible]順	謝如秀	
鍾崇順	汕頭	張雲	有記	潮安	黃錫生	
			啟峰	揭陽	魏啟國	
			吉合	潮陽	劉竹松	
			鴻發盛	饒平	盧湘北	
			許福成	隆都	許丕勵	
			有信	澄海	沈弼卿	
			永興盛	流沙	林良乾	
			仝右	東興	林東輝	
			仝右	上海	朱湘蘭	
			仝右	廣州	張伯海	
			鍾順	澄海	許品期	
			潘合利	潮安	潘守仁	
			陶合	仝右	許鎔志	
			順合泰	饒公	顏芬國	
			永興盛	仝右	許子傑	
			有豐	樟林墟	黃裕樹	
			振通發	安南	陳成津	

73

74

第三十頁

批信局名稱	開設地址	營業人姓名	分局名稱	開設地點	代理人姓名	執照號數
鍾荣順	（續）		萃豐號	新加坡	許昌期	
			致成號	香港	陳子謙	
陳炳春批局	汕頭	陳[illegible]	有記	潮安	黃錦生	
			啟峰	揭陽	魏啟周	
			南隆	[illegible]	譚平章	
			喜合	潮陽	劉竹能	
			黃茂元	黃岡	黃子喬	
			潘合利	饒平	潘叙盤	
			捷慶	[illegible]	陳煒勳	
			泰中棧	東隴	朱汎松	
			陳炳春銀行	盤谷	陳支佳	
			陳嘉勳銀莊	香港	陳少光	
			陳炳春銀行	新加坡	溫賢書	
			炳合豐批局	盤谷	陳繼廷	
萬豐發	汕頭	魏長保	啟峰	揭陽	魏啟周	
			政記	棉湖	楊[illegible]	
			喜合	潮陽	劉竹能	
			茂利	黃岡	黃子喬	
			合豐盛	湯坑	劉鴻春	
			有記	澄海	沈爾卿	
			[illegible]	[illegible]	魏傳材	
			[illegible]通	潮安	魏子庚	

批信局名稱	開設地	營業人姓名	分號名稱	開設地方	代理人姓名	執照號數
榮豐發	（續）		陶合	黃崗	許一然	
			福成	隆都	許再屬	
			永興盛	流沙	林良乾	
			邱發利	意溪	邱卧雲	
			潘合利	杏市	潘細梁	
			如陶莊	潮安	蔡若水	
			榮盛利	盤谷	刘廷復	
			振華豐	仝右	邱卓然	
			馨合美記	安南	黃國琳	
			同春	坤甸	李春樹	
			永成豐	盤谷	黃伯俠	
			永興盛	仝右	許声育	
			興合公司	坤甸	林時亨	
			吳長記	仝右	吳元利	
			同春菲記	仝右	李春茂	
			仁友公司	仝右	朱若洲	
			忠合原芝	仝右	林溁舉	
			人壽堂	仝右	鄭清淳	
			鄭永和	仝右	鄭武波	
			德安堂	仝右	鄭武俊	
			和興公司	坤甸	吳清松	
			建豐公司	坤甸	鍾可繼	

75

25

第卅三頁 76

執照號數	代理人姓名	開設地方	分號名稱	營業人姓名	開設地方	總信局名稱
	鄭十九	坤甸	永桂合		汕頭	萬豐發
	黃積金	坤甸	黃坤合			
	林芝棧	仝右	萬成記			
	林克明	仝右	永成發			
	鄭雅在	仝右	鄭松發			
	林御英	仝右	林隆合			
	林道香	仝右	深和公司			
	謝文科	盤谷	泰兆興			
	馬美秋	盤谷	正基			
	陳炳壯	仝右	炳合豐			
	陳府爵	仝右	慶順利			
	吳贈山	仝右	明興隆			
	杜武振	仝右	永昌利			
	胡滄生	仝右	泰記			
	丘建成	仝右	潮海興			
	盧宜信	仝右	展豐			
	余作彬	仝右	倫發			
	魏啟圖	揭陽	魏啟峰	瑞記莊	汕頭	萬利亨
	陳寶謄	潮陽	陳四合			
	劉竹齋	仝右	劉善全			
	陳信喜	普寧	陳裕興			
	陳成剛	仝右	陳發豐			

~~78~~

第　頁　77

批准信用組合	開設地方	營業人姓名	合號名稱	調查地方	代表人姓名	報出抄數
潮利宇	（續）		陳樹傳	陳木	陳進	
			陳裕存	惠來	陳秉名	
			潮利宇	揭陽縣	陳貝民	
			益發號	汕頭	連錦川	
			永南興	潮陽普寧	李子高	
			潮安隆	香港	陳宏昌	
唐泰祥	汕頭	李生洙	唐泰祥	潮安	李[illegible]初	
			余同發	高陂	余香泉	
			吳遠興	大麻	吳笑儕	
			饒源發	大埔	饒仲斌	
			楊萬成	百侯	楊卓軒	
			吳合興	湖寮	吳紀桐	
			廣萬盛	[illegible]	張振達	
			更來	仝右	張靜之	
			南昌	新加坡	陳鈍之	
			祥和堂	仝右	蕭迎章	
萬興昌	汕頭	許又二	萬興昌	隆都	許文謙	
			沛成	下湖	吳沛成	
			許陶金	赤湖	許献其	
			林大成	洪洲	林大成	
			吉全	潮陽	劉竹銘	
			啟峰	揭陽	魏啟周	

77

第卅四頁

批信局名稱	開設地方	營業人姓名	分號名稱	開設地方	代理人姓名	執照號數
萬興昌	（續）		王信昌	內洋山	王昭平	
			啓勤	澄海	唐問勤	
			邱發利	意溪	邱卧雲	
			俊林	鳳嶺	蕭俊林	
			萬興昌	盤谷	許文珍	
			天外天	盤谷	陳璜奎	
			裕平	仝右	陳逸雲	
			進興昌	仝右	陳錦進	
普通	汕頭	吳彬棠	如陶	潮安	蔡老水	
			劉喜合	潮陽	劉竹彬	
			魏啟峰	揭陽	魏啟圃	
			增順榮昌	蓮陽	陳友烈	
			桂興	留隍	魏傳材	
			廣順	隆都	金振忠	
			協成	浮洋	李楚謙	
			楊啟記	棉湖	楊壁棠	
			天成	東隴	唐蔚林	
			彬成	新陽	張益泉	
			乾盛	菴埠	李鈍槐	
			榮利	黄岡	黄平階	
			興華	澄海	蔡蘭亭	
			吳泰安	盤谷	吳顯南	
			普平泰	仝右	陳德安	

第廿二頁

批信局名稱	開設地	營業人姓名	分號名稱	開設地	代理人姓名	觀察批款
普延	（暹）		榮成	香港	陳木謙	
			振春卡	盤谷	陳培南	
			南昌隆	仝右	陳維喬	
			榮德泰	仝右	楊亦欣	
			泰源亨	盤谷	陳畏三	
			通成	新加坡	陳銘松	
復安	汕頭	黃逸民	益和	潮安	劉雯生	
			益成	潮陽	鄭仰雲	
			光德成	揭陽	李運祥	
			洪鐵興	棉湖	洪爵之	
			集僑	進陽	陳焯	
			復安	香港	謝梅堂	
			復茂	新加坡	王佑明	
			中興	盤谷	洪鑑澄	
福茂	汕頭	黃南松	福記	香港	李裕礼	
			集興	安南	林廷集	
			德泰	新加坡	林華氏	
			德泰	[illegible]	林順來	
			中興	盤谷	洪鑑澄	
福成	汕頭	黃日輝	陳四合	金甌	陳雲騰	
			陳裕發	仝右	陳允貞	
			劉喜合	潮陽	劉竹船	

79

第卌六頁　80

批信局名稱	開設地方	營業人姓名	分號名稱	開設地方	代理人姓名	執照號數
福成	（續）		陳盛隆	隆江	陳雲石	
			光德成	揭陽	李運祥	
			洪榮豐	棉湖	洪贊明	
			萬泰昌德茂	檳榔嶼	陳玉如	
			恒榮泰記昌	怡保	陳玉文	
			泗利興	古楼	倪七	
			光盛	檳榔嶼	劉漢盛	
			盛業	仝右	張業仁	
			成興	佩刺克	馬成添	
			和成	仝右	陳榮桂	
興	汕頭	陳四合	陳四合	潮陽	陳雲騰	
			葉銘發	陳豊	葉若輝	
			陳裕源	惠來	陳偉如	
			裕興	檳榔嶼	陳榮光	
			和裕	柔佛	陳旋順	
			錦昌	仙達	陳四銀	
			美豐	新加坡	鍾柳士	
〃			有興	檳榔嶼	秦昌德	
長發	汕頭	陳少佳	陳裕發	金甌	陳允真	
			陳四合	仝右	陳雲騰	
			劉[illegible]合	潮陽	劉竹[illegible]	
			陳盛隆	隆江	陳雲石	

88

第廿七頁　81

編號排數	代號人姓名	所在地方	分號名稱	管事人姓名	開設地方	批信局名稱
	李建祥	楊陽	光德堂		（續）	民榮
	洪賢明	梅湖	洪茂丰			
	陳子鍵	梅柳鎮	旭和			
	陳玉松	仝右	[illegible]			
	陳炳達	怡保	寶隆			
	陳鍾福	仝右	錦萬			
	陳漢謙	雙谷	繁榮			
	劉建松	大埔	益成號	劉建平	汕頭	振成
	何錦和	仝右	何源和			
	吳叶言	大麻	榮達興			
	劉耕庭	大麻	隆昌信			
	余昌文	三河	信發			
	劉玉階	茶坪	公泰新和			
	劉慶臣	高陂	維記			
	何青甫	仝右	益和			
	何炳生	梅縣	南生			
	黃志洪	松口	廣隆丰			
	張捷之	雙谷	平平			
	關小能	梅林	合福利	鄧應文	汕頭	森泰莊
	黃鐵勝	松江洋	黃光昌			
	李金華	河婆	李合昌			
	杭瑞卿	湖寮	有信			

第卅八頁

批信局名稱	開設地方	營業人姓名	分號名稱	分號開設地方	代理人姓名	執照號數
森泰莊	汕頭	（舊）	啟峰	揭陽	魏啟閏	
			東成	大埔	鍾錦棠	
			新成利	梁佛	黃子松	
			榮昌	仝右	賴義昌	
			萬益祥	仝右	藍萬壽	
			茂利	仝右	黃日東	
			惟安棧	蘆拉汶克	洪賀	
			昭昌	荷屬山口洋吧杀	蔡灼然	
東南	文昌	翁萃文	東南	麻剌甲	翁明階	
張廣泉	汕頭	張臚氏	裕隆昌	畬坑	張仕珍	
			裕隆昌	梅縣	張啟文	
			張源隆	興寧	張滙川	
			羅進記	鐵谷	羅奮南	
			德昌隆	芙蓉	吳炳安	
			公益	麻剌甲	葉應彬	
			裕隆昌	香港	孫文泰	
			土庫張	八岐	張志貞	
周生利	汕頭	周雲生	劉喜合	潮陽	劉竹能	
			魏啟峰	揭陽	魏啟圃	
			洪萬興	仝右	洪贊炎	
			有信	澄海	蘇錫卿	
			黃茂利	黃崗	黃子厚	

82

第廿八頁

周志列	（續）		陳[illegible]	東莞	陳[illegible]	
			詹[illegible]	[illegible]	詹[illegible]	
			周[illegible]	[illegible]	周日波	
			[illegible]	[illegible]	許達[illegible]	
陳錦雄	汕頭	陳庚三	余同[illegible]	高州	余德新	[illegible]
			陳高[illegible]	[illegible]村	陳文全	
			[illegible]	大埔	邱德[illegible]	
			[illegible]	大埔	鄭[illegible]	
			詹[illegible]	梅縣	葉[illegible]	
			吳有[illegible]	潮安	黃[illegible]	
			金順祥	上海	陳達洲	
			陳[illegible]	[illegible]	張文英	
			陳[illegible]	[illegible]	陳林三	
			[illegible]	西[illegible]	李[illegible]	
			[illegible]	[illegible]	李[illegible]	
			[illegible]	香港	黃[illegible]	
			[illegible]	新[illegible]	蔡仰三	
			[illegible]	大[illegible]	許[illegible]	
			[illegible]	[illegible]	鄭[illegible]	
[illegible]	[illegible]	[illegible]				[illegible]

83

广东邮区内地邮务主任视察员张瑞符关于呈报查视汕头一等邮局局务情况致广东邮政管理局局长黎仪燊的呈（一九四六年十二月八日）

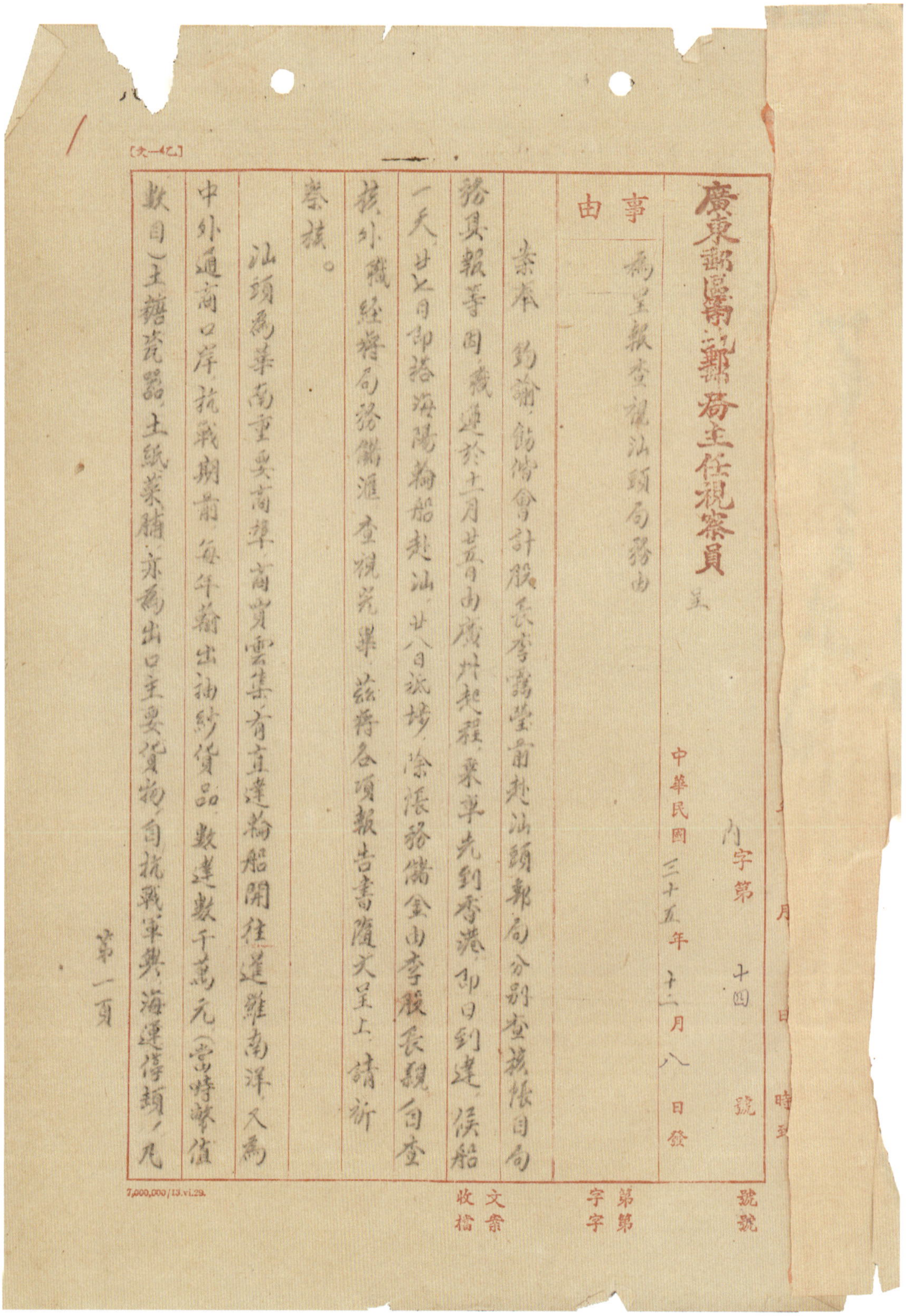

廣東郵區郵務主任視察員 呈

內字第十四號

中華民國三十五年十二月八日發

事由：為呈報查視汕頭局務由

案奉 鈞諭，飭偕會計股長李靄堂前赴汕頭郵局分別查核帳目局務具報等因，職遵於十一月廿五日由廣州起程，乘車先到香港，即日到達，俟船一天，廿七日即搭海陽輪船赴汕，廿八日抵埗，除賬務備查由李股長親自查核外，職經將局務備細查視完畢，茲將各項報告書隨文呈上，請祈察核。

汕頭為華南重要商埠，商賈雲集，有直達輪船開往暹羅、南洋，又為中外通商口岸，抗戰期前每年輸出抽紗貨品，數達數千萬元（當時幣值數目），土糖、瓷器、土紙、菜脯，亦為出口主要貨物，自抗戰軍興，海運停頓，凡

第一頁

文書收檔　第字第字　號號

7,000,000/13.vi.29.

2

[文一5乙]

内字呈文第十四號　第二頁

百商業一落千丈，抽紗工業更受打擊。現戰事勝利結束，經濟匯兌商業仍未恢復原狀，抽紗工業因原料缺乏（前由英國運入為多）運出之貨寥寥無幾，抽瓷紙菜運往國内及暹羅南洋一帶銷售者不及戰前十分之四，市場冷淡不景氣瀰漫全汕，近此兩月間商店倒閉十餘家，更可見商業之衰落。

該處領有執照之批信局，計有六十餘家，因經營久遠，蒂固根深，僑匯異常發達，其原因約有下列數點：（一）收費低廉　查閱僑匯進口匯款表，華僑銀行收匯之款，國幣與叻幣比率為一〇〇〇〇與七、二九三三之比，即叻幣七、二九三三元可匯國幣一萬元，交由批信局承匯，則叻幣六元便可匯國幣一萬元（二）寄遞迅速　批信局之批信及回批，一律利用航空寄遞，郵費由批信局負担（三）辦法通融　批信局收匯之款，如超過當地政府限制者，亦可承匯，且時常派人前赴華僑寓

郵政公事用紙

3,600,000/13.vi.29.

[文一5乙]

内字呈文第卌號　第 三 頁

所，招攬生意。如款項未便，可先行代匯，俟回批寄到，然後將款收回。基於上述原因，故僑匯業務，郵局方面，一時尚難與其爭衡。初，去年十月至十二月華僑銀行收集之僑款，計共二億二千餘萬元，因當地政府統制外匯，延至本年二月間始行轉來，匯款延遲，僑胞發生不良印象，對於華僑銀行信用，不無表示懷疑，致批信局業務，蒸蒸日上。現汕頭局每月售出郵票六千九百餘萬元，爲批信局購貼回批者，約佔百分之六十九，數字之大，已可概見。汕頭局對於批信局收到外洋寄來之批信，仍照向來手續辦理，在郵局開拆後，逐件加蓋日戳，准其自帶，此種辦法，行之已久，自奉 鈞局穗內字第一七〇／六四一六號訓令，關於取締批信局私帶批信事項，抄發 郵局上 大部呈文副頁一件後，該局已轉函僑批業公會遵照，旋據該會復函，以批信加納國內郵資，增加華僑例外負担，要求仍照

郵政公事用紙

3,600,000/13.vi.29.

4

[文—5乙]

内字呈文第十四號　第四頁

局例辦理，並提出回批不經內地郵局寄汕總號者，按重每二十公分加納國內郵資一百元。該局已派視察員黃伯長與該公會洽商，經開會解決，結果除照上述辦法外，並由會另訂會章協緝挑信局走私，詳情已由該局第九七九三/二〇一〇〇號呈文呈報有案。

該局為完起之局，每月需用協款二億餘元，分向　鈞局及香港儲滙分局請領，撥濟尚稱便利，現本處鹽場每月有鹽稅一億餘元，繳解廣州，如鈞局頭寸足資應付，請飭該局就近吸收，每月可節省滙費百餘萬元。

該處戰前有爵石、商平路、新興路、同平路、等支局四間，尚未恢復，新興路接近崎碌，商行林立，又有學校醫院教堂，恢復支局，亦屬目前需要，已請該局局長注意，如有適當房屋，即行呈請　核示。

郵政公事用紙

3,600,000/13.vi.29.

5 5
[文一5乙]

該局前在淪陷時期，右鄰係日本領事館（即中央銀行原址），竟被利用郵局前門右側空地，建一三合土之防空室，建築異常穩固，國土重光後，由日俘數十名工作二十餘天，始將該室高度拆下數尺，現目工值高漲，如將全部拆卸，估計非數百萬元未易蕆事，似此糜費過鉅，目前暫宜保留，已請汕頭局長即用泥土掩蓋，上植花草，得此點綴，亦屬壯觀。

該局因日久失修，內外壁泥多已剝落，窗門亦有枯朽，已請該局局長擇要估價修理，以免日益損壞。天台滲漏修理多次，仍復如故，因係三合土結蓋，填補困難，將來郵政經濟充裕時，宜加建一層，方免此漏，此層並可作為局長公寓，可免在外另行租屋。

該處各地郵運，已利用當地交通工具，郵局前置之小火輪一艘，自戰事爆

郵政公事用紙

3,600,000/13.vi.29.

[文—5乙]

內字呈文第十四　第六頁

發後，被日軍征用數月，機件雖尚完好，惟船身大部份枯廢，修理復用，所費不貲，現該局已向前惠潮區敵偽物資接收組借得登陸艇一艘，能載郵件五百餘袋，經奉准修理，暫行利用，將來修妥後，交收輪船郵包，節省運費不少。該艇係屬借用性質，所有權交涉得手，撥歸郵局應用時，原置之小火輪，應即拍賣，以免廢置，屆時賣得之款，用以購置汽車一輛，則交換水陸路郵包，倍形便捷。

該局戰前辦事員工計有一百五十一名，戰時一百一十五名，現在一百零五名，除包裹業務退縮外，工作未見銳減，現有員工，不敷分配，已請該局局長一俟補充人員報到，應將內部組織加强，投遞地段調整，並將下午收發郵包工作延長，以期運遞迅速。

現僑滙業務，日形退縮，各局投遞僑票，業已減少，經着汕頭南北兩段

郵政公事用紙

3,600,000/13.vi.29.

視察員注意段内各局僱用之長期跑差，如非屬需要，應即改為按日僱用，以節公帑。

該局局長管理局務，尚屬認真，策劃改善，不遺餘力，現在局内組織一郵務促進會，每兩星期開會一次，對於局務興革事宜，共同研討，具見 關心公務，志行可嘉。理合將查視汕頭局務情形，備文呈報，請祈

鑒核。

謹呈

廣東管理局局長黎。

附呈備查汕頭局務報告書共三份，關發僑票數目表一份，僑票組售票表一張

主任視察員張瑞符

張瑞符印

内字呈文第十四號第七頁完

8

汕頭一等郵局

戰前戰後員工名額比較表

第　頁

	二十六年（抗戰事起）	三十年（太平洋戰爭）	現狀	
賬務組	組長 1 聽差 1 組員 5 共計 7	組長 1 儲滙書記 6 組員 4 聽差 1 共計 12	組長 1 聽差 1 組員 8 什差 1 押款 1 跑差 1 共計 13	兼理儲滙
文書組	組長 1 聽差 1 組員 4 共計 6	組長 1 聽差 1 組員 4 共計 6	組長 1 听差 1 組員 6 什差 1 共計 9	現合併庶務郵袋二組改組為總務組
視察兼庶務組	視察 1 什差 1 助理 1 共計 3	視察 1 什差 1 助理 1 共計 3	視察 1 共計 1	庶務組併入總務組
營業主任	主任 1 助理 1 共計 2	主任 1 助理 1 共 2	主任 1 助理 1 共計 2	兼理查單登記及出租專用信箱
郵件組	組長 1 听差 2 組員 13 什差 2 共計 18	組長 1 听差 2 組員 7 什差 2 共計 12	組長 1 听差 2 水手 1 組員 6 什差 2 共計 12	
掛號組	組長 1 听差 1 組員 9 什差 1 共計 12	組長 1 听差 1 組員 5 什差 1 共計 8	組長 1 听差 3 組員 6 什差 1 共計 11	現與快信組合併排快組
包裹組	組長 1 听差 1 組員 7 什差 3 共計 12	組長 1 听差 1 組員 3 什差 2 共計 7	組長 1 組員 2 （差工職務抽調空閒者充任） 共計 3	
滙兑保險組	組長 1 听差 1 組員 3 共計 5	組長 1 組員 2 共計 3	組長 1 听差 1 組員 3 共計 5	
儲金壽險組	組長 1 組員 1 共計 2	組長 1 組員 1 共計 2	儲滙二組合併 共計（合）	

[文-52乙]

3,600,000/13.vi.29.

郵政公事用紙

	二十六年	三十年	現狀	
聯郵僑批組	組長 1　听差 1 組員 2　什差 1　共計 5	組長 1　听差 1 組員 1　共計 3	組長 1　听差 1 組員 1　共計 3	現〔為〕僑批航空組
投遞組	組長 1 組員 2　共計 3	組長 1　共計 1	（無）	現併入郵件組
郵袋組	組長 1 什差 1　共計 2	組長 1 什差 1　共計 2	（無）	現併入總務組
航快組	組長 1　听差 1 組員 2　共計 4	組長 1　听差 1 組員 1　共計 3	（無）	快遞併入掛號 航空〃僑批
收支組	收支員 1 听差 1　共計 2	收支員 1 听差 1　共計 2	收支員 1 听差 1　共計 2	
售票員	2	售票員 2	售票員 2	
信差	稽查差 2　收箱筒差 2 押車差 2　普通信差 20 快遞差 3　後備信差 7　共計 36	稽查差 2　普通信差 11 快遞差 2　後備信差 3 收箱筒 2　共計 20	稽查差 1　普通信差 10 快遞差 2　後備信差 1 收箱筒 1　共計 15	
郵差及什項	郵差 4　字衛 3 水手 10 衛生差 1　共計 18	郵差 5　字衛 3 水手 9 衛生差 1　共計 18	郵差 4　字衛 3 水手 7 衛生差 1　共計 15	水手一名〔改〕郵件組 什役一名充字衛
後備	員佐 9 什差 3　共計 12	員佐 6 什差 3　共計 9	（無）	
總計	員佐 75 差工 76　共計 151	員佐 52 信通書記 6 差工 57　共計 115	派駐本市儲匯局办〔理〕收信郵佐 1 員佐 46 儲員 1 差工 47　共計 94	

（尚有　局長
電船司機　二人
〃〃舵工　二人
局長公寓工役　二人
他局暫行報到郵員　二人
接回信差　二人
未列入表内）

郵政公事用紙

〔文－5乙〕

3,600,000/18.vi.29.

105

儲金及壽險

(1) 办理儲金人員已否具妥無限保証
已办妥。

(2) 儲金由何人經办 每次存提由何人核對
由郵佐李文龍經办 每次存提由組長康海秋核對。

(3) 每次存提是否立即登列儲金副帳
是。

(4) 壽險契約共有幾件 投保種類（如十定十終等）保費收至某年月日止
截至本年十一月廿九日止 契約總數共一〇八件（計十定一〇四·十五定一·二十定一·六十歲期滿一·終保一）

(5) 已失效之壽險契約共有幾件
十六件。

(6) 卅五年度規定本局招攬壽險件數
二百件。

(7) 有無按月造送壽險成績表
有。

(8) 保費收據是否挨次存档
是。

(9) 空白保費收據及办事細則是否妥存完足
是。

10

匯兑

(1) 匯兑資例彙編已修正至何日止 依照最後某號兑告修改
已修正至本年十一月九日止 依照最後第七六號兑告（本局于本年十一月廿一日收到）惟中間有第七四號兑告迄未收到。

(2) 办理匯兑人員已否具妥無限保証
已具妥。

(3) 現行之匯兑資例及補水費有無增減之必要
有，於情形需要時酌量增減。

（五）本局轄下有水客、新興路、永高平路以及的三處，現時市面潮汕戰前舊觀，曾有收汲支局之必要。本市戰前有高平路、新興路、同平路等支局。新興路接近時路，該處大宗僑中常投款寄、金銀店及各商行林立，距離市區遠，故該支局尤為迫切需要。

（八）本處已領批照之批信局共？家，每月收入批信共八八七六件（以本年九、十、十一三個月平均計算），以新加坡收入之客裡為最多。

（十）收款人住居本市者，由批信局將批信送交收款人住所，由收款人憑批信前往批信局領款。內地各處批款，均由批局派專差送收款人家中，一律不扣取佣金。

（十一）本局交通連潮汕情況，分別言述如下：

（一）輪船：汕頭與上海、福州、廈門、惠州、香港、新加坡、暹羅間，均有輪船來往，尤以汕頭與暹羅、香港、惠州、廈門間尤為頻繁，汕頭—由寶及汕港間，亦有輪船來往，每月二次或三日一次。

（二）火車：無

（三）汽車：汕頭—潮安，汕頭—達濠，汕頭對海之崎碌—達濠，汕頭對海之石山碼頭—步上嶺，入潮安通汕頭之鐵路，已通車之者甚早，明年元旦通達汕頭。

（四）電船：汕頭—揭陽，汕頭—潮陽，汕頭—達濠，汕頭—東里，汕頭—潮安，并備轉駁，通達大埔、梅縣等處，汕頭至廈門、樟林，汕頭—南澳。

（五）內河各處均通帆船，惟行期無定。

（十二）可由本局寄遞之本地出產，有抽紗、菜籽、茶葉、海味、錫箔、烏糖、神香、瓷器、陶器、玩具、藥品等，目前以抽紗、神香、錫箔、菜籽、海味為多。

（十三）辦公時間

信函及收寄掛號郵件：上午七時至下午六時。

儲金、匯兌：上午九時至十二時，下午一時半至五時。

包裹：上午八時半至十二時，下午一時半至五時。

11

13

（十四）快遞郵件，隨收隨派，平常及掛號郵件，每日出派二次，第一次上午九時半，第二次下午三時半。上午信差十名出派，其中一名渡海至礐石，下午九名出派。每差每日平均計派平信一二〇四件，掛號四二件（根據最近二星期計算）每次需時約三時半。

（十五）本局轄下之本地代售處，代辦所，及信箱信柱之郵件，均由本局逐日派差收取，每日二次，上午八時，下午一時半。

（十六）尚未通郵地方之郵件，由本局郵差順便投派，惟金砂等處郵件，由本局派差每星期投派二次。

（十八）郵包寄發情形

（一）上海、福州、廣州、香港、及南洋各地寄輪船，廈門或寄輪船或寄電船。

（二）汕—潮間火車尚未規復。

（三）汕頭—菴埠—潮安間，交汽車載運。汕頭—澄海—蓮陽間，由郵差乘車押運抵蓮陽後，再步行至東里。汕頭—峽山間，由郵差渡海至石砲口乘車押運，經潮陽在車上交接郵件，抵峽山後，再用單車直達惠來。汕頭—達濠間，郵差須渡海步行至珠浦後始乘車。

（四）汕頭—揭陽，汕頭—潮陽，汕頭—潮安（重件）及沿韓江上游各局。

（五）汕頭—南澳郵件，由東里交帆船發去。

（廿二）本局現無留存尚未領取之代收貨價包裹。

12

（十九）本局與下開各銀行開立來往帳戶，計（一）汕頭儲匯分局，（二）中央銀行，（三）交通銀行，（四）農民銀行。

（廿）本局所需協款，係由 貴管理局及香港分局接濟。貴管理局係交銀行匯來，香港分局則由郵袋裝寄現鈔交由輪船運來。本局除供應段內各局外，並須酌情供應揭陽、大埔、梅縣、興寧等供應局（包括福建區協款），且匯票兌款數目甚鉅，無餘款可繳。

（廿一）無。

（四）匯兌

（1）高額及電報匯票均係每日兌訖後即於翌日寄繳，至國內、小數及華僑匯票，則每週彙繳一次。

（第一頁）

（一）據本市警察局户籍處最近人口統計，全市人口壹拾玖萬伍千六百玖拾捌人，外僑四拾七人，住户貳萬九千九百拾四户，商店叁千六百貳拾間。

（二）本市人口在戰前最旺時期為貳拾壹萬餘人，現較少約貳萬人，因戰時人民流離失所，勝利後地方元氣尚未完全恢復。

（三）本市商店數目，據警察局統計有叁千六百貳拾間。以紗布、米糧、洋雜、抽紗、銀業、僑批業、土糖、蓀粉、竹根、生藥、苧麻、陶瓷、油業、紙業、菓業及出入口業（兼營僑行）為大宗，資本額五、六千萬元至一億萬元不等，視各業規模之大小而定。

（四）本處機關可分為行政、政治、司法、治安、交通、金融、商業、稅收及其他類門，名稱分列如下：

（甲）1. 行政：汕頭市政府。

2. 政治：汕頭市市黨部、青年團、參議會。

3. 司法：汕頭地方法院、廣東高等法院汕頭第一分院。

4. 治安：警察局、保安隊部。

5. 交通：汕頭電信局、汕頭電話管理處、汕頭招商局、廣州航政局汕頭辦事處、中國航空公司、空軍第六地區司令部汕頭航空站、廣州公路局汕頭辦事處、汕頭鐵路公司。

6. 金融：中央銀行汕頭分行、中國銀行、中國農民銀行支行、交通銀行汕頭辦事處、郵政儲金匯業局汕頭分局、廣東省銀行汕頭分行、華僑聯合銀行、中央信託局汕

14

郵務視察員 查報

（第二頁）

頭辦事處。

7.商業：汕頭市商會，各業公會。

8.稅收：潮海關稅務司署，財政部粵贛區直接稅局汕頭分局，財政部廣東區貨物稅局汕頭分局，潮橋鹽務公署。

9.其他：粵桂閩區敵偽產業處理局駐潮汕辦事處，僑務委員會汕頭僑務局，廣東省地政局汕頭市地籍整理辦事處。

(乙)本市尚無大規模工廠之創設，目前所有者多屬家庭工業式之工廠，計織布廠約六十家，抽紗工廠約二十家（戰前約六十餘家，現因材料缺乏，尚未恢復舊觀），棉織廠約三十家，永安堂製藥廠一家（現正籌備開工），冰霜廠一家，鋸木廠二家。大榮廠三家。

(六)、本處出產有土糖，葆粉，陶瓷，抽紗，生菓，菓子等項，運銷上海、廣州、香港，安南，暹羅，新加坡等處，除抽紗大多由郵包寄遞外，其餘均由海輪配載輸出，就汕輸出之貨物以土糖，葆粉，陶瓷，抽紗，生菓，土紙，苧綢，菜蔬，菓子，菜脯，鹹菜為大宗，輸入內運者則為米粮，什粮，肥料，紗布，洋襍，藥材，工業原料及燃料等。

(七)、本市為一口岸商埠，萬商雲集，其出外謀生者多係鄰縣居民，數約百餘萬人，以安南，暹羅及新加坡為多，經營米業，農作，金業及其他普通商業。其在國內各埠如廣州，上海，漢口，華北等處佔居少數。

(九)、本市尚無未領執照批信局，十月份潮安局在潮安車站查獲之振華車行，協成泰，萬源華三家未領批照而經營批信者，經查明該三家係本市福成，和興盛，榮成利，勝發等批信局之分號代理人。

15

郵務視察員 查報

(十)、本地商民富於保守性，以投資銀業為多。

(土)、近以市情不景，百業尚未恢復常態，居民生利少而分利多。

(三)、本處專辦及兼辦匯兑業，計銀行六家，儲匯局一家，中央信託局一家，及銀莊十八家。業務普通銀行利息存放約一分左右，銀莊利息存款約三四分，放款約六七分，高低不一，視市面頭寸鬆緊而定，綜計銀行息與郵局不相上下，銀莊利息則高出數倍。

(六)、1.銀行：中央銀行，中國銀行，交通銀行，農民銀行，廣東省銀行，華僑聯合銀行，中央信託局，郵政儲匯分局。

2.銀莊：福順昌，利亨，利源，源通，茂興，永裕，鴻大，正大，仁利，厚祥，南僑，炳春，洪萬丰，有信，廣興隆，鼎昌，信安，利成等號。

3.學校：大學—南華學院一所，約有學生四百餘人。

中學—省立商業學校，省立商船學校，市立第一中學，私立聿懷中學，海濱，大中，礐光，時中，正始，同濟，英華，友聯，市立財產學校，晨星女校等十四所，約共有學生五千六百餘人。

小學—本市國民中心小學共九所，私立正始小學，廣州旅汕，覺世，慵民，若瑟，新民，普益社，机工，坤德，東南，南康等共二十所，約共有學生壹萬弍千餘人。

※本市代售郵票處廿三處，信箱廿四個，信筒十一個，代辦所三所，儲匯分局內設郵局一所。

郵務視察員 查報

（第三頁）

（十二）、本局現有郵路六條，計開列后：

1. 汕頭—菴埠—潮安線（汽車郵路）。
2. 汕頭—澄海—東隴線（汽車步行郵路）。
3. 汕頭—松口—梅縣線（電船郵路）。
4. 汕頭—揭陽線（電船郵路）。
5. 汕頭—潮陽線（電船、汽車郵路）。
6. 汕頭—達濠線（汽車步行郵路）。

將來如公路交通恢復正常，當再增設汕頭至奥寧及汕頭至揭陽兩汽車郵路。

（十三）、每月調查物價指數由郵務視察員担任，經局長審核証明，各項物價均取具商店証明，食米一項加具汕頭市市商會証明書。

（十四）、員工等保証書每年分三月及九月查驗兩次，平日將本處保店依派信路段各開列一表交信差攜帶隨時查察報告。

（十五）、繪具當地略圖二紙。

（十六）、本局消防設備僅有藥液噴射機十七具，似屬簡單，將來如有可能應增設水喉消防設備。

47 17

郵務視察員 [印] 查報

汕頭局雜務登記

00 18

改建倉庫

原有 深安 酒樓 能容包裹三百四五十袋

改建 安 樓 〃 樓上一千貳百袋 地下三百四五十袋

加高一層 上數之所造起電机之節一度能容三車

需款四億一千九百八十八万六千八百元

(2) 修理營業處方面需款 7586654元 修理局內各部份 4117[illegible]元 郵營造[illegible]

〃 〃 電灯 1177[illegible]元 〃 電[illegible] 4567[illegible]元 [illegible]月

〃 〃 1,815840元 〃 〃 436,[illegible]元 林盛[illegible]

〃

(3) [illegible]局民國八年建築

(4) 在郵局右側走廊建造長形[illegible]用 [illegible]需款460万現[illegible]五百万元

(5) 現有木船二艘 大船一艘（重二十噸）[illegible]需12[illegible]元[illegible]

每[illegible]用[illegible]五加倫 現每加倫柏值 9340元

[illegible]用[illegible]每[illegible]用兩加倫半每加倫 [illegible]元

(6) [illegible] 修理机件五百卅万元 [illegible]百[illegible]三萬元 [illegible]

[illegible]每個三百萬元

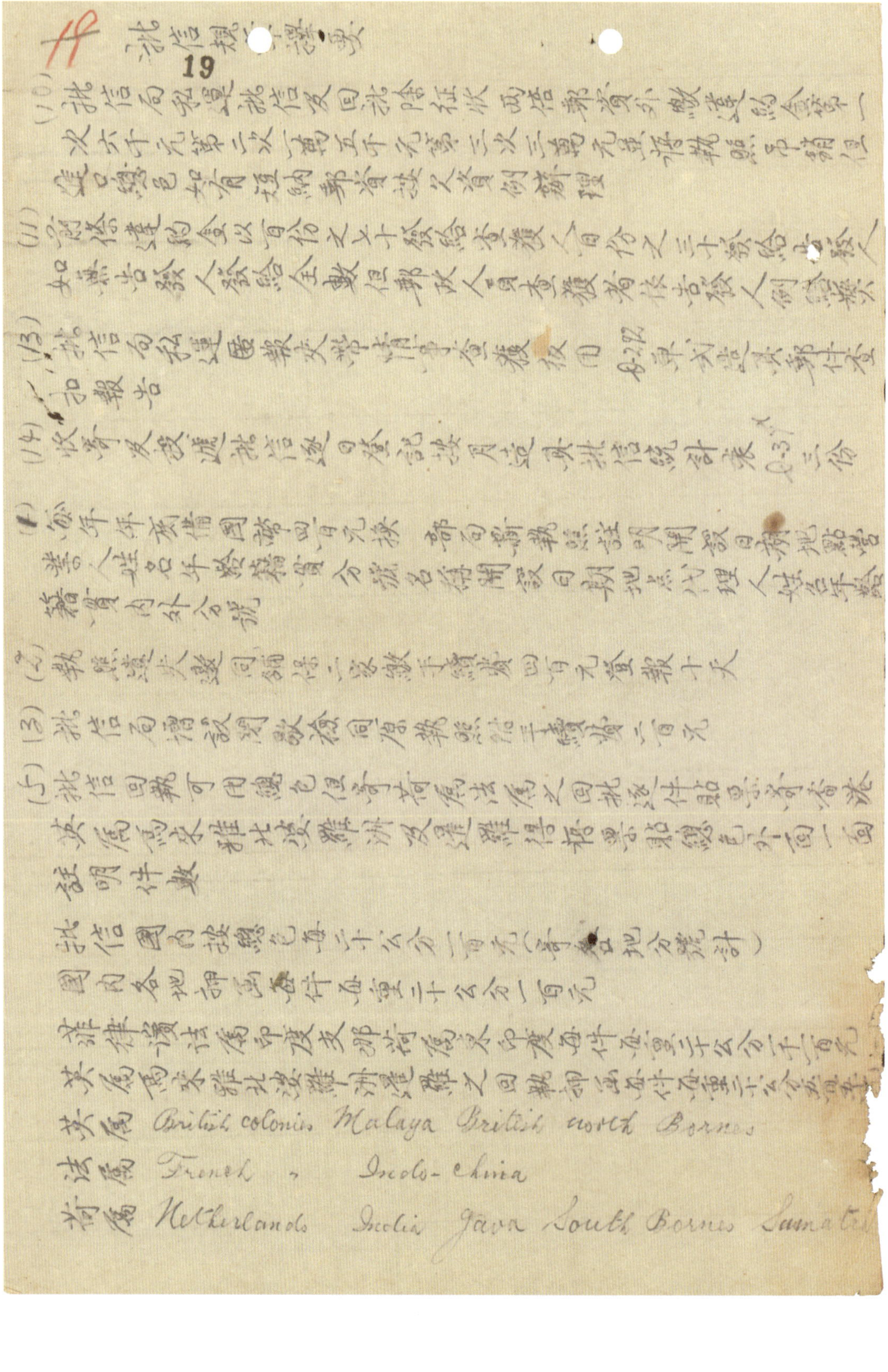

19

批信規章擇要

(10) 批信局兌還批信及回批除征收所欠郵資外，應處罰金，第一次六千元，第二次一萬五千元，第三次三萬元，並得撤銷執照，不予補領，但從口岸已經查有短納郵資，按欠資例辦理

(11) 密報違法者罰金以百分之七十發給查獲人，百分之三十發給告發人，如無告發人，全數給查獲人，但郵政人員查獲者依告發人例給獎

(13) 批信局私運匯款及批信情事，查獲按照[illegible]郵資[illegible]並登報公告

(14) 收寄及投遞批信，逐日登記，按月造具批信統計表一式三份

(15) 領取執照費國幣四百元，換領執照註明開設日期、批信局營業人姓名年齡籍貫、分號名稱開設日期、批信代理人姓名年齡籍貫、內外分號

(乙) 執照遺失人登同報紙三家，繳手續費四百元，登報十天

(3) 批信局請設分號，每分號繳手續費二百元

(3) 批信回執可用總包，但寄英屬、法屬之回批須將件數另寄各埠；英屬馬來群北婆羅洲及暹羅得將總包寄回，另函註明件數

批信國內投遞總包每二十公分一百元（每包按分號計）

國內各地郵局每件每重二十公分一百元

菲律賓、法屬印度支那、荷屬東印度每件每重二十公分二千一百元

英屬馬來群北婆羅洲、暹羅之回批，郵局每件每重二十公分[illegible]

英屬 British colonies Malaya British north Borneo

法屬 French 〃 Indo-China

荷屬 Netherlands India Java South Borneo Sumatra

附六：汕头一等邮局现有服务人数

20

汕頭一等郵局現有服務人數

組別	職別	人數		附註
局長	署副郵務長		1	
賬務組：（組長陳倫明）	員佐：	（員8佐1）	9	
	聽差		1	
	什差		1	
	跑差		1	
	收支：員		1	
	聽差		1	
	押款：僱員		1	（無押款時在營業處服務）
總務組：（組長陳年）	員佐	（員2佐5）	7	
	聽差		1	
	什差		1	
郵務視察員：（視察黃伯長）	員		1	
	水手		7	
	舵工		2	
	司機		2	
營業主任：（辛國南）	員		2	（內售票一名）
	佐		3	（內一名派駐汕頭儲滙分局內附設郵局）一名售票 一名登記掛號
	門役		1	
	更夫		1	
	力夫		2	
郵件組：（組長沈耀均）	員佐	（員4佐3）	7	（又他局暫行報到乙員一人）
	聽差		2	
	信差		13	（內稽查差一名）
	郵差		4	
	什差		2	
	水手		1	（該水手暫時派充什差工作）
挂快組：（組長蕭作藩）	員佐	（員2佐5）	7	（又他局暫行報到乙員一人）
	聽差		2	
	快信差		2	
	什差		1	
	按日雇差		1	
儲滙組：（組長康海秋）	員佐	（員2佐2）	4	
	聽差		1	
包裹組：（組長李少琴）	員佐	（員1佐2）	3	
	按日雇差		1	
僑批航空組：（組長洪鴻明）	員佐	（員1佐1）	2	
	什差		1	
局長公寓	更夫		1	
	什差		1	

總共：署副郵務長1. 郵務員24. 郵務佐22. 差工52. 僱員1. 跑差1. 共101人

此外：按日雇差2. 他局暫行報到乙員2.

派儲滙局郵佐羅文龍

00 21

组别	职别	人數	
賬務组（包括儲票）	員佐（員8佐1）	9	
	聽差	1	
	什差	1	
	跑差	1	
收支：	員	1	
	聽差	1	
押款：	信員	1	（每押款時在營業處服務）
總務组	員佐（員2佐5）	7	
	聽差	1	
	什差	1	
郵件收發组	員佐（員4佐3）	7	（又他局暫行報到一人）
	聽差	2	
	什差	3	（內一名係水手暫時頂充）
掛快郵件组	員佐（員2佐5）	7	（又他局暫行報到一人）
	聽差	3	
	什差	1	
	按日雇差	1	
儲匯组	員佐（員2佐2）	4	
	聽差	1	
包裹组	員佐（員1佐2）	3	
	按日雇差	1	（并抽派其他差工參加工作）
僑批航空组	員佐（員1佐1）	2	
	什差	1	
窗口售票	員佐（員1佐1）	2	

員21名 佐20名

22

内地郵件每日上午九時到達汕頭局者：

潮安，庵埠，澄海 及其经轉郵件

每日上午九時半至十一時間到達汕頭局者：（因須等待潮水不能依時到達）

潮陽，揭陽 及其经轉郵件

每日下午二時到達汕頭者：

潮安，庵埠 及其经轉郵件

每日下午二時至三時半間到達汕頭者

潮陽，揭陽，及其经轉郵件

每日下午三時半到達汕頭者：

峽山，惠来，海陸豐

達濠

大埔，松口，高陂，三河等局交由韓江電船運帶之郵件到達汕頭無定時

附八：一九四六年六月至十一月开发各局侨票件数暨款额表

卅五年度六月份至拾壹月份開發各局僑票件數暨款額表 （一頁）

汕頭華僑匯票分發局製

局名	月份	陸	柒	捌	玖	拾	拾壹	合計
梅縣	件數	741	518	429	278	352	339	2657
	款額	17.044.500	23.516.500	15.216.000	12.420.500	21.189.000	26.281.000	115.637.500
河婆	件數	820	346	358	247	377	311	2459
	款額	11.268.700	5.995.900	5.664.500	4.947.050	11.410.900	12.591.500	51.878.550
潮安	件數	1021	279	234	170	155	64	1923
	款額	13.627.700	4.434.300	4.874.900	5.410.000	5.990.500	3.118.500	37.455.900
大埔	件數	762	244	228	191	202	155	1782
	款額	17.561.900	5.290.700	4.550.500	4.488.500	7.839.000	7.331.000	47.061.600
惠陽	件數	546	250	405	242	181	153	1777
	款額	7.231.500	3.276.500	5.793.500	3.995.000	5.194.100	3.601.000	29.091.600
百侯	件數	438	121	96	67	81	59	862
	款額	9.129.000	2.653.800	1.974.000	1.833.000	2.478.000	2.032.000	20.099.800
菴埠	件數	609	218	165	69	85	64	1210
	款額	7.163.800	2.915.900	3.736.100	1.519.400	2.029.000	3.151.000	20.455.200
揭陽	件數	620	129	152	92	63	81	1137
	款額	9.152.500	2.545.700	2.239.500	2.558.500	1.560.000	2.377.000	21.323.200
棉湖	件數	359	142	167	89	123	101	981
	款額	5.324.700	2.197.000	2.558.600	1.889.500	3.509.800	2.372.000	17.851.600
湖寮	件數	376	105	112	74	130	85	882
	款額	7.361.400	2.541.000	2.250.000	2.777.600	4.149.000	2.892.500	21.981.500
澄海	件數	445	149	94	44	81	57	870
	款額	5.853.500	2.041.000	1.296.000	1.044.500	1.856.000	1.565.000	13.656.000
流沙	件數	449	126	117	26	66	40	824
	款額	7.314.500	3.568.000	1.739.000	553.000	2.003.500	1.781.500	16.959.500
隆豊	件數	185	85	121	66	94	93	644
	款額	1.804.000	1.709.500	1.460.500	1.407.000	2.407.500	2.686.000	11.474.500
畬坑	件數	208	89	125	64	68	88	642
	款額	3.663.000	1.847.000	2.418.500	1.793.500	2.505.000	2.856.000	15.083.000
松口	件數	189	102	75	54	118	101	639
	款額	3.100.700	1.848.500	3.290.000	1.286.800	7.885.000	4.032.000	21.443.000
紫金	件數	152	52	99	88	104	141	636
	款額	2.698.000	1.030.000	2.248.000	2.306.400	3.186.500	8.422.800	19.891.700
大麻	件數	292	77	96	42	70	44	621
	款額	5.193.000	1.292.000	1.748.100	914.200	2.210.500	1.757.000	13.144.700

23

（二頁）

局名	月份	陸	柒	捌	玖	拾	拾壹	合計
下洋	件數	426	362	214	170	200	159	1,531
	款額	16,210,900	18,610,000	9,785,700	8,148,000	16,534,000	11,515,000	80,803,600
三河壩	件數	228	69	99	43	104	68	611
	款額	4,322,000	1,466,000	2,579,000	913,000	4,551,000	2,200,000	15,982,000
惠來	件數	280	88	83	39	46	36	572
	款額	3,311,000	1,125,400	1,060,000	631,000	1,065,000	1,333,000	8,525,400
高陂	件數	235	73	89	46	69	60	572
	款額	4,006,000	1,427,000	1,578,000	2,605,000	2,567,500	2,091,000	14,274,500
峽山	件數	259	74	76	22	38	31	500
	款額	3,697,000	1,429,500	1,121,000	517,000	732,000	552,000	8,049,500
興寧	件數	192	50	79	53	55	65	494
	款額	4,200,500	1,260,500	1,817,500	1,946,000	2,412,000	3,594,500	15,231,000
源潭	件數	170	60	76	38	74	69	487
	款額	2,199,900	1,227,500	2,348,200	721,500	2,101,500	2,598,000	11,095,600
蕉嶺	件數	161	17	57	40	56	13	444
	款額	2,923,200	2,151,000	2,401,500	1,068,000	2,244,000	3,327,000	14,114,700
丙村	件數	108	79	61	50	61	57	416
	款數	3,293,500	3,149,500	3,200,000	2,152,500	3,231,000	3,101,000	19,327,500
潮陽	件數	171	51	41	23	30	33	354
	款額	2,881,500	1,384,000	825,000	604,000	1,667,000	1,090,000	8,462,500
老隆	件數	64	27	59	65	91	47	353
	款額	1,324,100	419,000	1,174,500	1,925,400	4,675,000	2,722,000	12,240,000
饒平	件數	128	57	32	38	16	16	287
	款額	950,800	538,800	259,500	348,000	229,000	239,000	2,565,100
普寧	件數	131	34	34	11	11	7	268
	款額	2,407,500	434,000	583,000	194,000	202,000	105,000	3,920,500
湯坑	件數	105	33	36	25	30	14	243
	款額	1,603,500	145,700	573,000	566,000	714,000	540,000	4,132,200
南山	件數	129	34	34	12	15	17	241
	款額	1,853,500	811,000	583,000	374,000	479,000	545,000	4,645,500
新舖	件數	70	50	30	32	21	37	240
	款額	1,233,000	766,700	534,500	741,000	1,010,000	1,560,000	5,845,200
豐順	件數	81	32	29	26	33	35	236
	款額	1,392,000	454,000	474,000	991,000	1,491,000	1,912,000	6,714,000
河源	件數	64	24	28	36	39	38	229
	款額	1,109,000	414,000	459,300	1,240,000	1,195,500	1,912,000	6,379,800

24

（三頁）

局名	月份	陸	柒	捌	玖	拾	拾壹	合計
隆文	件數	82	23	30	21	26	36	218
	款額	1.358.000	376.000	803.000	566.000	825.000	248.500	4.176.500
淡水	件數				19	95	99	213
	款額				470.000	1.979.000	2.364.000	4.813.000
留隍	件數	95	28	29	13	25	20	210
	款額	1.210.000	326.000	475.000	229.000	399.000	595.000	3.234.000
龍川	件數	32	33	31	24	47	31	198
	款額	688.600	826.000	886.500	541.000	1.940.000	1.004.000	5.886.100
黃岡	件數	92	32	24	19	12	11	190
	款額	677.500	447.000	247.000	219.000	267.000	387.000	2.244.500
五華	件數	47	28	33	21	28	29	186
	款額	708.000	745.500	500.500	262.000	1.094.200	1.039.500	4.349.700
陳店	件數	103	27	18	6	13	13	180
	款額	1.581.000	637.500	307.000	95.000	407.000	275.000	3.302.500
詔安	件數	29	36	30	12	16	26	149
	款額	394.000	681.000	795.000	574.000	392.000	1.133.000	3.969.000
大龍田	件數	28	27	16	16	17	18	121
	款額	474.000	726.000	348.000	346.000	498.000	546.000	2.938.000
安流	件數	34	20	19	17	22	8	120
	款額	526.000	497.000	284.500	443.000	490.000	56.000	2.296.500
博羅	件數	34	20	18	13	14	13	112
	款額	449.000	303.000	278.000	198.000	315.000	325.000	1.868.000
大柘	件數	30	9	19	16	10	13	97
	款額	483.500	114.000	374.000	334.500	400.000	567.000	2.273.000
峯市	件數	17	27	15	13	4	17	93
	款額	331.000	653.500	505.000	457.000	170.000	803.000	2.919.500
汕尾	件數	7		7		8	12	34
	款額	145.000		390.000		205.000	885.000	1.625.000
平遠	件數	7	1	3	1	1	1	14
	款額	97.000	30.000	73.000	40.000	15.000	10.000	265.000
南澳	件數	11		3	3	5		22
	款額	163.500		32.000	22.000	89.000		306.500
汕頭	件數	190	92	67	42	84	64	539
	款額	2.979.900	5.873.700	3.747.500	4.343.500	8.576.500	6.049.600	31.570.700

25

26

汕頭局民國卅五年六月至十一月僑批組售出郵票數目表

月份	售票款數		備考
六月	15,648,200	00	該票係當地批信局購貼回批用
七月	28,889,500	00	〃
八月	39,724,800	00	〃
九月	37,991,500	00	〃
十月	56,775,000	00	〃
十一月	50,070,000	00	〃
平均	38,183,167	00	

主任視察員

中華民國卅五年十二月六日

附十：汕头华侨汇票分发局一九四六年二月十九日收到侨票详情表

27

汕頭華僑滙票分發局民國卅五年二月十九日收到僑票詳情表

26

原滙銀行發出日期	件數	款額
17-10-45	59	593,000.00
27-10-45	70	472,500.00
19-11-45	1,242	10,021,290.00
20-11-45	1,750	14,135,000.00
21-11-45	1,614	13,014,900.00
22-11-45	4,067	30,953,950.00
23-11-45	2,435	18,826,800.00
24-11-45	1,413	10,592,450.00
25-11-45	32	318,500.00
26-11-45	1,983	15,293,030.00
27-11-45	1,713	11,427,350.00
28-11-45	1,023	7,464,500.00
29-11-45	909	6,478,100.00
30-11-45	1,094	6,947,800.00
1-12-45	973	6,803,800.00
2-12-45	218	2,146,000.00
3-12-45	1,197	6,843,150.00
4-12-45	1,276	7,781,900.00
5-12-45	905	5,166,200.00
6-12-45	599	3,064,050.00
7-12-45	318	1,661,620.00
8-12-45	539	3,023,400.00
9-12-45	11	63,000.00
C/F	25,440	183,092,290.00

28

原匯銀行發出日期	件數	款額
B/F	25,440	183,092,290.00
10-12-45	183	1,035,500.00
11-12-45	888	5,231,700.00
12-12-45	730	4,594,100.00
13-12-45	273	1,919,500.00
14-12-45	205	1,435,700.00
15-12-45	169	1,198,650.00
17-12-45	1,213	6,743,300.00
18-12-45	593	3,424,000.00
19-12-45	279	1,852,200.00
20-12-45	147	1,172,700.00
21-12-45	137	862,200.00
22-12-45	77	553,600.00
24-12-45	396	3,115,650.00
27-12-45	383	2,635,000.00
28-12-45	250	1,356,190.00
29-12-45	191	1,327,750.00
31-12-45	721	4,024,400.00
2-1-46	222	1,058,600.00
3-1-46	199	1,305,750.00
4-1-46	78	418,120.00
5-1-46	143	807,850.00
7-1-46	167	840,600.00
8-1-46	104	593,000.00
9-1-46	308	2,398,800.00
C/F	33,496	232,997,150.00

29

源滙銀行發出日期	件數	款額
B/F	33,496	232,997,150.00
10-1-46	900	5,577,600.00
11-1-46	1,618	9,646,520.00
14-1-46	22	125,600.00
15-1-46	1	7,000.00
17-1-46	1,513	9,864,570.00
23-1-46	17	135,600.00
24-1-46	1	1,000.00
26-1-46	25	426,000.00
28-1-46	166	1,043,550.00
30-1-46	8	125,000.00
7-2-46	10	121,500.00
11-2-46	26	116,800.00
12-2-46	27	121,700.00
Total :	37,830	260,309,590.00

附註：
此表係本年二月十九日收到僑票之情形，
至二月十九日以後收到者概不列入。

編造者：
二等三級乙員

呈報者：
汕頭一等郵局局長

汕頭
7.12.46
SWATOW

30

[文一5乙]

僑匯現狀

(一)、二月份進口件數特多原因：

南洋各地華僑銀行，自去年九月日敵投降後即恢復收匯，旋因阻於當地政府禁令，出口發生問題，所收僑票至本年二月始行同時寄到，故二月份僑票件數，實係積累數月之結果。

(二)、現時僑匯不見長足進展，約有下列數因：

1. 華僑銀行收費過高：

查閱現時進口匯款表，華僑銀行對國幣與叻幣之比率為七·二九三，即匯款人須交叻幣七·二九三元與華僑銀行，始可匯得國幣壹萬元，但向各批信局購匯者則祇交叻幣約六元便可匯得上述國幣之數，此為業務不能長足進展之最大原因。

郵政公事用紙

第壹頁

3,600,000/13.vi,29.

31

[文-5乙]

第貳頁

2. 批信局匯票回批一律均利用航運：

潮籍批信局不下數十家，對於僑匯業務競爭最為劇烈，匯票回批不論款額鉅細，一律均利用航空運遞，費用且多由批信局負担，故回批退寄，遠較華僑銀行之由普通水路運寄者為速，由是僑胞多樂向迅速者購匯。

3. 批信局對於款額可不遵當地政府之限制法令：

批信局承做匯款多不遵當地政府之款額限定法令，而私自冒險出口，不論款額如何鉅大，均可一次匯寄，此為華僑銀行之所不能為也。

4. 復員後第一次回批退寄過緩：

如上第一點所述情形，華僑銀行自去年九月便開始收匯，一延數月，至本年二月中旬，本局始行收到。僑胞因經數年戰亂，對家鄉甚為關懷，久等不得回書，對於華僑

郵政公事用紙

3,600,000/13.vi,29.

6. 32

[文一5乙]

銀行之辦理已生懷疑，且到達後，各局又因人手、頭寸種種關係，以致回批不能即退，再生遲延，一悞於華僑銀行之收匯過早，再悞於各局之退批不速，本分發局當日雖竭盡所能，再三促請各局儘速辦理，對于少數退批過於遲緩各局，雖數呈管理局酌予議處，但已不免有生延擱，影響後此之業務不鮮。

郵政公事用紙

第叁頁

3,500,000/13.vi.29.

附十二：汕头邮局一九四六年度每月开发侨票件数暨款额表

汕頭郵局卅五年度每月開發僑票件數暨款額表

6/: 33

月份	件数	金额	累計件数	累計金額	備考
二月	38,563	268,118,370.00	38,563	268,118,370.00	
三月	377	4,707,900.00	38,940	272,826,270.00	
四月	2,712	41,675,775.00	41,652	314,502,045.00	
五月	11,316	184,660,350.00	52,968	499,162,395.00	
六月	10,217	179,241,750.00	63,185	678,404,145.00	
七月	7,084	155,262,300.00	70,269	833,666,445.00	
八月	4,698	97,978,274.91	74,967	931,644,719.91	
九月	2,923	84,173,250.00	77,890	1,015,817,969.91	
十月	3,834	153,856,100.00	81,724	1,169,674,069.91	
十一月	3,206	129,323,840.00	84,930	1,298,997,909.91	
十二月					

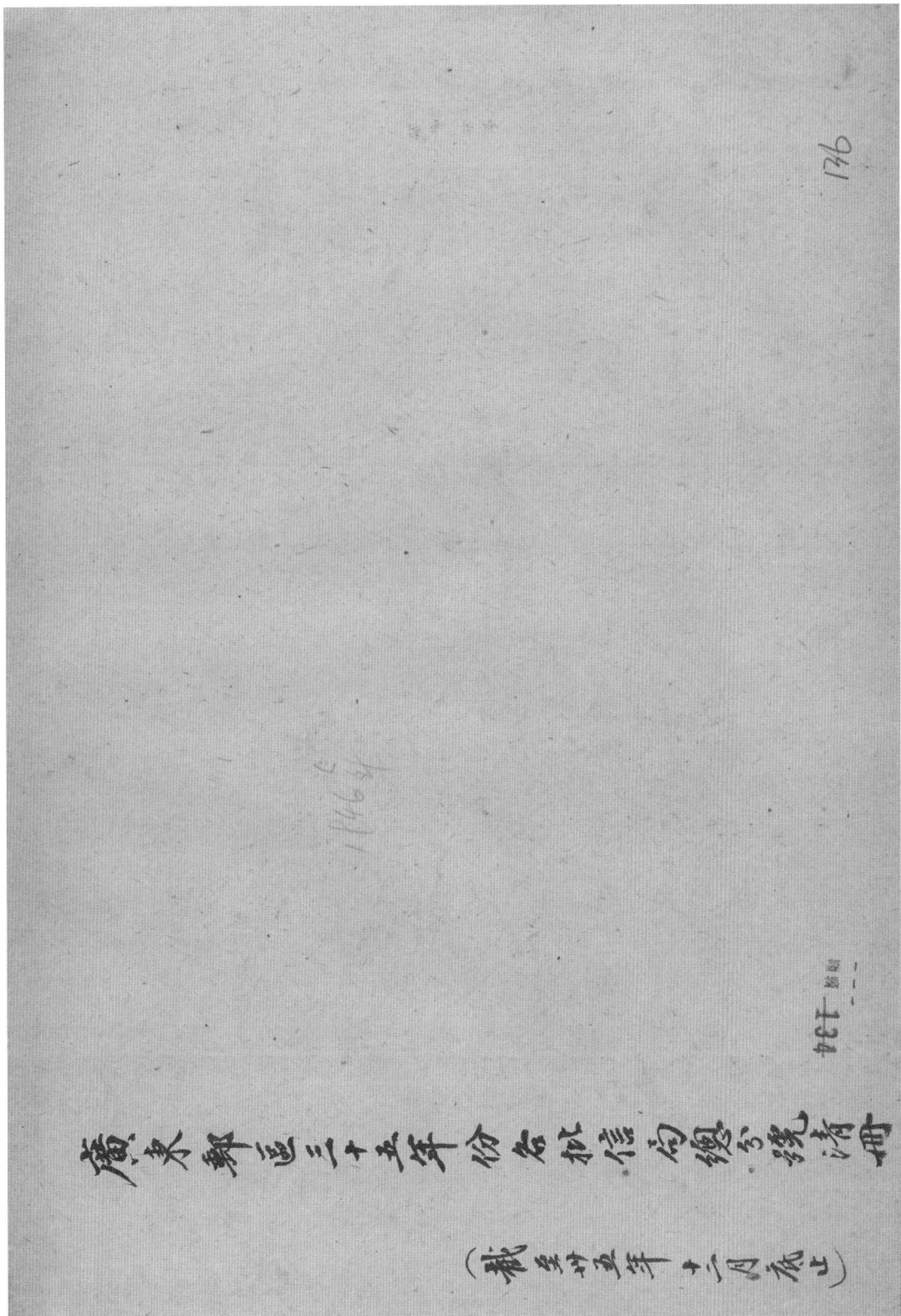
廣東郵區三十五年份各批信局總分號清冊
（截至卅五年十二月底止）

清册说明

(一)本清册系根据三十五年度各批信局声请书汇集

(二)本清册中之批信局执照号码系经之去年邮局核发三十五年度所发者，其中无执照号码列，则因声请太迟，或因手续未备，经饬俟接领三十六年度执照时，将呈之邮局核发。

(三)各批信局名称系以声请先后为次序，并依照呈邮局呈文附件编列

(四)全年份本区所辖各批信局总数(经核执照者)共有九十八家(未核发执照者三家未计在内)

计开

松口四家　畲坑圩一家　河婆四家　揭阳一家

大埔一家　梅县六家　汕头六十七家

遮口(蕉岭)三家　文昌一家　嘉积八家　中原二家

(五)全区国内外分号共计四八三家

135

廣東郵區三十五年份已挂號批信局詳情表　138

批信局名稱	開設地方	經理人姓名	分號名稱	開設地方	代理人姓名	執照號數
晉豐昌號	松口	梁慕傑	鴻源公司	巴達維亞	廖發勝	第三號
			德勤號	仝右	梁茂華	
鍾天華	松口	鍾偉樵	協興隆	汕頭	李其漢	第四號
			裕華興	盤谷	陳衍華	
			林遠	仝右	林漢興	
			盛豐泰	仝右	熊達初	
			大華	仝右	熊均鑑	
			協興源	芙蓉	李其新	
			陳潤記	巴達維亞	劉啟凡	
			同益	香港	林碧球	
謝鈞和	松口	謝公拯	美華	巴達維亞	蕭聯明	第五號
			華豐泰	三寶壟	曾孔坡	
			華豐源	香港	曾德昭	
			仁安堂	檳榔嶼	古鈞常	
			仁安棧	怡保	古國雄	
			廣仁堂	金寶	古國雄	
			陳華興	盤谷	陳衍華	
廣通莊	松口	王華英	廣通莊	汕頭	王華英	第六號 翻新
			李三茂	怡保	李學三	
			王迎記	仝右	王煥彪	

第二頁　139

批信局名稱	開設地方	營業人姓名	分號名稱	開設地方	代理人姓名	總號號數
廣通莊	（仝上）		李載基	吉隆坡	李載基	
裕隆昌	鳳北村	張文泰	張廣泉	汕頭	張鏞民	第七號
			羅建記	盤谷	羅建滿	
			公益號	蔴剌甲	莊應勳	
			嘉興昌	仝右	劉文珊	
			萬和堂	芙蓉	宋谷仁	
			天生堂	新吉拉坡	張燦如	
饒興記	大埔	饒瑞堂	萬生祥記	吉隆坡	饒賽賢	第八號
張聯發昌號	汕頭潮安棉湖	張鏡榮	洪萬興	棉湖	洪賢明	第九號
			張宗利	河婆	張揚群	
			張德豐	山口洋	張竹如	
			張聯通	古樓	張聯成	
			黃德茂	新加坡	黃炳南	
			黃德茂	望加錫	黃秀貞	
			南記	山口洋	馮瀚之	
			廣濟生	居鑾	莊祥霖	
			劉義泰	佩利克	劉士賢	
蔡南成	河婆	蔡春猷	蔡利豐	汕頭	蔡煥良	第十號
			蔡南盛	佩利克	蔡福	
			廣安隆	諾薩拉克	蔡渭亨	
			新成利	古樓	黃喜合	
			蔡來昇	佩利克	蔡高淡	

197

第三頁

140

批信局名稱	開設地方	營業人姓名	分號名稱	開設地方	代理人姓名	執照號數
蔡南成（續）			蔡益華	新加坡	蔡啟明	
			協昌號	古樓	蔡晉雍	
			茂利號	柔佛	黃德彝	
			茂昌號	居鑾	黃秀海	
			蔡益昌	蔴拉瓦克	蔡超之	
			新國民	山口洋	蔡秉挽	
			聯昌號	仝右	蔡聯	
			萬益祥	士乃埠	黃益祥	
			暢茂號	勿里洞	黃遂暢	
			劉義泰	佩剌克	劉象	
嘉隆	汕頭暫遷河婆	蔡炳臣	榮合昌	河婆	李化初	第十一號
			李裕昌	揭陽	李國仁	
			合興	香港	蔡龍	
			廣復興	新加坡	蔡俊美	
			聯昌	山口洋	蔡聯	
			錦記	勿里洞	蔡錦合	
			老成利	柔佛	蔡月初	
			誠美	古樓	蔡錦標	
			廣炎隆	蔴拉瓦克	蔡渭亭	
			蔡東昇	佩剌克	蔡騁	
彭宗順	河婆五雲洞	彭繼述	彭宗順	勿里洞	彭嘉德	第十二號

138

141

第四頁

批信局名	開設地方	經理人姓名	分號名稱	開設地方	代理人姓名	號數
宏通	汕頭	梁俊通	裕隆昌	檳城	孫敬文	第十三號
			孫湧隆	呂宋埠	孫進川	
			同豐	松口	孫伯我	
			古盛子	蕉嶺	古少梅	
			廣泰祥	汕頭	李呈海	
			許廣濃	詔安	許鳳吾	
			宏通莊	梅縣	梁俊通	
			裕隆昌	實叻埠	孫士珍	
			宏通莊	呂宋埠	梁志鵬	
			美中美	宋卡	余光深	
			中國銀行	新加坡	黃伯權	
			中國銀行	檳榔	仝右	
			中國銀行	吉隆坡	孫智	
			中國銀行	大坡	陸振興	
			中國銀行	怡保	魏潤珊	
			仝右	芙蓉	熊志堅	
			仝右	小坡	莊文剛	
			仝右	巴度峇轄	許大純	
			泉豐	吉隆坡	陳世飛	
			福春	寨郡巴特	李回三	
			陳鴻昌	古晉	陳鴻泰	
			泉豐	寨加巴特	鄭其陞	
			義成	居鑾	孫澤茂	

138

第五頁

142

批信局名稱	開設地方	營業人姓名	分號名稱	開設地方	代理人姓名	執照號數
宏通	（續）		華昌	吉冷丹	黃逸民	
			慶和興	安順	黃和慶	
			駿興祥	吉隆坡	葉立基	
			瑞泉	太平埠	王振敎	
			天星	怡保	鄭奕春	
			泉吉	巴雙	鄭天祥	
			同益興	麻刺甲	黃學五	
			成吉行	檳榔嶼	李清吉	
			南洋貿易行	美里坡	陳木興	
			春成	宋加蘭大街	顏諮丹	
			豐順棧合記	怡保	李伯濤	
			公右	安順	李仲禮	
			杏濟堂	太平	戴尊三	
			財利	巴里文礁	王聲慧	
			瑞記	金寶	李叔宏	
			源源公司	江沙	蔡哲生	
			協成泰	峇眼亞	鄭金灶	
			王松昌	坤甸	王傅政	
			李協和	三發坡	李讓	
			源發	棉蘭	張念道	
			李勝安	棉蘭	李傅兵	
			華昌	山口羊	陳敬塘	

~~140~~

第六頁

批信局名稱	開設地方	營業人姓名	分號名稱	開設地方	代理人姓名	執照號數
宏通（續）			豐隆	峇眼	李季信	
			新福順	江沙坡	蔡世揀	
			友和樹膠	麻剌甲	劉友知	
			新茂裕	塞加瓦特	張政章	
			協豐	巴度帕哈特	陳和庚	
			凌祥隆	坤甸	凌耿章	
			蔡三盛	山口洋	蔡芳三	
			曾益成	帕塔泥	曾廣傑	
			利民	徹里濱	黃叔度	
			源盛	三寶壠	黃五福	
			裕和	亞齊美倫	謝康祥	
			益盛	彭亨文德甲	李兆垣	
			美中美	泰國萬浠埠	余雲漢	
盛記	梅縣	侯新如	朱順昌	廣州	朱芷秀	第十四號
			林燿記	上海	林燿卿	
			盛世	興寧	侯伯源	
			盛記	汕頭	劉克超	
			合記	怡保	陳懋階	
			中原	孟加錫	廖世恭	
			葉怡隆	勿里洞	葉鍛秋	
			盛記	香港	侯新如	
熊增昌	梅縣	熊少繩	環通旅館	汕頭	劉潤楠	第十五號

143

批信局名稱	開設地方	營業人姓名	分號名稱	開設地方	代理人姓名	執照號數
			遠東公司	檳榔嶼	熊炳昌	
			南通公司	香港	潘君勉	
梁禎記	梅縣	梁天受	張廣泉	汕頭	張鏞氏	第十六號
			羅進記	盤谷	羅進満	
陳富源	梅縣	陳勤争	陳富通	汕頭	陳濟軒	第十七號
			陳富源	興寧	陳怡庭	
			陳富通	巴塔維亞	陳冕鈞	
			陳富源	香港	陳國鈞	
			陳華興	盤谷	陳伋華	
			亞木莊	加爾各答	陳亞木	
			應興	仰光	張啟田	
賴福記	梅縣	賴湯允	賴隆泰	松口	賴蔭初	第十八號
			賴福記	汕頭	賴啟煥	
			仝右	盤谷	賴沅華	
廣德興	梅縣	張雲卿	王泗記	怡保	王炯南	第十九號
			協發號	怡保	梁政元	
			義順源	香港	李璣臣	
			應春堂	仰光	張質君	
			陳華興	暹羅	陳伋華	
			梅濱酒店	仰光	梁文邦	
信和成	揭陽	林道義	合和成	揭陽	林道義	第二十號
			合和成	汕頭	林健輝	
			普通	澄海	徐昌期	
			信昌	饒平	王貽平	

142

144

~~143~~

第八頁

145

4

批信局名稱	開設地方	營業人姓名	分號名稱	開設地方	代理人姓名	執照號數
信和成（續）			詹恒益	隴隍	詹集東	
			信和成	坤甸	林勇權	
			和平	坤甸	林木水	
			吳長記	坤甸	吳元利	
			源合興	坤甸	許雄仁	
			林木榮	坤甸	林木榮	
			興合	坤甸	林金泉	
			益成礼記	坤甸	林芝娘	
			合和成	坤甸	林道轂	
陳協盛	汕頭	陳傳治	泰順	鏡平鳳凰	林述爾	第二十一號
			寬記	堤岸	陳傳禧	
			美珍	盤谷	王壯興	
廣源和記	汕頭	陳傳仁	裕盛	潮安	林冠涛	第二十二號
已停業 卅六、十、十六令汕头局繳銷執照			喜合	潮陽	劉德船	
			祥盛	黄崗	巫子勳	
			有信	澄海	肖弼卿	
			啟峰	揭陽	魏啟園	
			萬興昌	店仔頭	許文謙	
			廣和盛	鳳凰	陳書德	
			義昌	鏡平	錢凱臣	
			護記	堤岸	陳文	
			美盛	盤谷	蔡志真	
陳益泰	嘉積	陳菁莪	悅東	海口（瓊山）	王會昌	第二十三號

第九頁 146

批信局名稱	地點	經營人姓名	分號名稱	地點	代理人姓名	執照號數
陳益泰	（續）		益和堂	新加坡	陳鏡清	
			黃[illegible]泰	仝實	王先拜	
			富興隆	新嘉坡	何明軒	
恒裕興	嘉積	顏俊臣	恒裕興	新加坡	王桂光	第三十四號
			仝右	麻剌甲	王紹餘	
			仝右	甥河瀾	王鵲	
			仝右	吉隆坡	陳喜長	
			永裕興	檳榔嶼	王裕滔	
			群華商	居鑾埠	周建卿	
新富南	嘉積	王英臣	德昌園	怡保	王子和	第二十五號
			人信莊記合	新加坡	王保氏	
同益	嘉積	王光南	協興號	怡保	王文臣	第二十六號
謙和隆	嘉積	楊德星	啟明	吉隆坡	楊維炳	第二十七號
			天成美	新加坡	楊甘五	
裕益	汕頭	周炯昌	源發隆	北海	陳丙存	現在該號已[illegible]執照中[illegible]郵政總局[illegible]
			源順盛	詩巫	周崇仁	
			協成興	蓮陽	許錫河	
			光德成	揭陽	李運祥	
			有記	潮安	吳騰三	
			洪萬興	樟湖	洪賢忠	
			劉春合	潮陽	劉竹船	
			黃茂利	黃岡	黃子厚	
			黃德良	炮台	黃錦通	

第十頁

147

批信局名稱	開設地方	營業人姓名	分號名稱	開設地方	代理人姓名	執照號數
裕益	（續）		李源合	達濠	李渭臣	
			潘合利	店仔頭	潘立裕	
			永德盛	新加坡	許惟杰	
福興	汕頭	劉士彥	陳聯豐	流沙圩南山	陳成剛	現在呈請汕頭郵政總局核發執照中
			陳科成	東海新圩	陳進	
			劉喜合	潮陽	劉竹舟	
			魏啟峰	揭陽	魏啟圓	
			陳益隆	隆江	陳雲石	
			陳四合	金甌	陳雲騰	
			萬發	梹榔嶼	黃亞房	
			振慶大	新加坡	黃啟平	
			永新	棉蘭	劉士城	
			劉平合	盤谷	劉士平	
			源記	安南金邊	許其極	
			魚業	仙達	黃文吉	
			新發興	仙達	黃克欽	
振豐盛	汕頭	陳章武	陳聯豐	普寧	陳成剛	現在呈請郵政總局核發執照中
			陳四合	潮陽	陳雲騰	
			陳科成	陸豐	陳進	
			鴻興號	碣石	秦士謀	
			永興盛	流沙	張炎輝	
			興勝號	棉蘭	黃捷昌	
			陳怡盛	仝右	陳紅	
			陳源利	仝右	陳諸説	
			有豐號	梹榔嶼	黃彬裕	
			德盛號	棉蘭	姚明盛	

145

第十一頁

一二 補 ~~140~~

批信局名稱	開設地方	營業人姓名	分號名稱	開設地方	代理人姓名	執照號數
振豐盛（續）			永興盛	盤谷	許子衡	
			和和號	盤谷	許培豐	
勝發	汕頭	鍾詩和	魏啟峰	揭陽	魏啟圃	執[illegible]現在請[illegible] [illegible]由郵政總局核發執照中
			陳科成	東海圩	陳進	
			劉喜合	潮陽	劉德舟	
			陳聯豐	流沙圩	陳成明	
			有信莊	潮安	許振豐	
			倪兩發	棉蘭	倪克弘	
			兩發棧	日里民礼	倪徐盛	
			黃創成	日里奇砂蘭	黃玉柳	
			李同春	坤甸	李春樹	
義發	汕頭	余文仁	啟峯	揭陽	魏啟圃	[illegible]現在請[illegible] [illegible]由郵政總局核發執照中
			義發	揭陽	黃連陞	
			楊政記	棉湖	楊璧榮	
			劉喜合	潮陽	劉竹船	
			許福成	隆都	許再勵	
			義瑞興	盤谷	余文仁	
吳順興	汕頭	吳興祥	劉喜合	潮陽	劉竹船	[illegible]現在請[illegible] [illegible]由郵政總局核發執照中
			陳四合	仝右	陳雲騰	
			詹恒益	留隍	詹正初	
			有信	澄海	芮弼卿	
			魏啟峯	揭陽	魏啟圃	
			張合利	饒平	張景光	
			李源合	達濠	李偉臣	
			佳興	堤岸	林光源	
			永裕盛	日里	徐金	
			義利	盤谷	吳英欣	

148

第十二頁

批信局名稱	開設地方	營業人姓名	分號名稱	開設地方	代理人姓名	執照號數
吳順興（續）			駿裕	新加坡	張屏之	
陳悅記	汕頭	陳拔奇	陳合盛悅記	潮安	王璧如	現在呈請郵政總局核發執照中
			陳悅記	鳳凰	文亞寬	
			洪萬興	棉湖	洪賢炎	
			劉喜合	潮陽	劉竹船	
			萬興昌	店仔頭	許文雅	
			普通	澄海	徐昌期	
			信昌	饒平	王炤平	
			光德成	揭陽	李運祥	
			恒益	隍	詹集秉	
			素齋	潮安	林步堂	
			陳悅記	盤谷	陳景雲	
			陳義盛	堤岸	陳國威	
			許裕發	新加坡	許謙元	
榮成利	汕頭	許衍衡	信昌	饒平	王炤平	已呈請郵政總局核發執照中
			悅記	潮安	陳拔	
			萬興	棉湖	洪炎	
			德合	澄海	張作謀	
			春記	潮陽	劉竹	
			榮成利	新加坡	許達生	
			榮成發	堤岸	張肅	
			榮盛興	盤谷	林智遠	
			萬祥	香港	洪賢良	
			華益	新加坡	劉炳岳	
			榮盛	新加坡	陳深溪	
			榮順	散達坎	劉枝生	
許福成	汕頭	許質彬	余亨記	黃岡	余禧棠	現在呈請郵政總局核發執照中

147

149

第十三頁

150

~~148~~

執信局名稱	開設地方	營業人姓名	分號名稱	開設地方	代理人姓名	執照號數
許福成（續）			魏啟峰	揭陽	魏啟圃	
			劉喜合	潮陽	劉竹船	
			有記	潮安	張幼初	
			許福成	陸都	許林松	
			寶華正成	東隴	柯天吉	
			增順榮昌	蓮陽	陳正有	
			許明發	盤谷	許玉聲	
			泰興裕	仝右	陳二如	
			榮德泰	仝右	楊亦欣	
			繁榮	仝右	陳立攀	
			陳華興	仝右	陳极華	
			長興利	仝右	林京邑	
			裕興盛	仝右	陳家榜	
合盛利	汕頭	劉廷服	啟峰	揭陽	魏啟圃	現在呈請郵政總局核發執照中
			政記	棉湖	楊堅棠	
			合豐盛	湯坑	劉鳴美	
			聚豐	潮安	朱樹蘭	
			喜合	潮陽	劉竹船	
			榮盛利	盤谷	劉廷服	
洪萬豐	汕頭	洪賢良	光德成	揭陽	李運祥	現在呈請郵政總局核發執照中
			洪萬興	棉湖	洪賢明	
			劉喜合	潮陽	劉竹船	
			如陶	潮安	蔡若水	
			光益	仝右	鍾少岩	
			鴻茂盛	黃岡	靈湘如	
			萬興昌	店仔頭	許文謙	
			洪協和	河婆	洪明雲	

第十四頁

151

批信局名稱	地點（子設）	經營人姓名	分號名稱	地點（子設）	代理人姓名	執照號數
洪萬豐	（樟）		黃創豐	棠潭	洪[illegible]	
			源順成	詔安	周崇仁	
			廣豐莊記	潮陽	魏偉材	
			潘合利	店仔頭	潘和祥	
			黃德茂	閩埠	黃經通	
			洪萬成	新加坡	洪賢美	
			洪萬豐	檳榔嶼	洪偕生	
			永合峰	仝右	林揚利	
			萬成興	堤岸	洪煉子	
			洪萬發	盤谷	洪賢生	
			萬豐隆	新加坡	林月舟	
			和合興	日里	丘金餘	
			通　通	新加坡	劉俠儀	
焯大號	汕頭	蔡禮祥	福利	香港	謝少岩	現信局已停辦 批款由[illegible]
			焯大	香港	方[illegible]聲	
			致成	孟港	華[illegible]	
			寶成發	吉隆坡	沈光陶	
			通　通	新加坡	雷子鳳	
			永合興	堤岸	陳海潤	
			成順利兆記	盤谷	鄭秉[illegible]	
恒記	汕頭	林成樑	四合	潮陽	陳寶勝	仝右
			光德成	揭陽	李逢祥	
			恒泰	潮陽	林德高	
			鴻茂盛	詔安	許鳳声	
			科成	饒平	陳進	
			桂興	潮陽	魏偉材	
			承福興	揭陽	林德高	

~~149~~

第十五頁

152

批信局名稱	開設地方	營業人姓名	分號名稱	開設地方	代理人姓名	執照號數
恒記	（續）		天成	日里	張魯三	
			芳和	日里	黃宗燊	
			元盛	棉蘭	林桐材	
			中興	日里	鄭廷彬	
			美隆	棉蘭	沈昇輝	
			新隆興	檳榔嶼	馬錫鈴	
			新振發	仝右	陳江	
			同裕	仝右	陳金亮	
			永和	仝右	黃合	
			復泰記	仝右	張記	
			永萬源	新加坡	黃賽芝	
成昌利	汕頭	蕭介珊	成昌利	成田	馬燦京	現在呈請郵政總局核發執照中
			成昌利	蟠谷	蕭卓珊	
李華利	汕頭	李潤初	馬玉堂	成田	馬玉堂	仝右
			豐源	達濠	鄭猷廷	
			陳益隆	惠來	陳雲石	
			魏啟峰	揭陽	魏啟圃	
			黃德良	仝右	黃興貞	
			政記	棉湖	楊壁棠	
			榮合興	河婆	李榮合	
			廣豐	湯坑	洪敦堂	
			永南興	日里	陳正興	
			陳和昌	蓬拉克[illegible]	陳森棠	
			昌和	邦戛	李應元	
			李福利	新加坡	李明初	
			周榮興	怡保	周德榮	
~~老50~~ 益	汕頭	鍾少巖	如陶	潮安	蔡若水	仝右
			喜合	潮陽	劉竹船	
			源合	達濠	李渭臣	

第十六頁

批信局名稱	開設地方	營業人姓名	分號名稱	開設地方	代理人姓名	執照號數
光益（續）			增順榮昌	蓮陽	陳有顯	
			[illegible]孚	黃岡	余桂生	
			廣順	隆都	金振忠	
			光法成	揭陽	李運祥	
			啓峰	仝	魏啟國	
			協成	浮洋	李楚謙	
			茂生	仝	洪長德	
			邱發利	意溪	邱暎三	
			茂元	黃岡	黃勁玉	
			萬興	棉湖	洪資明	
			顯丰	東里	黃傳經	
			孔明	新加坡	廖永錫	
			公發祥	仝	曾傳義	
			大信	仝	蔡米鋼	
			永桂合	坤甸	鄭芳和	
			華益	新加坡	劉炳岳	
			瑞盛	仝	陸兆初	
			德丰	堤岸	吳秉琪	
			伍東白	盤谷	伍維予	
有信	汕頭	黃壽三	喜合	潮陽	劉竹船	叁[illegible]右
			啟峯	揭陽	魏啟和	
			信成	澄海	余斯耀	
			德良	揭陽	黃經通	
			源合	潮陽	李偉臣	
			有記	潮安	黃篤生	
			楊政記	棉湖	楊歷榮	
			榮合昌	四婆	李化衣	
			福和玉記	梅林	賴山梧	
			許廣源	詔安	許東鳳	

~~151~~

153

第十七頁

~~152~~ 154

批信局名称	開設地方	營業人姓名
有信（續）		
光益裕	汕頭	林左三
源合興	汕头	陳梓良

分號名称	開設地方	代理人姓名	執照號數
許陶合	黄岗	許泗溪	
滙通盛	浮山	張少高	
有信	新加坡	李秉宸	
仁友公司	坤甸	陳鴻惠	
溶發源	北湾	陳再存	現在壬王請郵政總局核准舊照 四中
源順盛	詔安	周崇仁	
協成興	蓮陽	許錫河	
光德成	揭陽	李運祥	
有記	潮安	吳聘三	
洪萬興	棉湖	洪咲炎	
劉喜合	潮陽	劉竹船	
黄茂利	黄岗	黄子厚	
黄沁良	炮台	黄继通	
李源合	達濠	李渭臣	
潘合利	店仔頭	潘立銳	
再和成	新加坡	李應時	
萬益成	仝	陳渠	
泰興	安南	杜之漢	
光昌	峇眼	陳國勳	
和平	坤甸	林木水	
同信	香港	周炳昌	
吳長記	坤甸	吳元利	
劉喜合	潮陽	劉竹船	參照右
陳四合	仝	陳雲騰	
有信	澄海	蕭翊卿	
魏啟峰	揭陽	魏啟圃	
合利	饒平	張景光	

第十六頁 155

~~153~~

批信局名稱	開設地方	營業人姓名	分號名稱	開設地方	代理人姓名	執照號數
源合興（續）			詹恒亨	陷隍	詹正初	
			源合	達濠	李偉臣	
			許陶合	鏡平	許泗濱	
			裕興	普寧	陳毓山	
			集祥昌記	潮安	林悟如	
			乾元	陳店	蔡集標	
			益安	堤岸	鍾言	
			榮成	香港	何樹棠	
			大元	盤谷	蔡大宏	
			英發	新加坡	黃英臣	
			恒興	棉蘭	蔡仁國	
馬合豐	汕頭	馬文龍	協成豐	成田	馬爍銳	現在呈請郵政總局核准中
			黃茂元	黃岡	黃子厚	
			劉喜合	潮陽	劉竹船	
			魏啟峰	揭陽	魏啟圃	
			協成豐	盤谷	馬君勇	
			黃新興	麻刺甲	黃垂興	
			永順泰	盤谷	莊今岩	
			正基	仝	馬炎秋	
			協成豐	堤岸	周勤添	
馬德發	汕頭	馬星五	德順威	成田	馬爍威	仝右
			劉喜合	潮陽	劉竹船	
			黃茂利	黃岡	黃子厚	
			啟峰	梅縣	魏啟圃	
			普通	潮安	吳彩堂	
			光法成	揭陽	李運祥	
			潘合利	店仔頭	潘和標	
			德順盛	盤谷	馬鎧秋波	

第十九頁

批信局名称	開設地方	營業人姓名	分號名称	開設地方	代理人姓名	執照號數
馬德發（續）			郭乾昌	盤谷	郭應開	
福利	汕頭	黃文秋	福利	香港	謝蘭春	現在呈請郵政總局換發執照中
			福成	新加坡	薛木本	
			茂利	盤谷	熊孝則	
信大	汕頭	陳謙銘	合成	埠塘	陳謙銘	仝右
			光泰成	揭陽	李運祥	
			洪萬興	棉湖	洪賢明	
			劉壽合	潮陽	劉竹船	
			陳四合	金甌	陳成安	
			陳普通	新加坡	陳容清	
			陳信裕	堤岸	陳崇翰	
致成	汕头	鄭應林	玫成	香港	陳子謙	仝右
			聯興	盤谷	沈敦琢	
			孔明齋	安南堤岸	陳漢林	
			祥泰隆	新加坡	張禎美	
			永萬源	仝	李子英	
			裕豐利	仝	蔡朱鈿	
			茂興利	仝	陳子群	
祥益	汕頭	鍾樹芳	如陶	潮安	蔡若水	仝右
			壽合	潮陽	劉竹船	
			源合	達濠	李渭臣	
			增順榮昌	蓮陽	陳有頭	
			端孚	黃岡	余桂生	
			廣順	隆都	金振忠	
			光德成	揭陽	李運祥	
			啓峯	仝	魏啓圖	
			協成	浮洋	李楚謙	

~~154~~ 156

第三十頁

批信局名稱	開設地方	營業人姓名	分號名稱	開設地方	代理人姓名	執照號數
祥益	（續）					
			茂生	浮洋	洪長德	
			邱發利	意溪	邱映三	
			茂元	黃冈	黃勳玉	
			萬興	棉湖	洪賢明	
			聚豐	東里	黃信經	
			孔明	新加坡	廖永錫	
			恒豐	堤岸	吳君厚	
			南丰	仝	陳可南	
			滙元	仝	吳鏡堂	
			義順	仝	涂諸舟	
			再和成	新加坡	李應疇	
			榮盛	仝	陳深溪	
			恒泰	盤谷	吳秉劍	
玉合	汕頭	林癸	喜合	潮陽	劉竹船	仝右
			啟峰	揭陽	魏啟圖	
			有信	潮安	苟瑚卿	
			信成	蓮陽	余斯耀	
			萬隆	潮陽	陳甸宗	
			合利	饒平	潘和梁	
			聚豐	潮安	朱湘蘭	
			鴻茂盛	黃冈	盧湘如	
			端孚	饒平	余桂生	
			桂吳	隆隍	魏信材	
			玉合	堤岸	王克昌	
			陳寬記	堤岸	陳信禧	
			德隆	嵩金塔	郭鏡蓉	
			廣汰發	安南擺帅村	村德裕	
			玉合	香港	王克成	
155 裕大	汕頭	陳嘉鎮	孚信	潮安	苟易加	仝右
			喜合	潮陽	劉竹船	
			光法成	揭陽	周良	

157

第二十一頁　158

~~156~~

批信局名稱	設闢地方	營業人姓名	分號名稱	設闢地方	代理人姓名	執照號數
裕大（續）			益昌	惠來	陳銘經	
			元盛	棉蘭	林梓桐	
			集隆	散達坎	丘步雲	
			永集隆	香港	丘金鐘	
			順隆	新加坡	周致扮	
佳興	汕頭	吳翩秋	劉喜合	潮陽	劉竹船	執叁壹叁
			陳四合	仝	陳雲騰	
			詹恒亨	陶隍	詹正初	
			有信莊	澄海	苟弼卿	
			魏啟峯	揭陽	魏啟圓	
			張合利	饒平	張景光	
			李源合	達濠	李偉臣	
			德隆	金塔	郭鏡蓉	
			源來	安南擺草	陳連偉	
			中興	安南淳寮	林如石	
榮豐利	汕頭	黃勤敏	榮豐利	揭陽	黃巍猷	執叁五十叁號
			仝右	梅縣	徐春苑	
			仝右	興寧	卓海鴻	
			仝右	昆明	徐瑞芳	
			洪萬興	棉湖	洪賢明	
			黃協記	湯坑	黃元衡	
			劉喜合	潮陽	劉竹船	
			魏桂興	陶隍	魏傳村	
			信昌莊	浮山	王進受	
			廣匯昌	河婆	劉天津	
			榮豐利	盤谷	徐名奮	
			仝右	香港	徐名宏	
			蔡誠美	柔佛	蔡誠揮	
			黃復興	新嘉坡	蔡俊美	
			[illegible]遠號	寮內	張竹廷	

第廿二頁

159

157

批信局名稱	開設地方	營業人姓名	分號名稱	開設地方	代理人姓名	執照號數
黃潮興	汕頭	黃善璧	廣順	店仔頭	余振忠	現在呈請郵政總局補發執照
			劉喜合	潮陽	劉竹船	
			魏啟峯	揭陽	魏啓圃	
			有記	潮安	黃筍生	
			許廣源	詔安	許鳳聲	
			發利	松下	陳雲初	
			鄭和記	樟林	鄭敦衍	
			王廣合記璉	內浮山	王帆	
			黃潮興	盤谷	黃順泰	
啟峯棧	汕頭	魏啟和	啟峯	揭陽	魏啟圃	叁壹叁
			政記	棉湖	楊墾業	
			喜合	潮陽	劉竹船	
			茂利	黃岡	黃子厚	
			信成	蓮陽	余斯權	
			有信	澄海	芮弼卿	
			怡泰	潮安	張楯珊	
			陶合	黃岡	許一然	
			永重發	金塔	林君正	
			陳德華	盤谷	陳成煌	
			新峰棧	新加坡	魏茂中	
			李同春	坤甸	李春樹	
			馨合美記	堤岸	黃國珊	
			源合興	坤甸	許双順	
和興盛	汕頭	馬東洲	馬泰盛	成田	馬育民	叁壹叁
			永南興	棉蘭	李耆南	
			和重	梹榔嶼	李應南	
			馬泰盛	盤谷	馬定洲	
粵源豐	汕頭	馬君聲	政記	棉蘭	楊墾東	仝
			啟峰	揭陽	魏啟峰	右

第廿三頁

~~150~~

批信局名称	開設地方	營業人姓名	分號名稱	開設地方	代理人姓名	執照號數
馬源豐	（續）		普通	潮安	吳彩堂	
			茂利	黄冈	黄子厚	
			喜合	潮陽	劉竹船	
			協成豐	成田	馬燦銳	
			永順利	成田	馬松軒	
			成昌利	成田	蕭卓珊	
			協成豐	盤谷	馬燦銳	
			永順利	仝	馬松軒	
			成昌利	仝	蕭卓珊	
陳萬合	汕頭	陳南宗	陳萬合	大長隴	陳振璪	仝右
			魏啟峯	揭陽	魏啟圃	
			蔡嘉泰	達濠	蔡通記	
			劉喜合	潮陽	劉竹船	
			陳明發	香港	陳家華	
			田春園	仝	方庭初	
			陳春盛	金塔	陳炳光	
			陳成春	盤谷	陳家鍾	
			陳源興	棉蘭	陸南珠	
老德豐	汕頭	劉宗道	振裕豐	潮陽	鄭祀璋	仝右
			福裕興	潮安	林楚明	
			順裕祥	澄海	李合暢	
			致成	香港	陳子謙	
			老德丰	香港	謝少石	
			順合隆	新嘉坡	李宗銳	
			順合祥	安南	黄明興	
			合昌	盤谷	劉宗武	
			尚昌合記	盤谷	仝	

16

第廿四頁

批信局名稱	開設地方	營業人姓名	分號名稱	開設地方	代理人姓名	執照號數
利昌莊	汕頭	王炳南	有信	潮安	蕭衍鄉	現在呈請郵政總局核發執照中
			喜合	潮陽	劉竹船	
			啟峰	揭陽	魏啟園	
			信成	運陽	余斯輝	
			桂昌	詔安	陳子丹	
			聚豐	潮安	朱湘蘭	
			利昌	安南	王永	
協成興	汕頭	許漢平	陶合莊	黃岡	許獻其	仝右
			魏啟峰	揭陽	魏啟園	
			劉喜合	潮陽	劉竹船	
			廣源莊	詔安	許鳳聲	
			協成興	東隴	黃潮存	
			有記莊	潮安	張幼初	
			協成興	盤石	許徑偉	
			廣和成	仝	許清福	
			泰合昌	仝	蔡布天	
鄭順成利	汕頭	鄭舜之	啟峰	揭陽	魏啟園	仝右
			有記	潮安	黃筠生	
			協成興	東隴	許陽河	
			喜合	潮陽	劉竹船	
			和記	樟林	鄭啟衍	
			振盛興	園濠	曾國聲	

未完

161

一二 159

批信局名称	開設地方	營業人姓名	分號名稱	開設地方	代理人姓名	執照號數
鄭順成利	饒		潘合利	庵仔頭	潘和樑	
			鄭順成利記	盤谷	鄭舜之	
振盛興	汕頭	曾慎一	振盛興	澄海	曾慎一	現由王[illegible]請鄭的總局接香執照中
			魏放峰	揭陽	魏放圃	
			秦成昌	潮陽	刘宗翰	
			黄茂利	黄岡	黄子厚	
			桂興	溜隍	魏存材	
			振盛興	盤谷	曾壮合	
			遠明	香港	曾益三	
成順利振記	汕頭	鄭敦翰	鄭和記	樟林	鄭敦衍	仝右
			廣順	庵仔頭	余振忠	
			有記	潮安	黄笏生	
			魏放峰	揭陽	魏放圃	
			刘喜合	潮陽	刘竹船	
			許廣源	詔安	許鳳声	
			發利	松下	陳雲初	
			王廣合謹記	內浮山	王帆	
			成順利振記	盤谷	陳府鄉	
宏信批局	汕頭	苟卿鄉	喜合	潮陽	刘竹船	仝右
			放峰	揭陽	魏放和	
			信成	澄海	余斯耀	
			德良	揭陽	黄任適	

未完

160

162

第廿五頁

~~161~~

第廿六頁

批信局名稱	開設地方	營業人姓名	分號名稱	開設地方	代理人姓名	執照號數
宏信批局（續）			有記	潮安	黄篘生	
			孚成	饒平	黄静岩	
			森春	陸豐	魏應元	
			楊玖記	棉湖	楊堡榮	
			潮興公司	觀達坎	潘益三	
同發利	汕頭	羅舜桂	同發利	揭陽	羅舜福	現在呈請新總局核發執照中
			義合泉	湯坑	羅必有	
			喜合	潮陽	刘竹舟	
			洪萬興	棉湖	洪賢明	
			啟峰	揭陽	魏啟國	
			普通	潮安	吳彩堂	
			黄茂利	黄岡	黄子厚	
			萬興昌	隆都	許文謙	
			魏桂興	留隍	魏傳材	
			同茂利	興寧	徐百河	
			同發利	梅縣	徐海林	
			同茂利	盤各	羅佇藩	
			同茂利	香港	張步謙	
永安	汕頭	周礼旋	喜合	潮陽	刘竹船	仝右
			洪萬興	揭陽	洪賢夫	
			許廣源	詔安	許鳳声	
			德良	潮陽	黄興貞	

未完

163

第廿七頁

批信局名稱	開設地方	營業人姓名	分號名稱	開設地方	代理人姓名	執照號數
永安	（續）		滙通盛	饒平	張步高	
			潘合利	仝	潘法氏	
			曾順昌	澄海蓮陽	陳友顯	
			邱茂利	潮安	邱步雲	
			同泰	東隴	黃傳鐘	
			光德成	揭陽	李運祥	
			如陶	潮安	蔡若水	
			有記	潮安	吳聘三	
			吳有記	葫芦市	林碩之	
			永安	興寧	李筱梅	
			光益裕	東隴	周以文	
			永安祥	新嘉坡	周壽昌	
泰成昌	汕頭	刘宗翰	刘嘉合	潮陽	刘竹船	仝右
			普通莊	潮安	吳彩堂	
			魏啟峰	揭陽	魏啟圖	
			洪萬興	棉湖	洪賢明	
			黃榮昌	潮陽	黃來耀	
			詹恒亨	留隍	詹集秉	
			陳裕源	惠來	陳雲石	
			有信莊	澄海	荀衍卿	
			黃盛利	黃岡	黃子厚	
			魏桂興	留隍	魏傳材	

未完

162

164

第廿八頁

批信局名稱	開設地方	營業人姓名	分號名稱	開設地方	代理人姓名	執照號數
泰成昌	（續）		潘合利	饒平	潘和枽	
			鄒彥利	潮安	鄒映三	
			集僑	逕陽	陳煒	
			泰記	盤石	劉燕臣	
			南昌合記	仝	劉宗武	
			南亨泰	仝	林渭濱	
			陳振興	仝	陳振江	
理元	汕頭	馬承章	永振豐	成田	馬承章	現在呈請郵政總局核發執照
			普通	潮安	吳彩堂	
			喜合	潮陽	劉昭	
			啟峰	揭陽	魏啟圖	
			永振豐	盤石	馬仲瀾	
			廣豐隆	新嘉坡	蕭錦福	
和合祥	汕頭	張伯文	和合祥	普寧	張志翔	仝右
			榮昌	澄海	陳立欽	
			啟峰	揭陽	魏啟圖	
			喜合	潮陽	劉竹船	
			陶合	饒平	許一然	
			和合祥	盤石	張偉秋	
廣順利	汕頭	謝子和	廣順利	澄海	謝宝鑑	仝右
			廣順昌	澄海	陳友賢	
			劉喜合	潮陽	劉竹船	

未完

165

第廿九頁

批信局名稱	開設地方	營業人姓名	分號名稱	開設地方	代理人姓名	執照號數
廣順利	（續）		魏欣峰	揭陽	魏啟園	
			黄茂利	饒平	黄子學	
			源順盛	詔安	周從仁	
			廣順利	盤石	謝設庵	
			春豐	安順迭尔	謝如秀	
鍾靠順	汕頭	張雲	有記	潮安	黄筠生	仝右
			啟峰	揭陽	魏啟園	
			喜合	潮陽	劉竹船	
			鴻茂盛	饒平	盧湘如	
			許福成	隆都	許再勵	
			有信	澄海	笱鄉卿	
			永興盛	流沙	林良乾	
			永興盛	東興	林余輝	
			永興盛	上海	朱湘蘭	
			永興盛	廣州	張伯海	
			鍾順	澄海	許品期	
			濤合利	潮安	濤守仁	
			陶合	潮安	許培志	
			順合泰	盤石	賴芳圃	
			永興盛	仝	許子衡	
			有豐又祺	柳營	黄裕彬	
			振通錦	安南	陳成深	

未完

164

166

字 第 頁

167

批信局名	地址	營業人姓名	分號名稱	地址	代理人姓名	執照號數
僑孫順	（僑）		洪豐排	新嘉坡	許鳳期	
			致成排	新嘉坡	陳子謙	
陳炳春批局	汕頭	陳春沐	有記	潮安	黃錦生	現在呈請領執照中
			啟峰	揭陽	魏啟圓	
			南隆	潮陽	譚半亭	
			喜合	潮陽	劉竹船	
			黃茂元	普寧	黃子修	
			潘合利	饒平	潘作棋	
			振廣	[illegible]	陳炳湖	
			泰中成	東隴	林炳柏	
			陳炳春行	鹽灶	陳克住	
			張陳泰新行	澄海	陳少光	
			張陳炳春行	新嘉坡	溫留書	
			批局合豐	鹽灶	陳輝廷	
萬豐發	汕頭	魏啟崇	啟峰	揭陽	魏啟圓	全右
			成記	揭陽	楊紹宗	
			喜合	潮陽	劉竹船	
			茂利	普寧	黃子修	
			合豐成	惠來	劉鴻美	
			有信	澄海	[illegible]	
			桂泉	潮陽	魏佳林	
			普通	潮安	魏子汎	

未完

165

第廿一頁

批信局名稱	開設地方	營業人姓名	分號名稱	開設地方	代理人姓名	執照號數
萬豐發	(續)		閩合	黃崗	許一然	
			福成	隆都	許再勵	
			永興盛	汎沙	林良乾	
			邱茂利	意溪	邱卧雲	
			潘合利	店市	潘和米	
			如陶莊	潮安	蔡若水	
			榮盛利	盤谷	劉廷俊	
			振華豐	盤谷	邱平然	
			馨合香記	安南	黃國珊	
			同春	坤甸	李春樹	
			永成豐	盤谷	黃伯俠	
			永興盛	盤谷	許声育	
			興合公司	坤甸	林時亨	
			吳長記	坤甸	吳元利	
			同春兼記	坤甸	李春茂	
			仁友公司	坤甸	朱若洲	
			忠合原記	坤甸	林源恭	
			人壽堂	坤甸	鄭清涼	
			鄭永和	坤甸	鄭武波	
			德安堂	坤甸	鄭武俠	
			和興公司	坤甸	吳清松	
			建豐公司	坤甸	鍾丁健	

未完

~~166~~

168

169

批信局名称	地址市镇	经理人姓名	分号名称	地址市镇	代理人姓名	执照号数
万丰发	（澳）		永桂合	坤甸	郭才和	
			黄坤合	坤甸	黄精全	
			宝成记	坤甸	林芝娘	
			永成发	坤甸	林先明	
			郭和发	坤甸	郭维仁	
			林莲合	坤甸	林御娃	
			荣裕公司	坤甸	林通寿	
			义增兴	盘谷	谢文裕	
			王美全	盘谷	马宝秋	
			炳合丰	盘谷	陈炳如	
			广顺利	盘谷	陈府[illegible]	
			明兴香	盘谷	吴[illegible]白	
			永四利	盘谷	赵式[illegible]	
			泰丰记	盘谷	胡[illegible]佳	
			潮海兴	盘谷	立建成	
			振丰	盘谷	侯信言	
			伟致	盘谷	余作舟	
潮利亨	汕头	陈记[illegible]	魏启峰	揭阳	魏启国	现在呈请邮局核发执照中
			陈四合	潮阳	陈宏胜	
			刘合合	潮阳	刘竹船	
			陈裕兴	普宁	陈佳家	
			陈群兴	普宁	陈成刚	

167

未完

第卅三页

批信局名称	开设地方	营业人姓名	分号名称	开设地方	代理人姓名	执照号数
潮利亨	（续）		陈科成	陆丰	陈进	
			陈裕源	惠来	陈云石	
			潮利亨	槟榔屿	陈见民	
			益安亨	安南	连镜川	
			永南兴	日里棉兰	李子南	
			潮兴隆	香港	陈宏昌	
广泰祥	汕头	李星海	广泰祥	潮安	李日记	现在申请邮政总局核发执照中
			余同裕	高陂	余晋宏	
			吴达兴	大麻	吴莘斋	
			饶源茂	大埔	饶仲斌	
			杨万成	百侯	杨学轩	
			吴合兴	湖寮	吴绍炯	
			广潮盛	盘谷	张熙达	
			亚东	盘谷	张静之	
			南昌	新架坡	陈伟之	
			保和堂	新架坡	蓝廼章	
万兴昌	汕头	许允一	万兴昌	隆都	许文谦	仝右
			沛成	下湖	吴沛成	
			许陶合	黄冈	许献其	
			林大成	泮洲	林大成	
			喜合	潮阳	刘竹船	
			啟峰	揭阳	魏啟国	

170

168

171

批信局名稱	地方閘號	營業人姓名	分號名稱	地方閘號	代理人姓名	執照號數
萬興昌	[illegible]		王信昌	內洋山	王非平	
			德勤	澄海	詹河勤	
			邦泰利	意洛	邦時達	
			振林	鳳崗	蕭振林	
			萬興昌	盤谷	許文炒	
			天外天 裕豐	盤谷 盤谷	陳成順 陳達宏	
			進興昌	盤谷	陳倚進	
普通	汕頭	吳卓宣	如陶	潮安	蔡若木	現未呈請郵政總局發給批照中
			劉喜合	潮陽	劉竹新	
			魏啟峰	揭陽	魏啟圓	
			陽順豐昌	達陽	陳葵烈	
			桂興	溜隆	魏偉材	
			廣順	隆都	金綿光	
			協成	浮洋	李其謙	
			楊啟記	揭陽	楊德榮	
			天成	東隴	陳耀林	
			彩成	揭陽	張喜泉	
			乾盛	蔡洋	李潤梧	
			茂利	黃岡	黃平時	
			與華	澄海	蔡潮亭	
			吳泰安	潮安	吳錫南	
			宏豐泰	潮安	陳佳安	

未完

169

第卅五頁

批信局名稱	開設地方	營業人姓名	分號名稱	開設地方	代理人姓名	執照號數
普通	（續）		致成	香港	陳子謙	
			振泰豐	盤谷	陳培南	
			南昌隆	盤谷	陳維喬	
			榮德泰	盤谷	楊市欣	
			泰源亨	盤谷	陳畏三	
			通成	新嘉坡	陳銘松	
復安	汕頭	黃逸民	益和	潮安	劉寬生	現在呈請郵政總局核發執照中
			益成	潮陽	鄭仲雲	
			光德成	揭陽	李運祥	
			洪盛興	棉湖	洪壽光	
			集僑	達陽	陳煒	
			復安	香港	謝梅萱	
			復茂	新加坡	王佑明	
			中歐	盤谷	洪鑑澄	
福茂	汕頭	黃南和	福記	香港	李裕礼	仝右
			集興	安南	林廷集	
			德泰	新加坡	林華氏	
			德泰	巴達維亞	林順來	
			中興	盤谷	洪鑑澄	
福成	汕頭	黃日輝	陳四合	金甌	陳雲勝	仝右
			陳裕彦	金甌	陳允身	
			劉喜合	潮陽	劉竹船	

未完

172

170

173

批信局名稱	開設地方	營業人姓名	分號名稱	開設地方	代理人姓名	執照號數
福成	(續)		陳益隆	隆江	陳雲石	
			光德成	揭陽	李運祥	
			洪萬豐	棉湖	洪賢明	
			榮泰昌德成	梹榔嶼	陳玉如	
			榮泰昌記	怡保	陳玉文	
			泗利興	古樓	倪光	
			光威	梹榔嶼	刘漢威	
			威業	仝	張業仁	
			成興	佩利光	馬成源	
			和成	仝	陳榮桂	
四興	汕頭	陳四合	陳四合	潮陽	陳雲騰	現在呈請郵政總局核發批照中
			葉銘彦	陸丰	葉芳輝	
			陳裕源	惠來	陳偉如	
			裕興	梹榔嶼	陳榮光	
			和裕	柔佛	陳植順	
			錦昌	仙達	陳四根	
			美豐	新架坡	鍾柳士	
			有興	梹榔嶼	秦昌德	
長發	汕頭	陳少懷	陳裕彦	金甌	陳允貞	仝右
			陳四合	金甌	陳雲騰	
			刘喜合	潮陽	刘竹船	
			陳益隆	隆江	陳雲石	

未完

171

第卅七頁

174

批信局名稱	開設地方	營業人姓名	分號名稱	開設地方	代理人姓名	執照號數
長蔭	（續）		光德成	揭陽	李逢祥	
			洪萬丰	柳湖	洪賢明	
			旭和	梹榔嶼	陳子鏵	
			榮泰昌德成	仝	陳玉如	
			寶隆	怡保	陳星遠	
			錦彰	怡保	陳鍾源	
			繁榮	盤谷	陳漢瑜	
捷成	汕頭	劉迪予	益成昌	大埔	劉達根	現已呈請郵政總局核發執照中
			何添記	大埔	何恍初	
			吳達興	大麻	吳井言	
			隆昌仁	大麻	劉維庭	
			曾茂	三河	余昌文	
			公和茂記	恭州	劉玉階	
			雄記	高陂	劉奕臣	
			益和	高陂	何青甫	
			南生	梅縣	何栢生	
			廣恒丰	松口	黃志宏	
			平平	盤谷	張遜之	
森春莊	汕頭	魏應元	福記合記	梅林	賴山格	仝右
			黃兩順	葵潭	黃維暢	
			榮合昌	河婆	李合榮	
			有信	潮安	蕭鄉卿	

172

未完

第十八頁

175

批信局名稱	批局設立地方	營業人姓名	分號名稱	分號設立地方	代理人姓名	執照號數
林泰莊	汕頭	[illegible]	啟祥	揭陽	魏啟圓	
			來成	大坪	鍾[illegible]	
			新成利	棉湖	黄[illegible]林	
			[illegible]昌	棉湖	楊義昌	
			萬盛祥	棉湖	黄萬事	
			茂利	棉湖	黄日東	
			惟安[illegible]	[illegible]	洪[illegible]	
			聯昌	[illegible]	張[illegible]然	
來南	太昌	[illegible]	來南	[illegible]	[illegible]	現在[illegible]
張撥款	汕頭	張[illegible]	裕隆昌	[illegible]	張[illegible]	仝右
			裕隆昌	[illegible]	張裕文	
			張源隆	興寧	張[illegible]川	
			羅進記	[illegible]	羅[illegible]南	
			德昌隆	[illegible]	吳炳勇	
			公盛	[illegible]	[illegible]	
			裕隆昌	[illegible]	張文泰	
			[illegible]	[illegible]	張[illegible]	
周生利	汕頭	周[illegible]	劉[illegible]	潮陽	劉竹松	仝右
			魏啟峯	揭陽	魏啟圓	
			洪萬興	揭陽	洪[illegible]	
			有信	澄海	許[illegible]	
			黄茂利	黄岡	黄[illegible]	

173

~~174~~

第卅九頁

批信局名稱	開設地方	營業人姓名	分號名稱	開設地方	代理人姓名	執照號數
周生利	（續）		陳裕源	惠来	陳銘經	
			詹恒亨	隔隆	詹桀炳	
			周荣興	佩利克	周月波	
			義利	檳榔嶼	許達年	
陳綿蔭	汕頭	陳在三	余同裕	高坡	余德軒	現在呈請郵總局核發批照中
			陳萬盛	莒村	陳文台	
			法盛	大埔	郭德饒	
			興記	大蘇	郭落	
			廣豐	梅縣	蔡松友	
			吳有記	潮安	黄幼初	
			合順祥	上海	陳漢洲	
			源隆	澄海	張文英	
			陳隆發	吉隆坡	陳在三	
			德興	西貢	辛岐臣	
			再興	安南	辛伯屏	
			再豐	香港	黄芹生	
			祥發	新加坡	蔡仰鈺三	
			萬豐隆	新加坡	許英明	
			義昌行	盤谷	鄭鎮藩	

176

已完

177

批信局名稱	開設地方	營業人姓名	分號名稱	開設地方	代理人姓名	批照號數
福昌號	海口山埠	鄭庭業	光亞公司	暹國	林志駒	
			萬通公司	新加坡	鄭心發	
			公昌	暹京	符禮良	
			海發興	暹京	符伯周	
泰源隆	海口山埠	林勝年	泰源隆	文昌	李鴻之	
			仝右	文昌	詹昌扶	
			仝右	文昌	林月軒	
			仝右	文昌	潘光清	
			萬昌公司	新加坡	林少峯	
永源隆	瓊山海口	吳少儀	永源隆	文昌	李之昌	
			仝右	羅豆	陳玉成	
			仝右	抱羅	詹昌扶	
			仝右	墟市	王宗清	
海豐盛	瓊山海口	吳多德	海豐盛	定安	潘義堂	
南通	嘉積	王壽卿	南通利	新加坡	王其雄	
			南發	仝右	楊仲鑾	
			四寶交	仝右	詹肇潤	
			協和合記	仝右	鍾運拔	
聯合昌記	嘉積	陳開栻	聯合昌記	海口	陳玉千	
			達盛號記	石叻	陳儒材	
			源盛號	馬六甲	何文彬	
			同益興	仝	黃興五	

175

~~176~~

批信局名稱	開設地方	營業人姓名	分號名稱	開設地方	代理人姓名	執照號數
聚合莊昌	（續）		永泰公司	馬六甲	陳國才	
滙通	嘉積	陳光良	滙通	海口	郭才光	
			琮源利	繆何[illegible]	郭輝濃	
			羣華商	居鑾	周選卿	
			永利華	新加坡	陳伯雅	
			永泰	麻剌甲	吳運詩	
			世界	芙蓉	王業濃	
			南興	吉隆坡	吳達德	
			共和公司	芙蓉	王大訓	
			民安	新加坡	吳國棣	
泉利	汕頭	劉紹倉	同興	虎市	劉進和	
			興利	松口	范宜洪	
			益成昌	大埔	劉達根	
			增發	三河	余昌文	
			吳達興	大麻	吳井言	
			公和發記	公洲	劉玉階	
			耀記	高陂	劉燮臣	
			南生莊	梅縣	何柏生	
			信泰	高坡	何奪甫	
			萬泰和興記	新加坡	劉璧和	
			志成莊	香港	何啓慶	
			萬山棧	新加坡	何育卿	

178

179

批信局名稱	設立地點	營業人姓名	分號名稱	設立地點	代理人姓名	執照號數
泉利	（續）		源利公司	新嘉坡	劉來維	
			合興盛	暹京	賴鑾	
黄泰豐	中原	黄裕卿	恒泰	加拔	許家仍	
			恒茂	樂城	許相南	
			恒源	海口	許煥南	
			泰和隆	新加坡	黄賢山	
			恒成	新加坡	許萬松	
（華興號	嘉拔	王業桂	益華合記	新加坡	王國基	
匯安號	中原	黄豹興	匯安號	嘉拔	黄豹興	
			瓊匯通	海口	黄梅山	
			阜安號	新加坡	黄寒甫	
			崇記號	檳榔嶼	陳耀崇	
			錦和號	浮羅呷	王國團	
			南興號	吉隆坡	吳建德	
			南興昌	新加坡	吳南山	

177

广东邮区一九四六年已领照批信局（一九四六年）

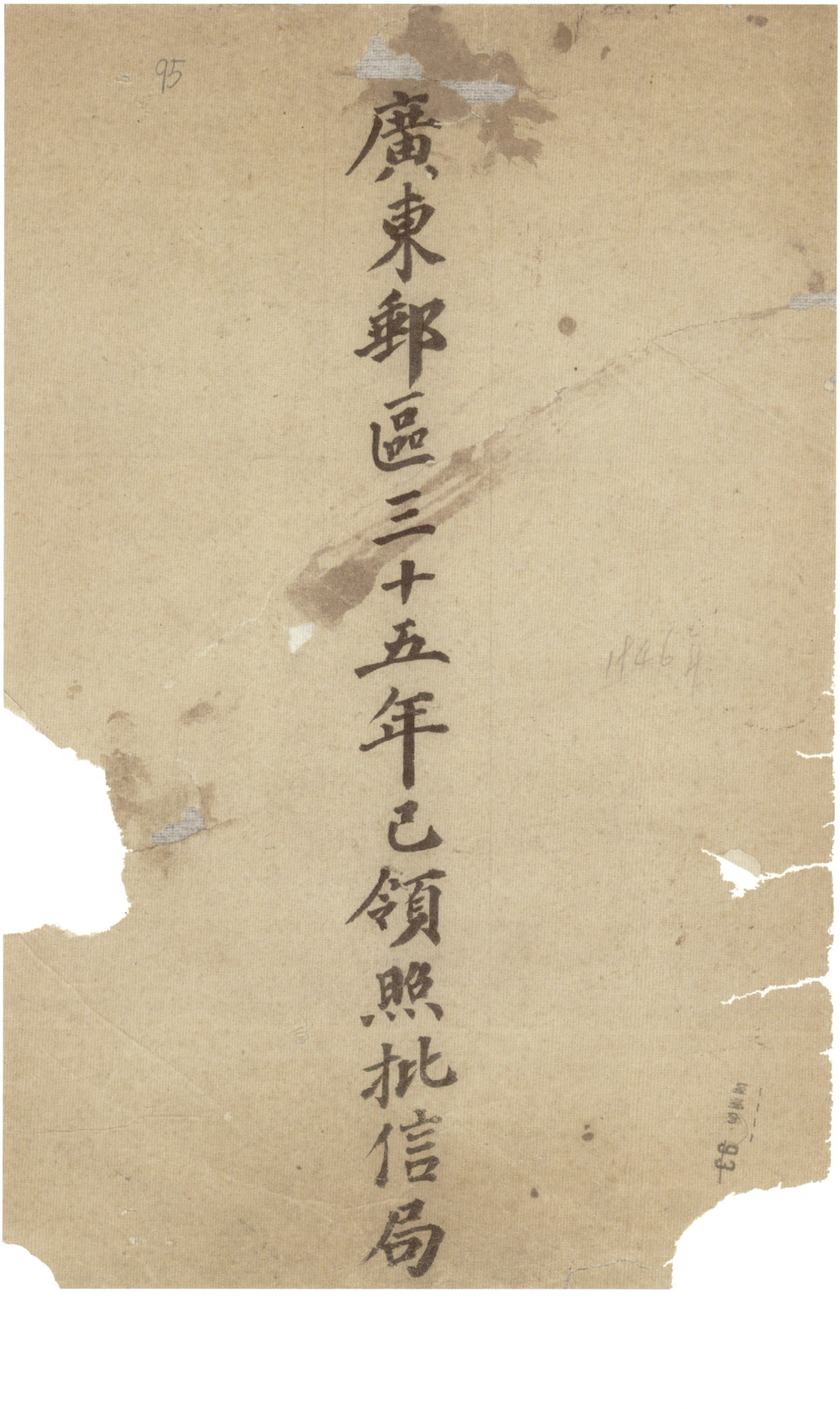
廣東郵區三十五年已領照批信局

96

	批信局名稱	開設地方	營業人姓名	籍貫	分號家數	卅五年份執照號數	卅六年份執照號數	卅七年份執照號數	附註
1松	豐昌號	松口大街	梁秉初 梁蓁俠	松口	2 二	第三號	123	11	
2	鍾天華	松口	鍾偉權	梅縣	7 -3 1 +2	四	124	13	
3	謝均和	松口大街	謝公我	松口	4 四	5	125	12	
4	廣通莊	松口金谷街	王相淦	梅縣 松源	4 -2 1 四	六	126	14	
1畲	裕隆昌	畲坑墟文祠街	張文泰	梅縣	5 六 1	七	150	9	
1大	鏡興記	大埔高福鄉廿三號	鏡瑞堂	大埔	外1 十	八	127	10	卅五年聲請更換營業人為鏡瑞堂，前為鏡谷士
1河	張聯發泉昌	汕頭永興街清遠[illegible]一三一號	張鏡榮	揭陽	7 九 2	九	128	118	卅六年河婆分號內遷，已遷回汕頭
13汕	蔡南成	河婆大街；遷汕頭永和街一巷五號二樓	蔡展猷	龍潭	14 -11 6 五	十	129	2	奉總局視三九八九指令核准 卅七.九.一.遷移 汕局艾九十七號西四三二五
2汕	嘉隆	汕頭永泰路卅七號	許佩熾	揭陽	9 十 3	十二	130	50	[illegible]

94

97

批准開設營業人名稱	地方	營業人姓名	籍貫	分號家數	卅五年份執照號數	卅六年份執照號數	年份執照號數	附記
河 1 彭宗順	河婆五雲洞大成嶺	彭继述	五雲洞	十 (1 D)	十二號	131	1	
汕 3 宏通	汕頭萬安街西鄉	梁俊通 張松恒	梅縣	48 −23 −1 (17 −6 +8 +1)	十三	172	6 (53)	
梅 1 盛記	梅縣十字街	侯新如	梅縣	4 4	十四	132	6	
2 熊增昌	梅縣凌風西路一四七號	熊步繩	梅縣	2 1	十五	133	5	
3 梁禎記	梅縣中華路	梁天受	梅縣	1 1	十六	134	7	梁良君[illegible]
4 陳富源	梅縣中山路第[illegible]號	陳勤華	梅縣	9 2	十七	135	8	
汕 1 賴福記	汕頭 梅縣中華路	賴湧元	梅縣	2 2 +3	十八	136	3	迁汕头至平路己未花巾
梅 6 廣德興	梅縣中山路	張雲卿	梅縣	六 外6	十九	137	4	
汕 4 信和成	揭陽[illegible]鄉 (四埔)[illegible]大通街內字廿六號	林道謀	揭陽	十三 5 −4 +2 (19)	二十	138	51	

自第[illegible]差 28号

編號	批信局名稱	開設地方	營業人姓名	籍貫	分號家數	執照號數 廿五年份	執照號數 廿六年份	執照號數 廿七年份	附註
汕5	陳協盛	汕頭商平路二一號	陳傳治	饒平	1 二	廿一	173	54	總局廿七、廿六祝七〇七王指令核准復業 汕局36.9.25第254/2100 4呈及37.5.3第2138號王
汕6	廣源和記	汕頭 仝右	陳傳儒	饒平	2 8-5+2 十	廿二	174	125	
[illegible]	陳益泰	嘉積	陳菁莪	定安	3 1 四	廿三	140	38	總局卅、六、九祝六八八八指令核准迁海口 並非迁海口見嘉局函六十六號第一
瓊	恒裕興	嘉積加祥街	顏俊臣	樂會	6 六	廿四	141	39	
2	新富南	嘉積	王英臣	瓊東	2 十	廿五	142	40	
3	同益	嘉積新民街	王光甫	樂會	4 四	廿六	143	41	
4	謙和隆	嘉積紀綱街74	楊德星	瓊東	2 十	廿七	144	42	卅年前營業人楊受初身故卅五年户請更換
汕7	裕益	汕頭永泰街三十四號	周炯昌	澄海	1 十三	廿六	175	55	
汕8	福興	汕頭海平路廿三號	劉士彥	普寧	12 4 十二	廿七	176	56	

98

119/130 十二名　145/149 五名　131/144 十四名

附設

自節運件

99

編號	牌號名稱	開設地方	營業人姓名	籍貫	分號家數	執照號數（卅五年份）	執照號數（卅六年份）	執照號數（年份）	附註
9	振豐盛	汕頭潮安街 棉街3[illegible]	陳章武	普寧	5 5 十一	卅八	177	57	
10	勝發	汕頭昇平十三橫街九號	鍾詩和 楊厥中	揭陽	14 5 十九	卅九	178	58	汕頭[illegible]呈改營業人
11	義發	汕頭安平路四十二號	余文仁	揭陽	2 5 六	四十	179	59	
~~X~~	吳順興	汕頭新潮興街六十四號	吳興祥	澄海	十一	四十一			郵局訓令[illegible]號訓令飭知該局合為停止營業請核注銷證照。[illegible] 1434[illegible]號呈報郵局執照附繳
12	陳悅記	汕頭永和街一五四號	陳[illegible]奇 張禎祥	饒平 潮安	8 8 十二	四十二	180	60	
13	榮成利	汕頭昇平路一七六號	許衍衡	澄海	11 8 十九	四十三	181	61	
14	許福成	汕頭永平路一三三	許質彬	饒平	3 7 十四	四十四	182	62	
15	合盛利	汕頭昇平十三橫街九號	劉來服 魏茂碩	揭陽	4 5 十	四十五	183	63	
16	洪萬豐	汕頭海平路九十一號	洪賢良	棉湖	8 13 廿	四十六	184	64	

[illegible]共14名

	批信局名稱	開設地方	營業人姓名	籍貫	分號家數	卅五年份執照號數	卅六年份執照號數	卅七年份執照號數	附録
17	榮大銑	汕頭安平路[illegible]六號	蔡禮樵	潮陽	10 10 七 十	四十七	185	65	
18	恒記	汕頭仁和街一〇四號	林成禧	潮陽	7 6 八 十三	四十八	186	66	
19	成昌利	汕頭永興街六十二號	蕭介珊	仝右	11 二	四十九	187	67	
20	李華利	汕頭新潮興街九十四號	李潤初	仝右	7 9 十三 十六	五十	188	68	
21	光益	汕頭永和街八十五號	鍾少巖	潮安	10 8 十 廿三	五十一	189	69	
22	有信	汕頭永和街六十八號	黄壽三	澄海	2 7 九 12	五十二	190	70	
23	光益裕	汕頭永泰街三十四號	林本[illegible] 周照耿	仝右	13 12 八 十三 13	五十三	191	71	
24	源合興	汕頭永興街一二七號	[illegible] 章達人	潮安	5 11 十六 十二	五十四	192	72	
25	馮合豐	汕頭永興街六十二號	馮文龍	潮陽	7 九 十四	五十五	193	73	

100

101

	批發商牌號	開設地方	營業人姓名	籍貫	合夥家數	執照號數（卅五年份）	執照號數（卅六年份）	執照號數（年份）	附註
26	馬德發	汕頭永安街三十號	馬星五	潮陽	2 7 九	五十六	194 75		
27	福利	汕頭永泰路二四號	黃鴻清	潮陽	3 3 三	五十七	195 74		
28	信大	汕頭永泰路一二八號	陳謙銘	普寧	3 5 八	五十八	196 76		
29	致盛	汕頭德興路四十九號	鄭應林	潮陽	7 0 七	五十九	197 77		
30	祥益	汕頭永和街八十五號二樓	鍾樹芳	潮安	4 13 十七	六十	198 78		
31	玉合	汕頭杉排路四號	林癸	潮陽	6 11 十七	六十一	199 79		
32	裕大	汕頭永和街一四〇號	陳善鎮 李茂如	潮安	4 4 八	六十二	200 80		汕 7854/21841 號 更改營業人
33	佳興	汕頭新潮興街午四號	林光茂	澄海 普寧	3 7 十	六十三	201 81	81	
34	榮豐利	汕頭永安街一三〇號	黃勤敏	豐順	6 10 十五	六十四	202 82.	82	

99

102

汕

	批信局開設局號	地址	營業人姓名	籍貫	分號家數	卅五年份執照號數	年份執照號數	年份執照號數	附註
35	黄潮興	汕頭永和街九十七號	黄善璧	饒平	九（十三）9 14	六十五	203 83		
36	啟峯棧	汕頭昇平十三橫街九號	魏啟和	揭陽	十四 6 8	六十六	204 84		
37	和興盛	汕頭三泰市後街廿四號	馬東洲	潮陽	四 3 1	六十七	205 85		
38	馬源豐	汕頭永和街一一三號	馬君聲	仝右	十一 3 8	六十八	206 86		
39	陳萬合	汕頭德里街一一四號	陳開宗	仝右	九（十）5 5	六十九	207 87		
40	老億豐	汕頭安平路一五九號二樓	劉宗道	仝右	十六 13 3	七十	208 88		
41	利昌莊	汕頭杉排路四號樓上	王炳南	仝右	七 1 6	七十一	209 89		
42	協成興	汕頭永泰路七十一號	許漢平	饒平	九 2 12	七十二	210 90		
43	鄭順成利	汕頭永和街九十七號	鄭舜之	澄海	八 1 7 +9 5	七十三	211 91		

100

103

	44 汕	45	46	47	48	49	50	51	52
執信所開商號名稱	振盛興	成順利記 振	宏信	同發利	永安	泰成昌	理元	和合祥	廣順利
開設地址	汕頭永安街四十一號	汕頭永和街九十七號	汕頭永和街六十八號	汕頭永興六横街十一號	汕頭市永和街九十九號	汕頭安平路一三六號	汕頭永和街	汕頭安平路式式三號	汕頭棠隆街二十二號
營業人姓名	曾慎一	鄭教翰	渤獅卿	羅舜桂	周禮旋	劉宗翰	馬承章	張伯文	謝子和
籍貫	澄海	仝右	仝右	豐順	澄海	潮陽	仝右	普寧	澄海
合號家數	2 5 七	1 8 九 +9 6	2 6 九 十4 -3	2 11 十三	1 15 十六	5 13 十六	2 4 六	1 5 六	2 6 八
執照號數 卅五年份	七十四	七十五	七十六	七十七	七十八	七十九	八十	八十一	八十二
執照號數 卅六年份	212	213	214	215	216	217	218	219	220
執照號數 年份	92	93	94	95	96	97	98	99	100
附記									

101

104

汕

	批信局名稱	開設地址	經營人姓名	籍貫	分號家數	廿五年份執照號數	廿六年份執照號數	年份執照號數	附註
53	鍾榮順	汕頭鎮邦路五十號	張雲	普寧	九（6十■ 6/2）	八十三	221	119	
54	陳炳春	汕頭潮安街十七號	陳克翁	澄海	廿一（6十1 4/1）	八十四	222	101	
55	萬豐發	汕頭昇平十三横街九號	魏長榮	揭陽	四十七（14 33）	八十五	223	102	
56	潮利亨	汕頭杉排路54號	陳千餘	普寧	十一（7/2 4）	八十六	224	103	
57	廣泰祥	汕頭育善街二十九號	李星海	梅縣	十（6八 2）	八十七	225	104	
58	萬興昌	汕頭永安街64號	許允一	饒平	十四（10十三 3）	八十八	226	105	
59	普通	汕頭永和街一〇九號	吳彩堂	潮安	廿（11十六 5）	八十九	227	106	
60	復安	汕頭海平路五十五號	黃逸民	潮陽	八（4十5 7）	九十	228	107	
61	福茂	汕頭至平路十四號	黃南和	潮陽	五（5 0）	九十一	229	108	

102

105

編號	批信局牌號	開設地點	營業人姓名	籍貫	合批家數	批照號數（卅五年份）	批照號數（卅七年份）	批照號數（卅八年份）
62 汕	福成	汕頭仁和街八十七號	黃日輝	潮陽	6 / 6 / 十二	九十二	230	109
63	四興	汕頭仁和街八十七號	陳四合	仝右	6 / 3 / 九	九十三	231	110
64	捷成	汕頭育善街二十九號	李□□	澄海	12 / 13 / 十六	九十四	232	111
65	森春莊	汕頭海平路八號	魏森□	陸豐	9 / 6 / 十五	九十五	233	112
汕1文	東南	文昌南陽市	翁華文	文昌	1 / 十	九十六	139	15
66 汕	張廣泉	汕頭棉安街廿三號	張牖氏	梅縣	4 / 3 / 八 / 七	九十七	234 / 113	113
67	周生利	汕頭外馬路六十號	周雲生	潮陽	2 / 7 / 九	九十八	235 / 114	114
68	陳綿發	汕頭怡安街一號	鄭漢光	大埔	4 / 2 / 十六 / 六	九十九	236 / 115	115
69	泉利	汕頭商業街十三號	傅宏香	揭陽	8 / 11 / 十九	一一〇	237 / 116	116

附註：汕頭局 9859/20226 呈報該號局由高陂遷回汕頭營業（卅六、一）

169

106

批信局名稱	開設地方	營業人姓名	籍貫	合批宗數	執照號數（廿五年份）	執照號數（年份）	執照號數	附註
1 福昌	海口中山路	鄭庭業	文昌	四	二〇五	157	31	
2 泰源豐	海口水巷口街甲十四号	林[illegible]三	文昌	五	二〇六	158	24	
3 永源豐	海口中山路	呂少溪	文昌	四	二〇七	159	33	
嘉 黃泰豐	嘉積	黃蔭卿	樂會	五	二〇八	148	43	自中原遷嘉積（見呈［illegible］一二）
5 滙安饒	嘉積	黃甸興	樂會	七	二〇九	149	44	共三十六 自中原遷嘉積（如式〇呈 如式呈）
6 滙通	嘉積	陳光良	定安	九	二〇三	145	48	
7 南通	嘉積	王壽卿	樂會	四	二〇四	146	45	104 108 十五名
8 華興饒	嘉積	王業桂	樂會	十	二一一	147	46	101 [illegible] 三名
9 陳長發	汕頭永安街四十七號	陳少懷	潮陽	十六		238	117	奉錄局飭視字第五八七八號指令准予復業換領執照。

10汕

自南 汇件

107

批發商號名稱	開設地方	營業人姓名	籍貫	分號家數	執照號數（總號）	執照號數（單位）	附註
7沙 陳富通	沙頭	陳?軒	梅縣	2 4		153	52
23海 聚合昌莊	嘉積 海口	陳闊璜	瓊東	3		154	49
2文 光亞	文昌	陳明仕	瓊山	1		152	7
4海 裕安泰	海口	許? 陳?	文昌	4		70	121
10嘉 李萬泰	嘉積	李?芳	瓊東	2		151	47
3文 順成隆	文昌	王大珍	文昌	1		155	19
4 寶通	文昌	周永卿	文昌	1		156	16
5海 廣源	海口	謝瑩斋	文昌	5		160	35
6 瓊盛	仝上	高應奎	瓊山	3		161	21

附註（聚合昌莊）：總號在嘉積……遷海口。[illegible]

165

108

	批信局名稱	開設地方	營業人姓名	籍貫	分號宗數	半年批匯總數	廿六年半年批匯總數	半年批匯總數	附註
7 海	匯通莊	海口	王伯南	樂會	6 3 9+3		162	32	
	瓊盛	仝上	南[illegible]	瓊山	3		161		
8	泰昌隆	仝上	翁叔和	文昌	4 4		163	26	
9	大亞酒店	仝上	[illegible]	樂會	5 3 8		164	123	
10	錦泰隆	仝上	韓義興	文昌	2 2 4		165	25	
11	永吉安棧記	仝上	雲蔚英	仝上	2 1 3		166	29	
12	和記	仝上	林耀熙	仝上	1 2 3		167	28	
13	良成興盛記	仝上	謝肖珊	仝上	5 5 11		168	34	
14	泰南隆	仝上	韓萬文	仝上	3 2 5		169	27	

168

109

編號	批准開辦名稱	地方	營業人姓名	籍貫	合伙家數	原有機具數量	卅六年份機具數 / 年份機具總數	附註
15海	泰興隆	海口	[illegible]	文昌	1		171 120	
16	江鴻安泰	海口	吳盛梓	文昌	內4		243 30	呈奉部令卅六年十二月廿三日倒視字第六五三九號指令准予復業。
17	美興	海口	李鳳雲	文昌	外2 內1		248 20	總令卅六年十二月廿二日倒視字六五四〇號指令核准復業。
18	瓊匯通	海口	黃梅山	樂會	外5 內2		249 24	仝上
21海	錦和	海口 得勝沙路[illegible]	陳序安	文昌	外2 內1		250 18	仝上
19海	源昌盛	海口	潘玉軒	仝上	內4		251 23	仝上
20	永茂祥	海口	林經仁	瓊山			252 22	仝上
5文	恒裕興	文昌[illegible]橫	王亭侯	樂會	5		254 37	奉總令卅六、十二、廿二日倒視字第六五四〇號指令核准復業。
22海	廣豐利	海口	韓廣[illegible] 陳吁哲	文昌	4		36	總令卅七年一月廿日倒視字第六六二九號指令核准復業。

110

24海 6文 72二三

批信局名稱	開設地方	營業人姓名	籍貫	分號家數	舊執照號數	卅六年份執照號數	卅七年份執照號數	附註
廣匯通	寧夫六泰市街茂合號	劉瑞春	揭陽	36			122	執照遺失，業奉卅六年十二月卅一日訓字六五四〇號指令核准復業
璿寶匯	文昌	林明椿	文昌	1			126	執照遺失，業奉卅七、九、廿八、訓七一七九號指令核准復業
三成匯	海口	謝汝川	文昌	5			127	執照遺失，業奉卅七年十月十二日訓七二一五號指令核准復業

46

三

批信局名稱									
開設地方									
營業人姓名									
籍貫									
分號家數									
[illegible]批[illegible]數									
[illegible]份批與匯數									
[illegible]份批與匯數									
附記									

169

一九四六年度汕头段批信局详情表（一九四六年）

33

三十五年度汕頭段批信局詳情表

廣東郵政管理局辦事處

等郵局　字第　號第　頁

批信局名稱	開設地方	營業人姓名籍貫	分號或聯號數	執照數	令
裕益	汕頭	周炯昌 卆 澄海	十二	二	卅四年度執照未奉頒發 声請減國內分號二家
福興	仝	劉士彥 卆 普寧	十三		
振豐盛	仝	陳章武 卆 普寧	十二		
勝發	仝	鍾詩和 卆 揭陽	九		
義發	仝	余文仁 卆 揭陽	六		
吳順興	仝	吳興祥 卆 澄海	十一		声請復業及更換營業店圖章
陳悅記	仝	陳拔祥 卆 饒平鳳凰	十三		
榮成利	仝	許術衡 卆 澄海	十二		
許福成	仝	許賓彬 卆 饒平	十四	一	声請增添國外分號二家註銷一家
合盛利	仝	劉廷服 卆 揭陽	六		

（九甲）

34

廣東郵政管理局辦事處　令　字第　號第　頁

汕頭　等郵局　令

洪萬豐	汕頭	洪賢良[illegible] 棉湖	廿一	二	声請增國內分号二家
榮大琳	仝	蔡禮權[illegible] 潮陽	七		
恒記	仝	林成穆[illegible] 潮陽	十八		
成昌利	仝	蕭介珊[illegible] 潮陽	二		声請更換營業人圖章
李華利	仝	李潤初[illegible] 潮陽	十三		
光益	仝	鍾少巖[illegible] 潮安	廿三	五	声請注銷國內二家國外四家 新添國內七家國外四家
有信	仝	黃壽三[illegible] 澄海	十四		
光益裕	仝	林[illegible]左三[illegible] 澄海	十八	一之	声請減國內分号二家
源合興	仝	陳梓良[illegible] 潮安	十六		
馬合豐	仝	馬文龍[illegible] 潮陽	九	四	声請增國外分号四家
馬德發	仝	馬星五[illegible] 潮陽	九 減七		声請減國內分号五家國外弍家

（九甲）

35

廣東郵政管理局辦事處　令　字第　號第　頁

福利	汕頭仝	黄文秋号 潮陽	三	令　等郵局
信大	仝	陳謙銘号 普寧	七	
致盛	仝	鄭應林号 潮陽	七	
祥益	仝	鍾樹芳号 潮安	廿二	一四 声请注銷国内分号二家 新添七家 国外四家
玉合	仝	林登号 潮陽	十五	
裕大	仝	陳喜鎮号 潮安	八	
佳興	仝	吴翩秋号 澄海	十	
榮豐利	仝	黄勤敏号 豐順	十五	
黄潮興	仝	黄善辟号 饒平	九	
啟峰棧	仝	魏啟和号 揭陽	十四	

（九甲）

36

廣東郵政管理局辦事處　令　字第　號第　頁

和興盛	汕頭	馬東洲卅 潮陽	四		令　等郵局
馬源豐	仝	馬君聲卅 潮陽	十一		
陳萬合	仝	陳開宗卅 潮陽	九		
老億豐	仝	劉宗道卅 潮陽	九		
利昌莊	仝	王炳南廿 潮陽	七		
協成興	仝	許漢平卅 饒平	九		
鄭順成利	仝	鄭舜之廿 澄海	八		
振盛興	仝	曾慎一卅 澄海	七		
成順利 振記	仝	鄭敦翰卅 澄海	九		
宏信	仝	蔡弼卿廿崇 澄海	九		

（九甲）

廣東郵政管理局辦事處 令 字第 號第 頁

令 等郵局

同發利	汕頭	羅舜桂华 豐順	十三		
永安	仝	周禮旋华 澄海	十六		
泰成昌	仝	劉宗翰华 潮陽	十七	三	声請增國內分號二家國外一家
理元	仝	馬承章华 潮陽	六		
和合祥	仝	張伯文华 普寧	六		
廣順利	仝	謝子和华 澄海	八		
鍾榮順	仝	張雲𠯁 普寧	十九	六	声請增國內分號六家
陳炳春	仝	陳克翁华 澄海	十二	二	声請增國外分號一家國內一家
萬豐發	仝	魏長榮华 揭陽	四十七	十	声請增添國外分號十家
潮利亨	仝	瑞記等华 普寧	十一		

（九甲）

廣東郵政管理局辦事處　令　字第　號第　頁

廣泰祥	汕頭	李星海 廿 梅縣	十	三	声請增國内分号一家 減國内分号四家
萬興昌	仝	許允一 卅 饒平	十四	四三	声請更換業業人 / 声請註銷國内分号五家增一家國外增一家
普通	仝	吳彩堂 廿 潮安	廿一	一	声請註銷國内四家國外四家 / 添註國内五家國外四家
復安	仝	黃逸民 四十 潮陽	八	一	声請增國内分号一家
福茂	仝	黃南和 四十 潮陽	五		
福成	仝	黃日輝 四十 潮陽	十三		
四興	仝	陳四合 卅 潮陽	八		
長發	仝	陳少懷 廿 潮陽	十一	一	声請復業並遷移新址 / 声請增國外分号一家遷界
捷成	仝	劉廸予 卅 大埔	十一	一	声請增國内分号二家并及陳大埔分號 / 名稱註銷一分號
森春莊	仝	魏應元 四十 澄海	十二		

（九甲）

39

廣東郵政管理局辦事處　令　字第　號第　頁

令　等郵局

周生利　汕頭　周雲生　潮陽　九

陳绵茂　汕頭　陳在三　大埔　十五

（九甲）

40

廣東郵政管理局辦事處

令　字第　號第　頁

令

等郵局

（九甲）

汕头段一九四六年份已挂号批信局详情表（一九四六年）

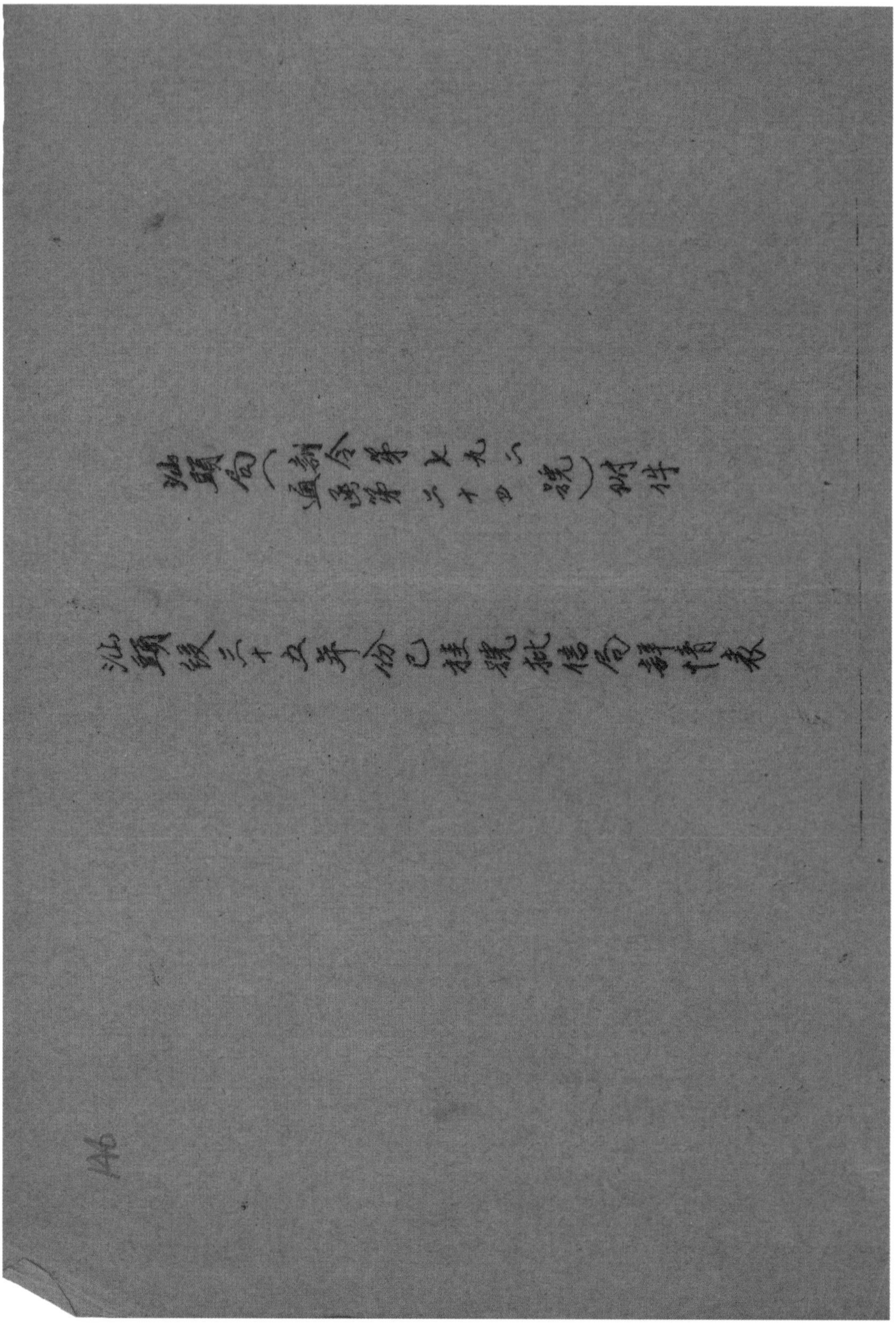
汕頭局（通令第七九六 通函第三十四號）附件

汕頭段三十五年份已掛號批信局詳情表

146

~~143~~ 147

354

批信局名稱	開設地址	營業人姓名	執照號數
裕益	汕頭	周炯昌	三六
福興	汕頭	劉士彥	三七
振豐盛	汕頭	陳華武	三八

分號名稱	開設地方	代理人姓名
洛發源	北灣	陳再存
源順盛	詔安	周崇仁
協成興	達陽	許錫河
光德成	揭陽	李逸梓
有記	潮安	吳鴻三
洪萬興	棉湖	洪賢交
劉壽合	潮陽	劉竹船
黃茂利	黃崗	黃子學
黃德良	炮台	黃經通
李源合	達濠	李渭臣
潘合利	店仔頭	潘文裕
森德盛	新加坡	許惟杰
陳聯豐	南山	陳盛剛
陳松盛	柔海新圩	陳進
劉壽金	潮陽	劉竹舟
魏啟華	揭陽	魏啟圖
陳益隆	隆江	陳雲石
陳四合	金甌	陳雲騰
萬發	檳榔嶼	黃何房
振慶大	新加坡	黃啟平
永新	棉蘭	劉士城
劉平合	盤谷	劉士平
源記	安南	許其極
魚業	仙達	黃文吉
新發興	仙達	黃克欽
陳聯豐	壽寧	陳盛剛
陳四合	瀨陽	陳雲騰
陳科成	陸豐	陳進
鴻興號	碣石	秦士謀
永興盛	流沙	張奕輝
興隆號	棉蘭	黃提昌

21

局址信局名號	開設地方	營業人姓名	分號牌號	開設地方	代理人姓名	執照號數
吳順興	汕頭	吳興祥	[illegible]	[illegible]	[illegible]	四一
泰發	汕頭	余文仁	[illegible]	[illegible]	[illegible]	四〇
勝發	汕頭	陳錫和	[illegible]	[illegible]	[illegible]	三九

148

~~145~~ 149

批信局名稱	開設地方	營業人姓名
陳悅記	汕頭	陳振奇
榮成利	汕頭	許衍衢
許福成	汕頭	許衍[illegible]

分號名稱	開設地方	代理人姓名	執照號數
陳合盛悅記	潮安	吳燮如	廿
陳悅記	鳳凰	文丞覓	
洪萬興	棉湖	洪賢炎	
劉喜合	潮陽	劉舫船	
萬興昌	店仔頭	許文雅	
普通	澄海	徐昌期	
信昌	饒平	禾昭平	
光總成	揭陽	李運祥	
恆益	[illegible]	詹集秉	
秦齋	潮安	林步堂	
陳悅記	盤谷	陳景雲	
陳美盛	堤岸	陳國盛	
許裕發	新加坡	許錦光	
信昌	饒平	天聯平	卅
悅記	潮安	陳穎	
萬興	棉湖	洪炎	
德合	澄海	張作綠	
春記	潮陽	劉竹	
榮成利	新加坡	許逢生	
榮成發	堤岸	張羲	
榮成興	盤谷	林智遠	
萬祥	香港	洪贊良	
華益	新加坡	劉炳岳	
榮盛	〃加坡	陳深漢	
榮順	嶺達坎	劉毅生	
余享記	黃崗	余禧棠	卌
魏啟春	揭陽	魏嚴團	
劉壽合	潮陽	劉竹船	
有記	潮安	張細細	
許錦興	隆都	許林松	
寶和正成	東里	柯大吉	
懷順興昌	達濠	練正有	

P.3

~~146~~

150

批信局名稱	所在地方	經營人姓名	執照號數
合盛利	汕頭	劉廷服	四六
洪萬豐	汕頭	洪賢良	四六

分號名稱	分號地方	代理人姓名
許明發	盤谷	許壬聲
泰興裕	盤谷	陳二如
榮德泰	盤谷	楊亦欣
鑾榮	盤谷	陳立峯
陳華興	盤谷	陳攸峯
長興利	盤谷	林宗邑
裕興盛	盤谷	陳家勝
啟峯	揭陽	魏啟國
政記	棉湖	楊鏡東
合聚盛	湯坑	劉鴻美
聚豐	潮安	朱湘蘭
喜合	潮陽	劉竹船
葉盛利	盤谷	劉廷服
光德成	揭陽	李達祥
洪萬興	棉湖	洪賢明
劉喜合	潮陽	劉竹船
如陶	潮安	蔡若水
光益	潮安	鍾少岩
鴻茂盛	黃岡	盧湘如
萬興昌	店仔頭	許文謙
洪協和	河婆	洪明雲
黃創豐	葵潭	黃秉鈞
源順盛	詔安	周崇仁
宸東桂記	隆隍	魏傳材
潘合利	店仔頭	潘和樑
黃德良	關埠	黃經通
洪萬成	新加坡	洪賢炎
洪萬豐	檳榔嶼	洪哲失
永合峯	檳榔嶼	林揚翻
萬成興	堤岸	洪楚亭
洪萬發	盤谷	洪賢生
萬豐隆	新加坡	林月舟

4

147

151

批信局名稱	開設地方	營業人姓名	執照號數
榮大	汕頭	蔡禮權	四七
恒記	汕頭	林成禧	四八
成昌利	汕頭	蕭介珊	四九
李華利	汕頭	李潤初	五〇

分號名稱	開設地方	代理人姓名
和合興	棉蘭	丘金餘
滙通	新加坡	劉侠儂
福利	香港	謝廿岩
榮大	香港	方寓声
致成	香港	葉學堃
寶裕隆	數達坎	沈光閣
滙通	新加坡	曾子鳳
永合安	堤岸	陳海珊
成順利記	盤谷	鄭木舜
四合	潮陽	陳雲騰
光德成	揭陽	李運祥
恒泰	潮陽	林德高
鴻茂盛	韶安	許鳳聲
耕成	澄豐	陳進
桂興	隱隍	魏傳材
承福興	梹榔嶼	林德音
天成	日里	張魯三
芳和	日里	黃宗堯
元盛	棉蘭	林桐材
中興	日里	鄭廷瑞
美隆	棉蘭	沈昇輝
新隆興	梹榔嶼	馬錫欽
新振發	梹榔嶼	陳江
同裕	梹榔嶼	陳金亮
永和	梹榔嶼	黃合
復泰記	梹榔嶼	張記
永萬源	新加坡	黃賽芝
成昌利	成田	馬燦京
成昌利	盤谷	蕭卓珊
馬玉堂	成田	馬玉堂
豐源	達濠	鄭猷廷
益隆	惠來	陳雲石

~~148~~ 152

批信局名稱	光益	
開設地方	汕頭	
營業人姓名	鍾士巖	
分號名稱	開設地方	代理人姓名
魏啟峯	揭陽	魏啟圓
黃德良	揭陽	黃鏡民
政記	棉湖	楊樸棠
榮合興	河婆	李棠合
廣豐	湯坑	洪敬堂
永南興	日里	徐正興
陳知昌	隆拉巴克	陳森棠
昌和	邦曼	李應元
李福利	新加坡	李明初
周榮興	怡保	周德榮
如陶	潮安	蔡若水
喜合	潮陽	劉竹船
源合	達濠	李渭臣
增順榮昌	蓮陽	陳有顯
端孚	黃岡	余[illegible]文
廣順	隆都	金振忠
光德成	揭陽	李[illegible]禮
啟華	揭陽	魏啟圓
協成	澄海	李變綠
茂生	澄海	洪長穗
鄭發利	惠來	鄭映三
茂元	黃岡	黃勳玉
萬興	棉湖	洪賢明
聚豐	東里	黃傳經
孔明	新加坡	廖永錫
公發祥	新加坡	曾傳義
大信	新加坡	蔡崇細
永茂合	坤甸	鄭若和
華益	新加坡	劉炳基
瑞盛	新加坡	陸兆細
億豐	堤岸	吳秉禎
伍東合	盤谷	伍維爭
執照號數	五一	

6

~~149~~
153

批信局名稱	開設地方	營業人姓名	執照號數
有信	汕頭	黃壽三	五六
光益裕	汕頭	林左三	五三

分號名稱	開設地方	代理人姓名
壽合	潮陽	劉代船
啟峰	揭陽	魏啟和
信成	澄海	余斯耀
德良	揭陽	黃絲通
源合	潮陽	李偉臣
有記	潮安	黃錫生
楊玫記	棉湖	楊鐘宗
榮合昌	河婆	李化衣
福和玉記	梅林	賴山梧
許廣源	詔安	許東鳳
許陶合	黃岡	許泗濱
滙適盛	浮山	張廿高
有信	新加坡	李東宸
仁友公司	坤甸	陳鴻惠
榕發源	北湾	陳再存
源順盛	詔安	周崇仁
協成興	蓮陽	許錫河
光德成	揭陽	李逢祥
有記	潮安	吳聘三
洪萬興	棉湖	洪賢炎
劉喜合	潮陽	劉竹船
黃茂利	黃岡	黃子厚
黃德良	饒平	黃絲通
李源合	達濠	李渭臣
潘合利	店仔頭	潘立裕
再和成	新加坡	李應疇
萬益成	新加坡	陳渠
泰興	安南	杜之漢
光昌	峇眼眄宋得力	陳國勳
和平	坤甸	林木水
同信	香港	周均昌
吳長記	坤甸	吳元利

27

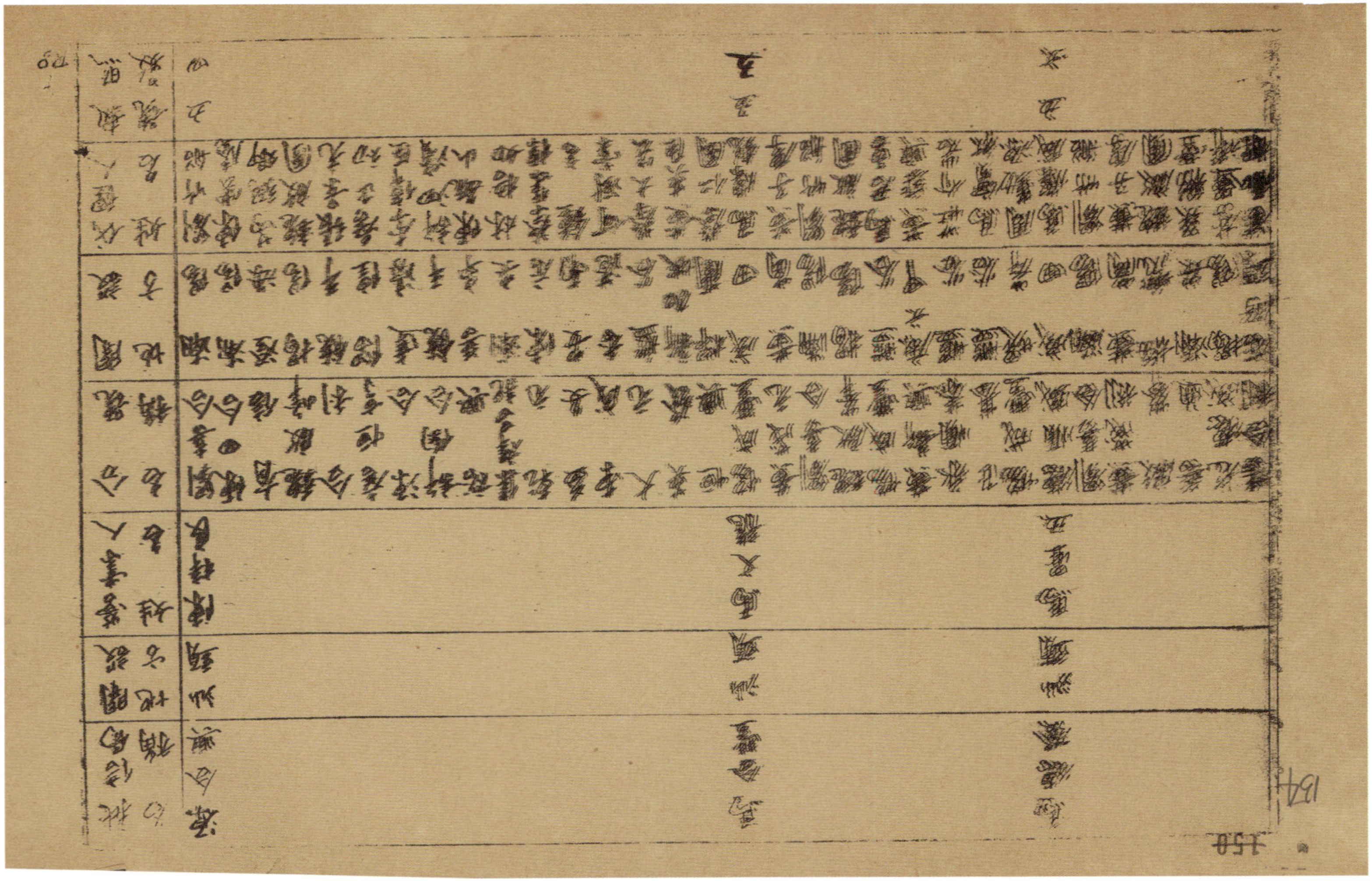

~~151~~ 155

批信局名稱	開設地方	營業人姓名	分號名稱	開設地方	代理人姓名	執照號數
福利	汕頭	黃文秋				五七
信大	汕頭	陳諫銘				五八
致盛	汕頭	鄭應林				五九
祥益	汕頭	鍾樹芳				六〇
			德順盛	暹谷	馬鑑波	
			郭乾昌	盤谷	郭應開	
			福利	香港	謝蘭春	
			福成	新加坡	薛木本	
			茂利	暹谷	熊孝則	
			合成	埠[illegible]	陳諫銘	
			光德成	揭陽	李運祥	
			洪萬興	棉湖	洪賢明	
			劉喜合	銅陽	劉竹船	
			陳四合	仝甌	陳成安	
			陳善通	新加坡	陳容清	
			陳信裕	安南	陳崇翰	
			致成	香港	陳子諫	
			騰興	盤谷	沈啟滌	
			孔明裔	安南	陳漢林	
			祥泰隆	新加坡	張禎美	
			永萬源	新加坡	房子英	
			裕豐利	新加坡	蔡朱鈿	
			茂興利	新加坡	陳子辟	
			如陶	潮安	蔡若水	
			喜合	潮陽	劉竹船	
			源合	達濠	李渭臣	
			增順榮昌	蓮陽	陳有頭	
			瑞孚	黃崗	余桂生	
			廣順	隆都	金振忠	
			光德成	揭陽	李[illegible]祥	
			啟峯	揭陽	魏[illegible]圖	
			協成	浮洋	李[illegible]練	
			茂生	浮洋	洪長德	
			邱發利	意溪	鄭映三	
			茂元	黃岡	黃勳玉	
			萬興	棉湖	洪賢明	

P.9

~~152~~ 156

批信局名稱	開設地方	營業人姓名	執照號數
玉合	汕頭	林癸	六一
裕大	汕頭	陳喜鎮	六二

分號名稱	開設地方	代理人姓名
聚豐	東里	黃傳經
孔明	新加坡	廖永錫
恒豐	堤岸	吳居厚
南豐	堤岸	陳可南
進元	堤岸	吳鏡棠
義順	堤岸	涂浩舟
再和成	新加坡	李應疇
榮盛	新加坡	陳深漢
恒泰	盤谷	吳秉釗
喜合	潮陽	劉竹船
啟華	揭陽	魏啟圓
育信	潮安	蔡[illegible]卿
信成	蓮陽	余斯雄
萬隆	潮陽	陳開宗
合利	饒平	潘和棣
聚豐	潮安	宋潮爾
鴻茂盛	黃岡	盧潮如
端孚	饒平	余桂生
桂興	隆隍	魏傳材
玉合	安南	平克昌
陳寬記	安南	傅傳禧
德隆	安南	鄭鏡泰
廣德發	安南	柯德裕
玉合	香港	王克成
孚信	潮安	萬易和
喜合	潮陽	劉竹船
光德成	揭陽	周良
益昌	惠來	陳鏡經
元盛	棉蘭	林棣桐
集隆	敬達坎	丘步雲
永集隆	香港	丘金鐘
順隆	新加坡	周致敏

153 157

P.11

批信局名稱	開設地方	營業人姓名	執照號數
佳興	汕頭	吳翻秋	六三
榮豐利	汕頭	黃勤敏	六四
黃潮興	汕頭	黃壽盛	六五

分號名稱	開設地方	代理人姓名
劉喜合	潮陽	劉竹船
陳四合	潮陽	陳震騰
詹恒亨	溜隍	詹正初
有信莊	澄海	蔡錫卿
魏啟華	揭陽	魏啟圓
張合利	饒平	張景堯
李源合	達濠	李偉臣
德隆	安南	郭鏡蓉
源泰	安南	陳連偉
中興	安南	林如石
榮豐利	揭陽	黃徵獻
榮豐利	梅縣	徐春苑
榮豐利	興寧	卓海鴻
榮豐利	昆明	徐瑞芳
洪萬興	棉湖	洪賢明
黃協記	湯坑	黃元衡
劉喜合	潮陽	劉竹船
魏桂興	溜隍	魏傳材
信昌莊	浮山	王進受
廣匯昌	河婆	劉大澤
榮豐利	盤谷	徐名黨
榮豐利	香港	徐名宏
豫誠美	柔佛	蔡誠輝
廣復興	新加坡	蔡俊美
匯通號	寳内	張竹廷
廣順	店仔頭	余梅思
劉喜合	潮陽	劉竹船
魏啟華	揭陽	魏啟圓
有記	潮安	黃鈞生
新廣源	詔安	許鳳聲
發利	松口	陳雲初
鄭和記	樟林	鄭敦衍

P.12

批信局名稱	開設地方	經理人姓名	分號名稱	開設地方	代理人姓名	執照號數
啟峯棧	汕頭	饒啟和	[illegible]	[illegible]	[illegible]	六六
和興盛	汕頭	馬秉洲	[illegible]	[illegible]	[illegible]	六七
馬德豐	汕頭	馬君藩	[illegible]	[illegible]	[illegible]	六八
陳萬合	汕頭	陳閱岑	[illegible]	[illegible]	[illegible]	六九

154-158

159

155

批信局名稱	開設地方	營業人姓名	執照號數
老德豐	汕頭	劉宗道	七〇
利昌莊	汕頭	王炳南	七一
協成興	汕頭	許漢平	七六

分號名稱	開設地方	代理人姓名
魏啟峯	揭陽	魏啟圓
蔡嘉裕	達濠	蔡通記
劉喜合	潮陽	劉竹船
陳明發	香港	陳家華
四春園	香港	方庭初
陳春盛	安南	陳炳光
陳成香	盤谷	陳家鐘
陳源興	棉蘭	陳開珠
順裕發	潮陽	鄭和暉
福裕興	潮安	林楚明
順裕祥	澄海	李合賜
致成	香港	陳子隸
老德豐	香港	謝少岩
順合隆	新加坡	李宗饒
順合祥	安南	黃明興
合昌	盤谷	劉宗武
南昌合記	盤谷	仝右
有信	潮安	蘇錫卿
喜合	潮陽	劉竹船
啟峯	揭陽	魏啟圓
信成	蓮陽	余斯耀
桂昌	詔安	陳子丹
聚豐	潮安	朱潮蘭
利昌	安南	王永
懷合莊	黃岡	許獻真
鑫啟峯	揭陽	魏啟圓
劉喜合	潮陽	劉竹船
廣源莊	詔安	許鳳聲
協成興	東隴	黃潮存
有記莊	潮安	鍾細初
協成興	盤谷	許經緯
廣和成	盤谷	許清福

P.13

156　160

P.14

批信局名稱	開設地方	營業人姓名	分號名稱	開設地方	代理人姓名	執照號數
鄭順成利	汕頭	鄭錦之	[illegible]	[illegible]	[illegible]	七三
振盛興	汕頭	吳填人	[illegible]	[illegible]	[illegible]	七四
成順利記	汕頭	鄭敦紹	[illegible]	[illegible]	[illegible]	七五
宗信	汕頭	許錫卿	[illegible]	[illegible]	[illegible]	七六

~~157~~ 161

批信局名稱	開設地方	營業人姓名	分號名稱	開設地方	代理人姓名	執照號數
同發利	汕頭	羅舜桂	揚啟記	禪潮	楊燦榮	七七
			潮興公司	歡達坎	潘益三	
			同發利	揭陽	羅澤福	
			義合泉	湯坑	羅必賓	
			喜合	潮陽	劉竹舟	
			洪萬興	棉湖	洪寶明	
			啟峯	揭陽	魏啟圖	
			善通	潮安	吳彩堂	
			黃茂利	黃岡	黃子厚	
			萬興昌	隆都	許文錄	
			魏桂興	[illegible]隍	魏傳材	
			同發利	興寧	徐百河	
			同發利	梅縣	徐海林	
			同發利	盤谷	羅佑濤	
			同發利	香港	張少錄	
永安	汕頭	周禮旋	喜合	潮陽	劉竹船	七八
			洪萬興	揭陽	洪贊奕	
			許廣源	詔安	許鳳聲	
			德良	潮陽	黃興貞	
			滙通盛	饒平	張少高	
			潘合利	饒平	潘法民	
			增順榮昌	連陽	陳友顯	
			鄭發利	潮安	鄭步雲	
			同泰	東隴	黃傳鍾	
			光德成	揭陽	李遇祥	
			如陶	潮安	蔡若水	
			有記	潮安	吳曉三	
			吳有記	蔴蘆市	林碩之	
			永安	興寧	李德梅	
			光益裕	東隴	周以文	
			永安祥	新加坡	周壽昌	
泰成昌	汕頭	劉家𧃮	劉喜合	潮陽	劉竹船	七九

P.15

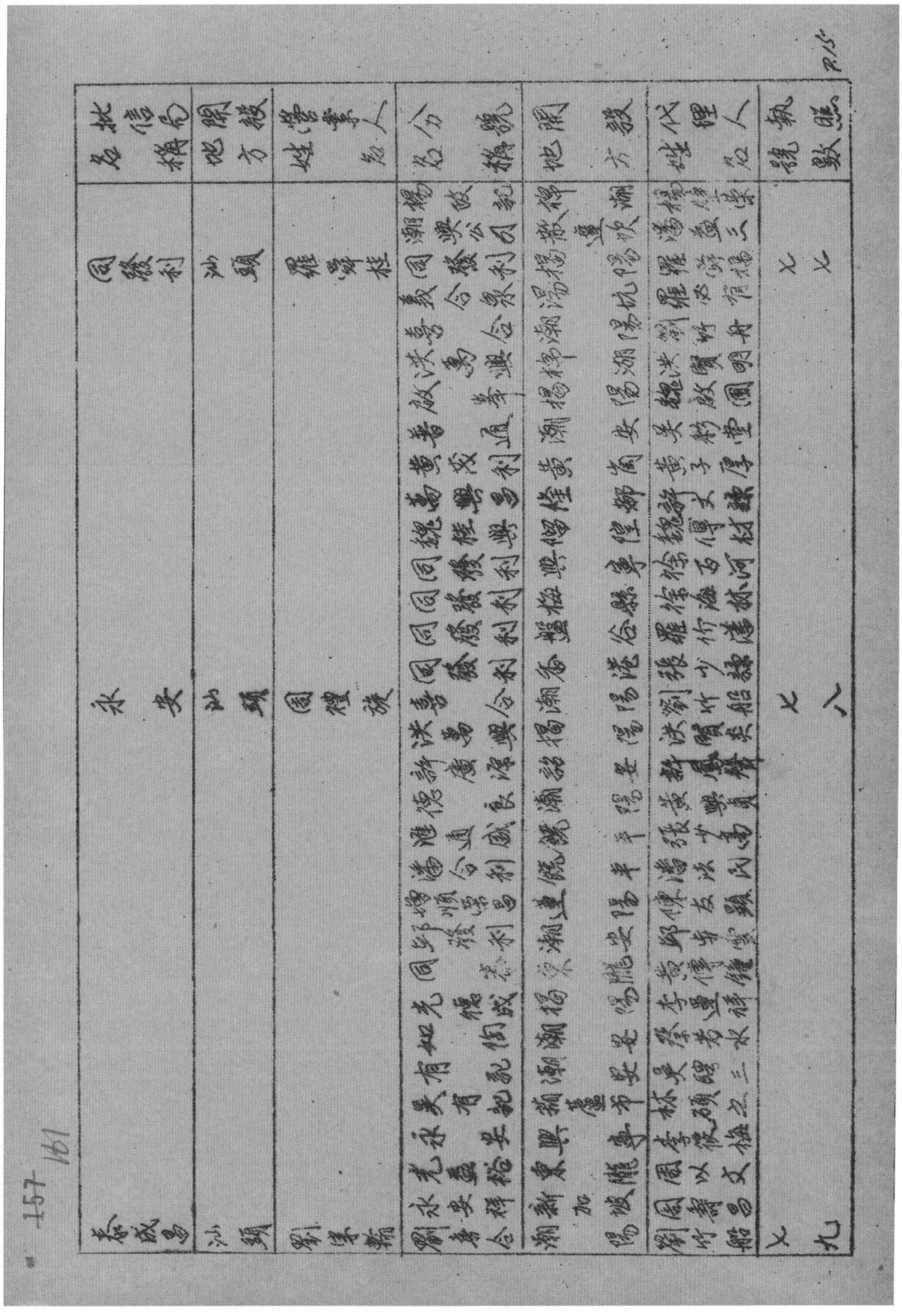

~~158~~ 162

批信局名称	開設地方	營業人姓名	執照號數
理元	汕頭	馬承章	八〇
和合祥	汕頭	張伯文	八一
廣順利	汕頭	謝子和	八八

分號名稱	開設地方	代理人姓名
普通莊	潮安	吳彩堂
魏啟峯	揭陽	魏啟圓
洪萬興	棉湖	洪賢明
黃榮昌	潮陽	黃來耀
譽恒亨	[illegible]	詹集東
陳裕源	惠來	陳雲石
有信莊	澄海	翁鋤卿
黃茂利	黃岡	黃子厚
魏鉎興	樟林	魏傳村
潘合利	饒平	潘和梁
鄭發利	潮安	鄭映三
集僑	蓮陽	陳焯
泰記	盤谷	劉燕庭
南昌合記	盤谷	劉宗武
南亨泰	盤谷	林渭濱
陳振興	盤谷	陳振江
永振發	成田	馬承章
普通	潮安	吳彩堂
喜合	潮陽	劉昭
啟峯	揭陽	魏啟圓
永振發	盤谷	馬仲瀾
廣豐隆	新加坡	蕭錦福
和合祥	普寧	張志翔
榮昌	澄海	陳立信
啟峯	揭陽	魏啟圓
喜合	潮陽	劉竹船
陶合	饒平	許一鵬
和合祥	盤谷	張儀欽
廣順利	澄海	謝寶鍵
僑順榮昌	澄海	陳友鎮
喜合	潮陽	劉竹船
啟峯	揭陽	鄭啟圓

9/16

163

批信局名稱	開設地方	營業人姓名	分號名稱	分號開設地方	代理人姓名	執照號數
鍾榮順	汕頭	張雲	茂順利	饒平	黃孚厚	八三
			源順盛	詔安	周從仁	
			廣順利	鹽谷	謝毅庵	
			春豐	安順	謝如秀	
			有記	潮安	黃滿生	
			啟峯	揭陽	魏啟圖	
			喜合	潮陽	劉竹齡	
			鴻發盛	饒平	盧湘如	
			許福成	隆都	許再勵	
			有信	澄海	萬錫卿	
			永興盛	流沙	林良乾	
			永興盛	東興	林秉輝	
			永興盛	上海	朱湘蘭	
			永興盛	廣州	張伯海	
			鍾順	澄海	許昌期	
			潘合利	潮安	潘守仁	
			陶合	潮安	許佶志	
			順合泰	鹽谷	賴芳圃	
陳炳春	汕頭	陳克翁	永興盛	鹽谷	許子衡	八四
			有豐	檳榔嶼	黃裕樹	
			振通	安南	陳成傑	
			榮豐	新加坡	許昌期	
			欽成	香港	陳子謙	
			消記	潮安	黃錫生	
			啟峯	揭陽	魏啟圖	
			南隆	[illegible]	譚平章	
			壽合	潮陽	劉竹齡	
			黃茂元	黃岡	黃孚厚	
			潘合利	饒平	潘和標	
			提慶	菴埠	陳煒珊	
			泰申棧	東隴	朱炳松	
			陳炳春轉	盤谷	陳克佳	

R11

信局名號	開設地方	營業人姓名	分號名稱	分號開設地方	代理人姓名	執照號數
萬豐發	汕頭	魏秀崑	[illegible]	坤甸 [illegible]	[illegible]	八五

184

~~161~~
165

批信局名稱	潮利亨	廣泰祥
開設地方	汕頭	汕頭
營業人姓名	緒記等	李星海
執照號數	八六	八七

分號名稱	開設地方	代理人姓名
建豐公司	坤甸	鍾可標
永桂合	坤甸	鄭才和
黃坤合	坤甸	黃積金
益成禮記	坤甸	林英娘
永成發	坤甸	林克明
鄭和發	坤甸	鄭雅在
林陞合	坤甸	林卿廷
榮和公司	坤甸	林道香
義瑞興	盤谷	謝文藝
正基	盤谷	馬寶鈇
炳合豐	盤谷	陳炳如
慶順利	盤谷	陳府衡
明興發	盤谷	吳錦白
永昌利	盤谷	杜式根
泰記	盤谷	胡湄生
潮源興	盤谷	吳遠成
慶丕	盤谷	盧位香
倫敦	盤谷	余作舟
魏啟華	揭陽	魏啟圓
陳四合	潮陽	陳雲騰
劉喜合	潮陽	劉竹船
陳裕興	普寧	陳儀豪
陳聯豐	普寧	陳成剛
陳鉗成	陸豐	陳進
陳裕源	惠來	陳雲石
潮利亨	檳榔嶼	陳見民
益安號	吧岸	連鏡川
永南興	棉蘭	李子南
潮興隆	香港	陳岩昌
廣泰祥	潮安	李日記
余同裕	高陂	余書宏
吳連興	大麻	吳崇齋

P.19

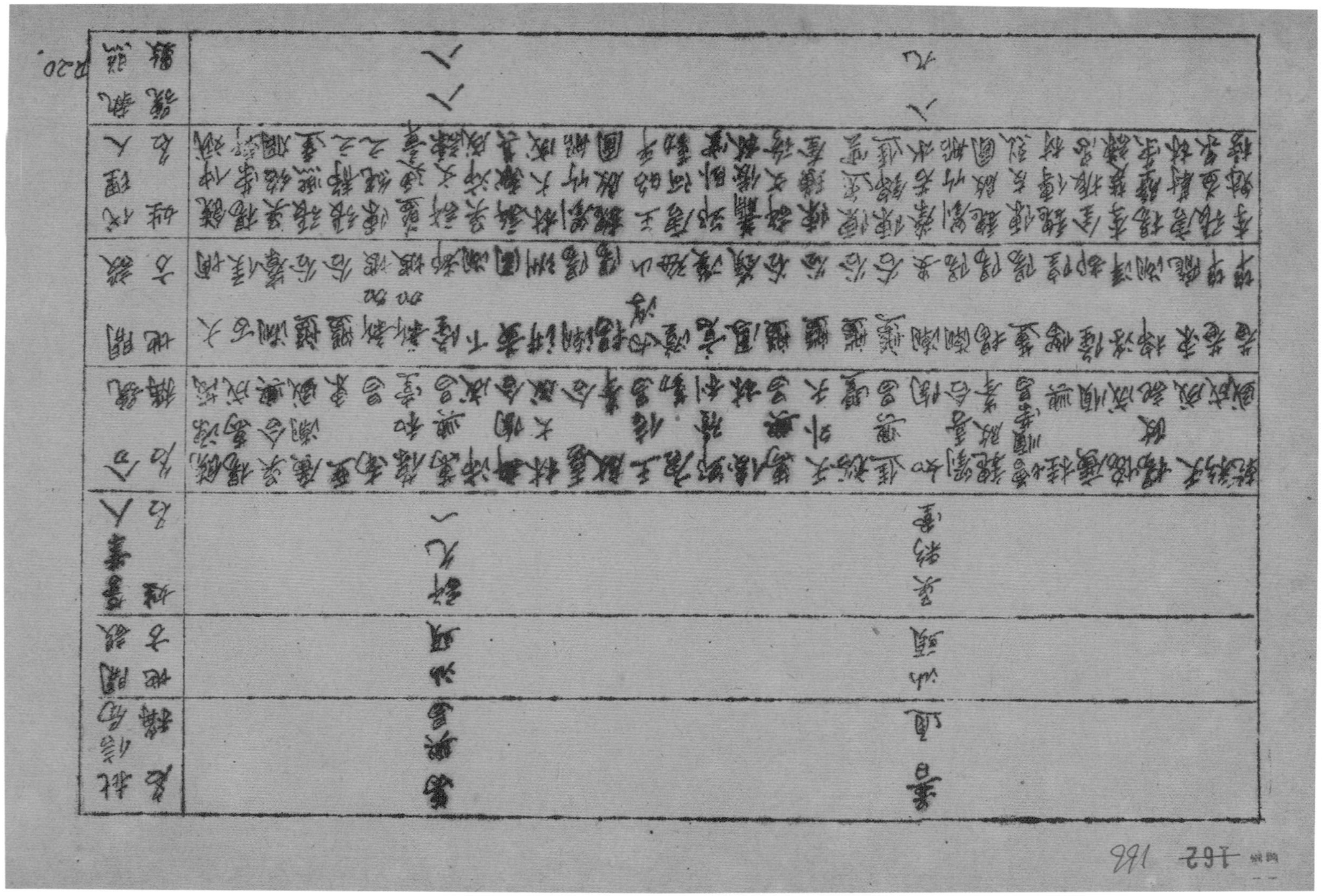
批信局名稱
萬興昌
普通
地點
汕頭
汕頭
負責人姓名
許九一
吳彩重
代理人姓名
號數
八八
八九

163 167

批信局名稱	開設地方	營業人姓名	執照號數
復安	汕頭	黃遠氏	九〇
福茂	汕頭	黃南和	九一
福成	汕頭	黃日輝	九六

分號名稱	開設地方	代理人姓名
茂利	黃岡	黃平階
興華	澄海	蔡蘭亭
吳泰安	盤谷	吳顯西
常豐泰	盤谷	陳德安
致成	香港	陳子謙
振泰豐	盤谷	陳培南
南昌隆	盤谷	陳維蕃
崇德泰	盤谷	楊亦欣
泰源亨	盤谷	陳長三
直成	新加坡	陳錦松
益和	潮安	劉寬生
益成	潮陽	鄭仰堂
光德成	揭陽	李道祥
洪鏡興	棉湖	洪爵光
集僑	蓮陽	陳燁
振安	香港	謝樹堂
復茂	新加坡	王佑明
中歐	盤谷	洪鏡澄
福記	香港	李裕禮
集興	安南	林廷集
德泰	新加坡	林華民
德泰	巴達維亞	林順泰
中興	盤谷	洪鐵澄
陳四合	金甌	陳雲騰
陳裕發	金甌	陳允貞
劉喜合	潮陽	劉竹船
陳益隆	隆江	陳雲石
光德成	揭陽	李運祥
洪萬豐	棉湖	洪賢明
榮泰昌茂	橫鄉嶼	陳玉如
榮泰昌恆記	恰保	陳玉文
泗利興	古樓	倪光

P.21

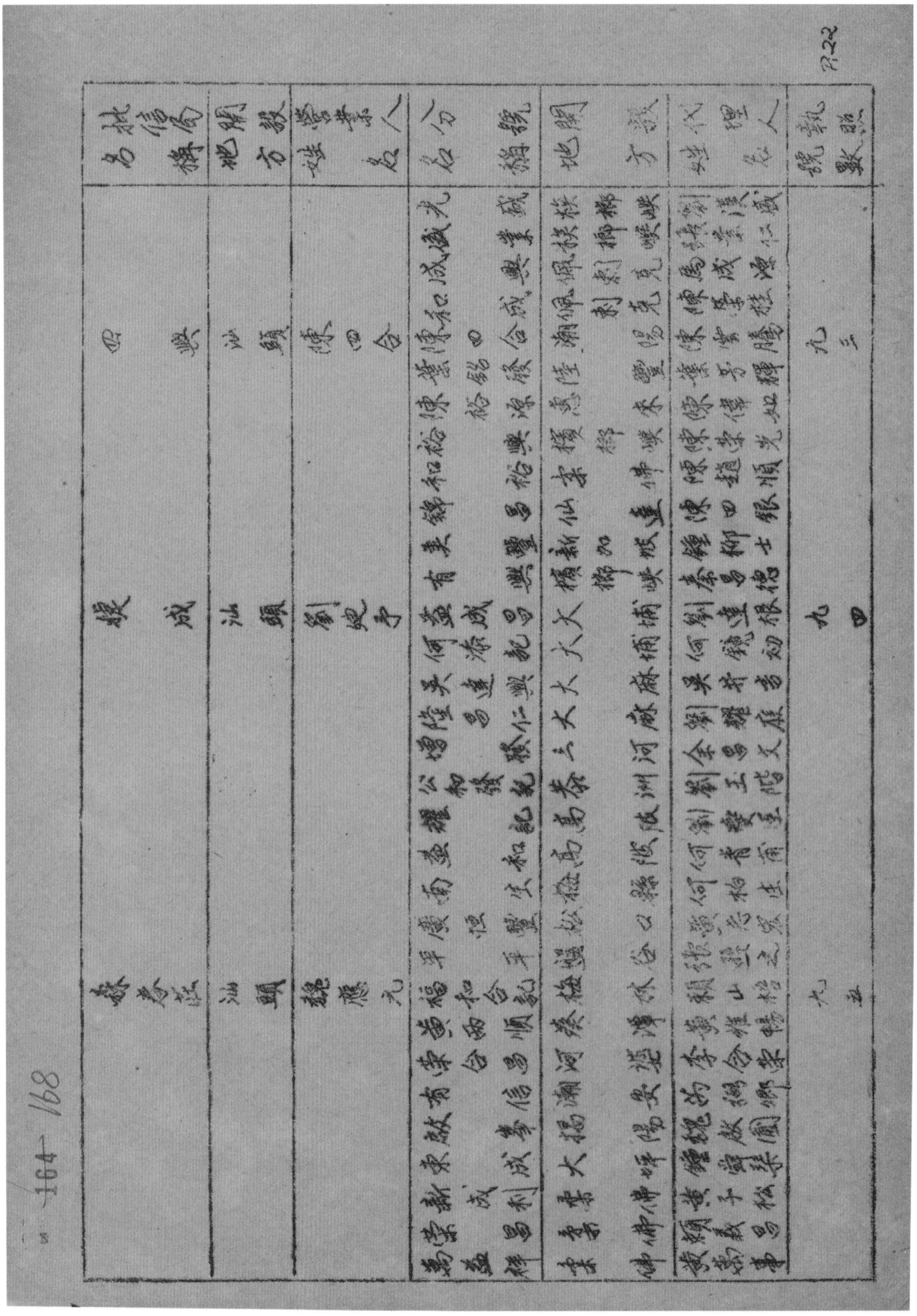

批信局名稱	開設地方	營業人姓名	執照號數
張廣泉	汕頭	張績氏	九七
周生利	汕頭	周雲生	九八
陳炳春	汕頭	陳花三	九九

分號名稱	開設地方	代理人姓名
茂利	柔佛	黃日東
惟安棧	蓬拉瓦克	洪寶
昭昌	山口洋吧杀	蔡灼然
裕隆昌	金坑	張仕熔
裕隆昌	梅縣	張啟文
張源隆	興寧	張滙川
羅進記	盤谷	羅奮南
德昌隆	芙蓉	吳炳安
公益	麻剌甲	葉鷹翔
裕隆昌	香港	張文泰
土庫張	仫哩高隆	張志貞
劉易合	潮陽	劉竹船
魏啟華	揭陽	魏啟圖
洪萬興	揭陽	洪贊英
青信	澄海	高瑞卿
黃茂利	黃岡	黃十學
陳裕源	惠來	陳銘經
詹恒亨	錫俚	詹集東
周榮興	佩剌兔	周月波
義利	檳榔嶼	許達年
余國裕	高陂	余德軒
陳萬盛	莒村	陳文公
德盛	大埔	鄭德鏡
興記	大麻	郭慈
慶豐	梅縣	蔡松友
吳有記	潮安	黃紉紉
合順祥	上海	陳漢洲
源隆	澄海	張文英
陳淳發	吉隆坡	陳在三
德興	安南	李岐匡
真興	安南	李伯屏
泰豐	香港	黃蔚生

P.23

166 170

批信局名稱	開設地方	營業人姓名	執照號數
廣源和記	汕頭	陳傳仁	[illegible]
陳協成	汕頭	陳傳治	二一
泉利	汕頭	劉紹含	二壹〇

分號名稱	開設地方	代理人姓名
祥發	新加坡	蔡仰三
萬豐[illegible]	新加坡	許英明
美[illegible]行	盤谷	鄭鎮藩
裕國	潮安	林冠澄
喜合	潮陽	劉德船
祥盛	黃岡	巫子勳
有信	澄海	苟錫鄉
啟峯	揭陽	魏啟國
萬興昌	店仔頭	許文謙
廣和盛	鳳凰	陳喜德
義昌	饒平	錢凱臣
藝記	堤岸	陳文
吳盛	盤谷	蔡志真
泰順	鳳凰	林述爾
寬記	堤岸	陳傳禧
美珍	盤谷	王壯興
同興	虎市	劉進和
興利	松口	范宜洪
益成昌	大埔	劉達根
增發	三河	余昌文
吳達興	大麻	吳井喜
公和發記	公洲	劉丕階
振記	高陂	劉燮臣
南生莊	梅縣	何裕生
信泰	高陂	何奮爵
萬泰和興記	新嘉坡	劉璧和
志成莊	香港	何啟慶
萬山棧	新嘉坡	何育卿
源利公司	新嘉坡	劉東維
合興盛	暹京	賴鑑

P.24.

广东邮区一九四七年一至五月份进口批信及出口回批总数表（一九四七年一至五月）

60

廣東郵區三十六年一至五月份進口批信及出口回批總數表

局名	一月份		二月份		三月份		四月份		五月份		備註
	批信	回批	批信	回批	批信	回批	批信	回批	批信	回批	
汕頭	155,453	159,512	12,736	196,004	172,094	167,652	123,253	158	142,503	138,357	
松口	85	-	426	-	37	-	140	-	-	-	該局祗有進口批信，並無出口回批，究竟批局有若干家，經令徹查報核
大埔	78	81	55	57	43	45	17	28	23	24	
梅縣	964	24	306	7	231	74	334	574	714	166	
河婆	104	81	80	119	64	115	35	35	71	35	
海口（瓊山）	185	154	-	-	40	40	96	132	109	95	
嘉積	4,836	11,350	3,004	5,070	7,618	6,370	5,691	6,084	4,673	7,735	包括本屬附近各經來之批信及回批數目在內
文昌	-	-	-	-	-	-	-	-	-	-	該局本年一至五月份並無經辦批信回批，批局有若干家，經令徹查報核
畲坑	-	26	-	-	-	14	-	24	-	-	該局祗有出口回批並無進口批信，批局有若干家，經令徹查報核。

※揭陽地方原有之批信局自本年度起遷回汕頭市營業

内地業務股股長關遠祺 造報

广东邮政管理局关于陈报广东邮区最近侨汇业务情形并恳充份协济致邮政储金汇业局的半公函（一九四七年二月二十七日）

总局

廣東郵政管理局半公函

八〇

一

爲陳報職區最近僑匯業務情形並懇充份協濟由

子青局座鈞鑒：案奉本年二月八日局會字第三一九號函，敬悉。查職區僑匯業務，在復員初期，頗見蓬勃，惟嗣因政府所定外匯率與黑市相差太鉅，復以各局頭寸不靈，未能迅速兌付，致使僑胞大感不滿，漸將款項改交批信局寄匯，業務遂日趨萎縮，馴至近日，更覺每況愈下，有一蹶不振之虞，瞻望前途，實堪憂慮。茲謹將職區各分發局卅五年十月至卅六年一月份開發僑票數目列具比較表附繳，敬乞鑒核。至職區各局積壓未兌僑票數目，截至二月十日止，共有八億一千七百餘萬元，此外未兌之美國大通銀行匯票，亦有

23

FILE

六千九百餘萬元•關於　儲匯局協款方面、雖曾奉電飭向廣州儲匯分局洽收二十億元、惟現僅收到十億元、迄未能充份應付、　職局最近已先後轉協各局六億七千四百餘萬元、飭儘速清兌僑票、惟因各局待兌國內匯票數目及其他待支費用、亦屬不少、各局收到協款後、恐未能單獨作爲兌支僑票之用、故現尚積壓若干、一時無法確切統計、相信爲數仍屬龐鉅•目前外匯率既經改訂、若再不設法改善、則僑胞反感愈深、而郵政信譽、恐亦消失、爲澈底解決起見、懇請　轉飭　儲匯局即將頭寸一次協濟下局、俾便轉協各局加緊清兌、否則舊票既無法清派、而新票又繼續開至、積壓愈無了期、其嚴重影響

25

、更難想像。用特肅函陳復，敬祈

鑒核。專肅敬請

崇安

附表一份

職黎緒儀謹上

卅六年二月廿七日

繕寫 張述志

校對 何詠祺

三

附：一九四六年十月至一九四七年一月开发侨票数目比较表

民國卅五年十月至卅六年一月開發僑票數目比較表

分發局名稱	三十五年十月份		三十五年十一月份		三十五年十二月份		三十六年一月份	
	件數	款數	件數	款數	件數	款數	件數	款數
廣州	14,018	573,140,220.09	9,232	421,874,946.33	7,489	365,620,504.34	6,850	319,089,275.00
汕頭	2,923	84,173,250.00	3,834	153,856,100.00	3,206	129,323,840.00	3,010	136,369,900.00
江門	4,496	137,024,168.00	4,489	173,756,480.00	4,919	214,486,800.00	4,519	226,364,713.41
海口	9,592	89,134,835.18	5,798	198,075,200.00	5,142	169,190,200.00	3,204	114,924,205.00
總計	31,029	883,472,473.27	23,353	947,562,726.33	20,756	878,621,344.34	17,583	796,748,093.41

26

邮政储金汇业局台山分局储金帐册移交清表（一九四七年四月二十七日）

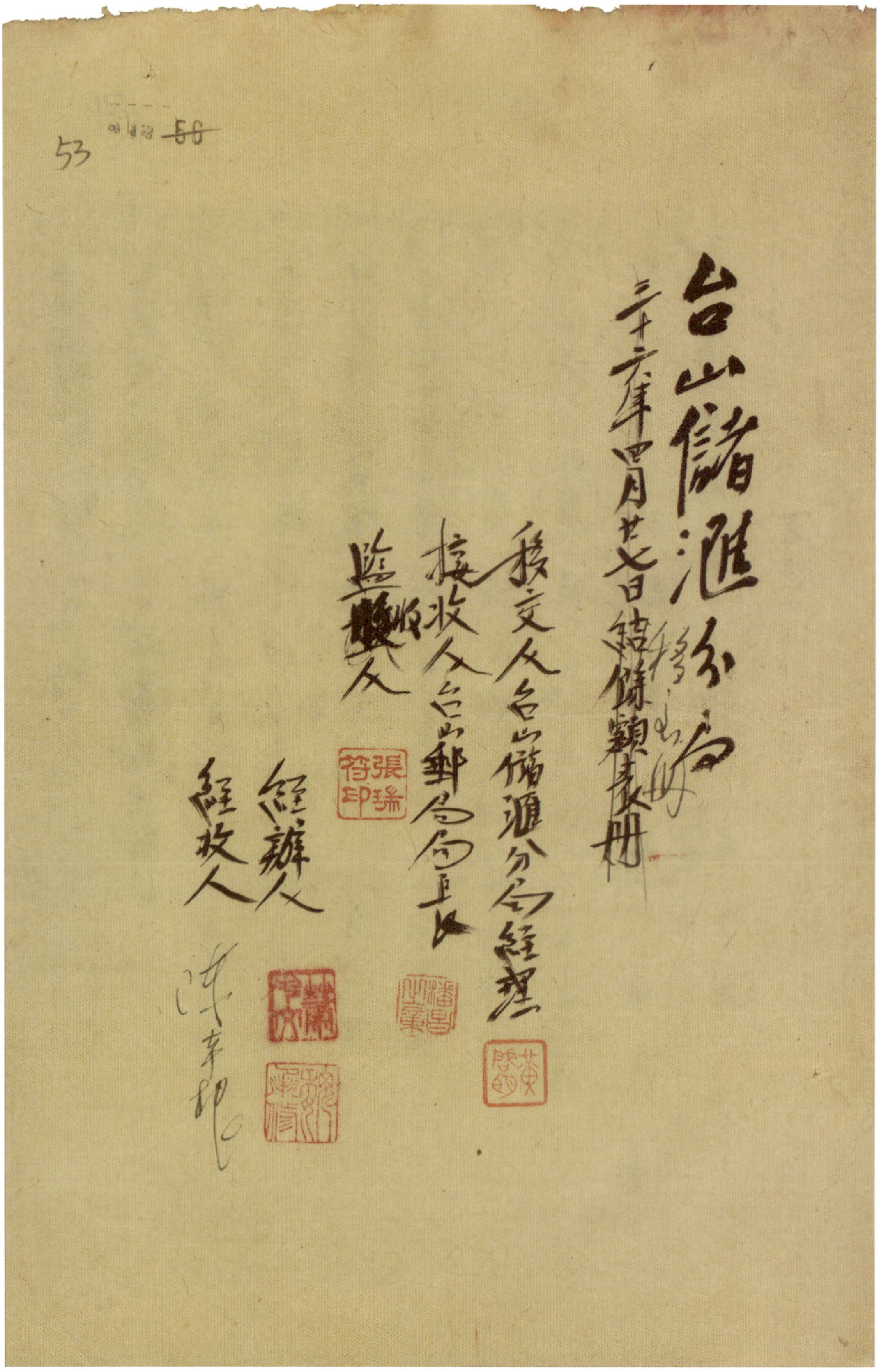

53

台山儲匯分局

三十六年四月廿七日結餘簿類表册

移交人 台山儲匯分局經理

接收人 台山郵局局長

監收人

經辦人

經收人

55

57

台山儲匯分局儲金帳冊移交清表

第壹頁

36年4月27日

名稱	冊數	新舊	摘要	備註
台山分局支票儲金帳冊	叁	新	自#1至#323	連木夾三隻
台山分局同業存款帳冊	壹	新	內郵局存款户壹	木夾乙隻
台山分局定期儲金帳冊	貳	新	自#1至#37	木夾乙隻
台山分局特種通知存款帳冊	貳	新	自#1至#29	木夾乙隻
台山分局存簿儲金帳冊	捌	新	自#1至#746	木夾捌隻
台山分局小額儲金帳冊	叁	新	自#1至#287	木夾弍隻
台山分局支票儲金帳冊	捌	舊	卅二年及以後	
台山分局存簿儲金帳冊	捌	舊	同右	

56

台山分局 小额储金帐册	贰	旧	同右
肇庆分子处 支票储金帐册	肆	新	自#1至#389
肇处 定期储金帐册	壹	新	自#1至#12
肇处 通知存款帐册	壹	新	自#1至#353
肇处 存簿储金帐册	贰	新	自#1至#366
肇处 小额储金帐册	壹	新	自#2至#88
肇处 支票储金帐册	叁	旧	卅二年及以后
肇处 同业存款帐册	贰	旧	仝右
肇处 通知存款帐册	壹	旧	仝右
东安分子处 支票储金帐册	壹	新	自#3至#198

57 ~~59~~

東莞办事处定期储金帐册	壹	新	自卅1至卅37
東处存簿储金帐册	壹	新	自卅1至卅87
沙坪分办事处支票储金帐册	壹	新	自卅1至卅149
沙处存簿储金帐册	壹	新	自卅2至卅62
沙处支票储金帐册	叁	舊	卅三年及以後
陽江分办事处支票储金帐册	壹	新	自卅1至卅20
陽处存簿储金帐册	壹	新	自卅1至卅38
陽处通知存款帐册	壹	新	自卅1至卅2
陽处支票储金帐册	叁	舊	卅三年及以後
陽处存簿储金帐册	叁	舊	卅三年及以後

58

~~60~~

台山分局定期儲金存單	壹本	自#19851用至#19887 餘至#19899全空白
肇慶辦事處定期儲金存票	壹本	自#20341用至#20362 待#20363至#20350全空白
肇處定期儲金登記部	壹本	自#1至#12
東興辦事處定期儲金副單	壹本	自#1至#37
東興辦事處定期儲金存根	壹本	自#1至#37
台山分局支票儲金登記部	壹本	
台局儲券登記簿	壹本	
肇處儲券登記簿	壹本	
台山分局各項儲金結餘表	貳頁	
各辦事處分理處各項儲金結餘表	貳頁	
台局分局儲券票根		叁大束

邮政储金汇业局台山分局侨汇档案移交清单（一九四七年四月二十七日）

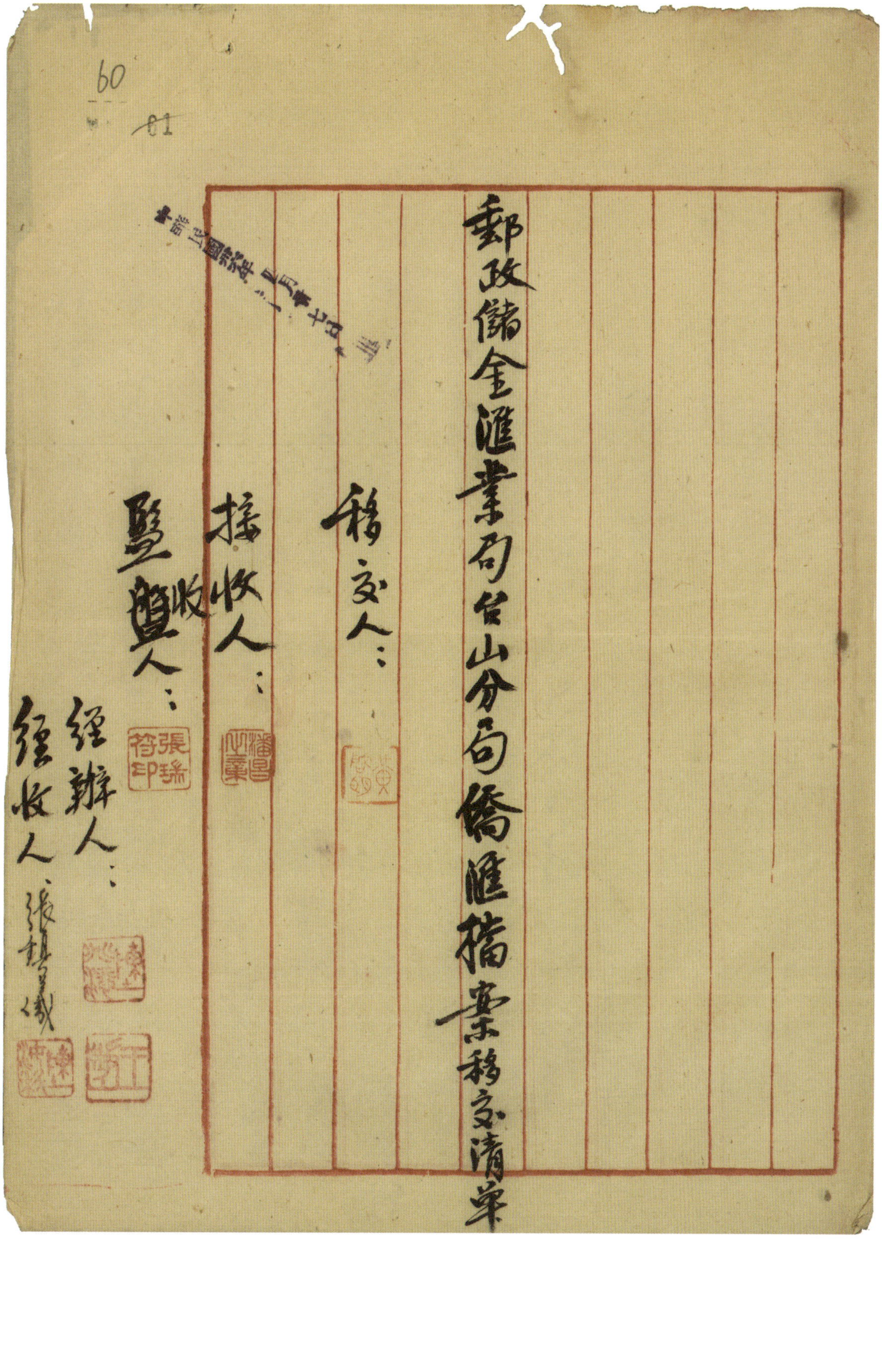

郵政儲金匯業局台山分局僑匯揩案移交清單

移交人：

接收人：

監收人：

經辦人：

經收人：張鎮儀

61

~~62~~

郵政儲金滙業局台山分局

僑滙檔案移交清單

號次	摘由	數量
1	收文中文、洋文公函 編列號碼一至二冊	二冊
2	發文洋文公函 編列號碼一至一冊	一冊
3	摘由簿	壹本
4	兑付僑票清單 ①卅五年六至十二月#1/223 ②卅六年一至四月#1/60 #台字1/25	拾本
5	又 ①特字卅五年#1/21 ②卅六年#1 ③美幣卅五年1/3 ④卅六年1/16 ⑤卅五年台美1/11 ⑥特卅五年#1	44份
6	截至卅五年十二月底止未兑僑票呈報清單	壹份
7	兑訖僑票副收據卅五年份六至八月#1/1887	四冊
8	紐約大通銀行及聯行滙款通知單副份 卅五年 卅六年	弍九紮

62

~~63~~

9.	应兑汇票清单。(1)卅五年接收号码1/4800F (2)卅五年DG.字号1/3499 (3)卅六年DG.字号#1/1100 (4)美币叶#1/10 (5)卅六年1/32 (6)DG.US 1/16.	四本
10.	纽约大通银行有权签字人印鉴#P/1598	壹本
11.	又 电报汇票密码#2502	壹本
12.	收到侨票暨兑付登记簿#1/2625	叁册
13.	兑讫各行侨票清单（通知单）(1)国币52册 (2)美币一册 (3)特字1册	54册
14.	未兑各行侨票清单（通知单）(1)国币2册 (2)美币1册	叁册 附验讫请单六
15.	各项卷宗附用笺文卷夹	64個

中華民國卅六年四月廿七日 移交人：台山儲匯分局

接收人：台山郵局

五华三等乙级邮局汇兑收付详情表（一九四七年七月十六日至二十七日）

五華三等乙級郵局滙兌收付詳情表

自36年7月16日起至36年7月27日止

1	開發國內普通滙票：no. 10746-10762	1,876,000	00
2	〃 小款滙票共2張	60,000	00
3	〃 高額滙票：no.		
4	〃 電報滙票：		
5	存簿儲金存款		
6	小額 〃 〃		
7	定期 〃 〃		
8	售出甲種儲蓄券		
9	〃 乙 〃 〃		
	收入共計	1,936,000	00
1	兌付國內普通滙票：存局# 繳管理局# no.	12,310,800	00
2	〃 小款滙票： 局內存# 繳管理局 no.	930,000	00
3	〃 高額 〃 局內存 繳管理局 no.		
	〃 電報 〃 局內存 繳管理局 no.		
5	〃 華僑 〃 局內存 繳管理局 no.		
6	存簿儲金提款		
7	小額 〃 〃		
8	定期 〃 〃		
9	兌付甲乙種儲蓄券代付郵金	3,574,350	00
	兌付款計	17,255,150	00

證明實在：

五華郵局長

查核無訛：

視察員

五华三等乙级邮局活期支票存款证明单（一九四七年七月二十七日）

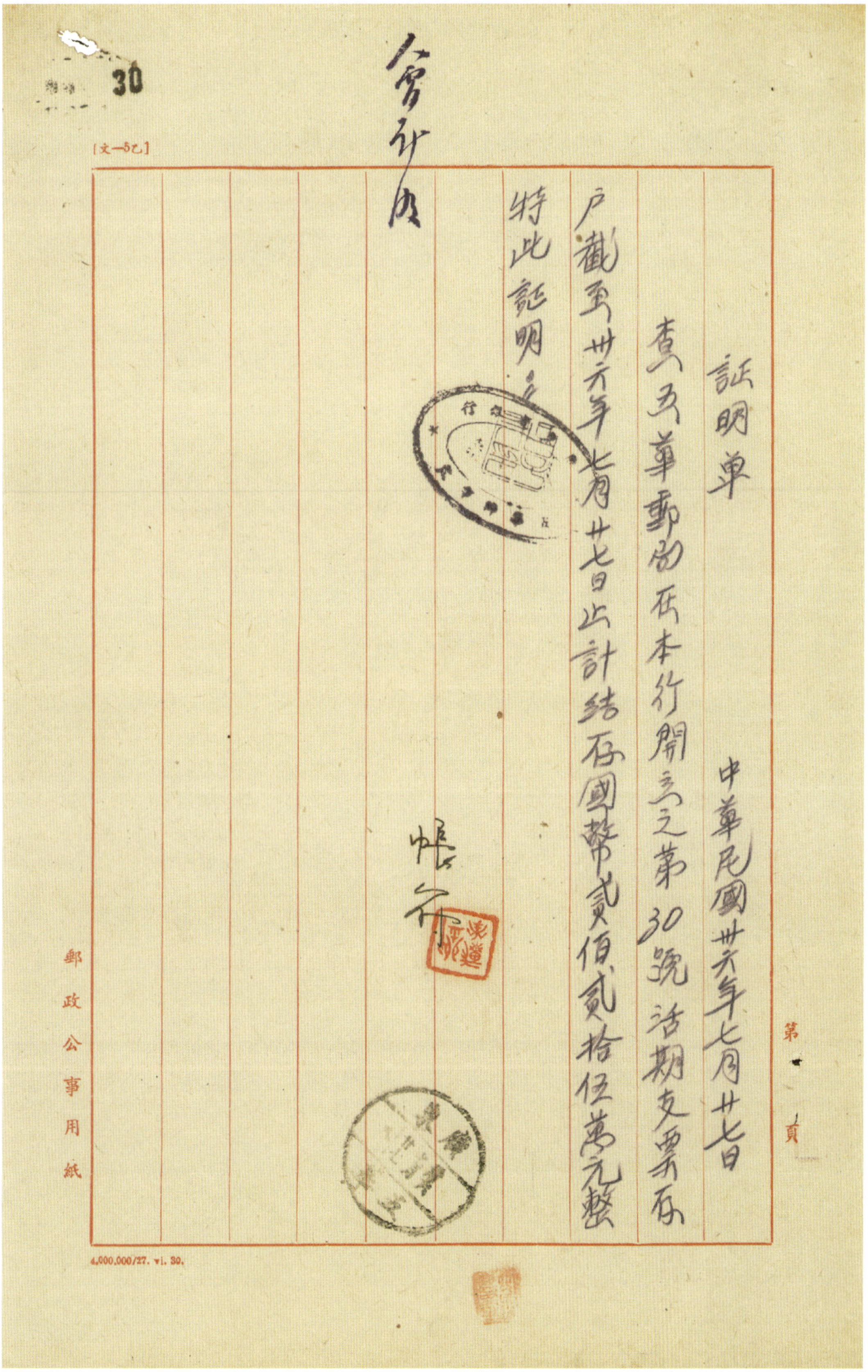
30

[文一5乙]

證明單

查五華郵局在本行開立之第30號活期支票存戶截至卅六年七月廿七日止計結存國幣貳佰貳拾伍萬元整

特此證明

中華民國卅六年七月廿七日

帳

郵政公事用紙

第　頁

4,000,000/27. vi. 30.

五华三等乙级邮局暂付款项登记单（一九四七年七月二十七日）

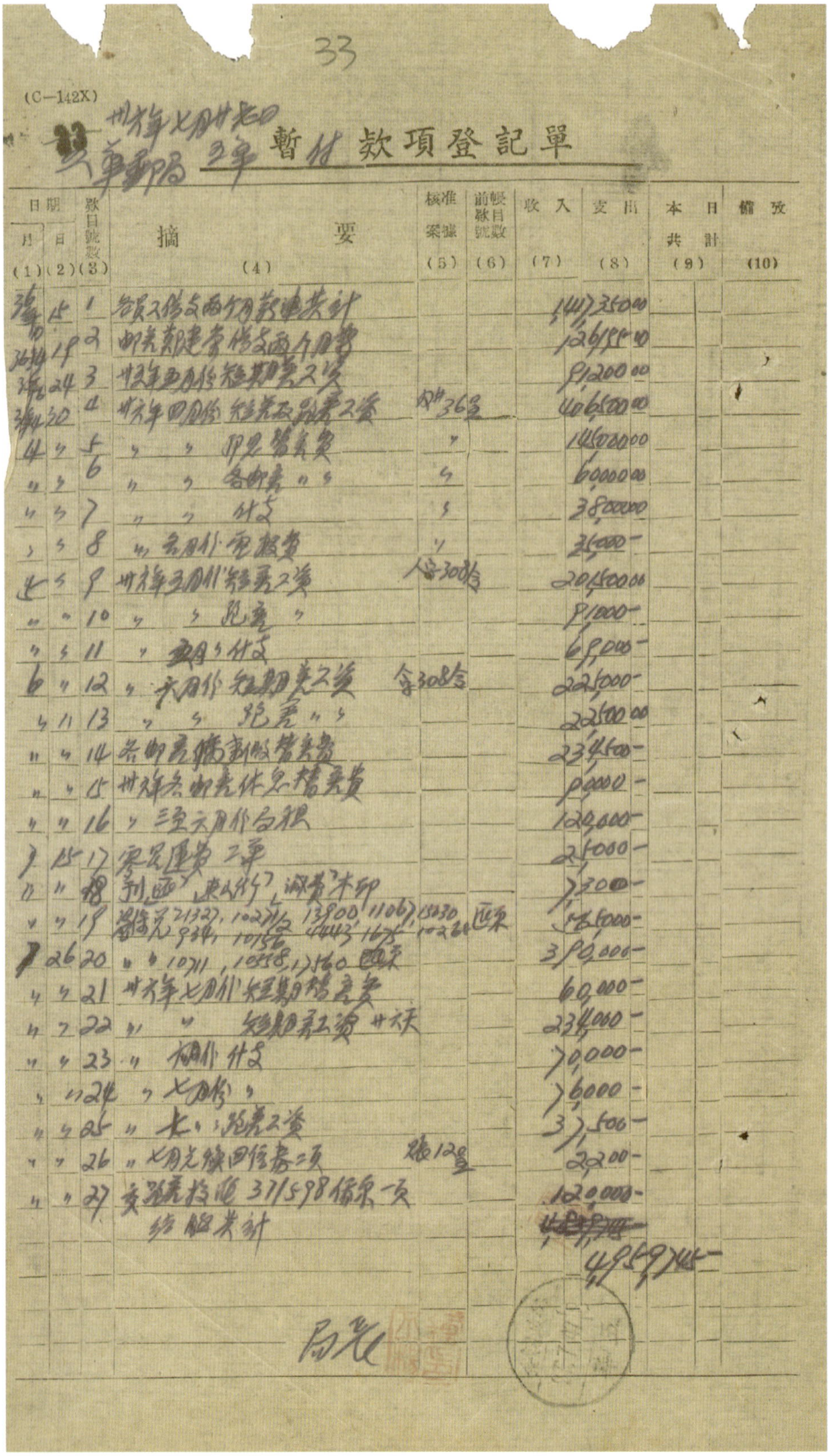

33

(C—142X)

卅六年七月廿七日

五华邮局 三等 暂付款項登記單

日期 月 (1)	日期 日 (2)	款目號數 (3)	摘要 (4)	核准案據 (5)	前帳款目號數 (6)	收入 (7)	支出 (8)	本日共計 (9)	備考 (10)
5	15	1	各员工[illegible]两个月薪津共计				1,441,350.00		
5	15	2	邮差[illegible]两个月薪				1,261,550.00		
5	24	3	卅六年五月份短期差工资				81,200.00		
5	30	4	卅六年四月份短差及[illegible]工资	内#363号			406,500.00		
4	〃	5	〃 〃 [illegible]	〃			145,000.00		
〃	〃	6	〃 〃 各邮差 〃 〃	〃			60,000.00		
〃	〃	7	〃 〃 什支	〃			38,000.00		
〃	〃	8	〃 五月份电报费	〃			25,000—		
5	〃	9	卅六年五月份短差工资	令308号			201,500.00		
〃	〃	10	〃 〃 轮差 〃				81,000—		
〃	〃	11	〃 五月〃什支				68,000—		
6	〃	12	〃 六月份短期差工资	令308号			225,000—		
〃	〃	13	〃 〃 轮差 〃 〃				22,500.00		
〃	〃	14	各邮差[illegible]警差费				234,500—		
〃	〃	15	卅六年各邮差休息[illegible]费				90,000—		
〃	〃	16	〃 三至六月份房租				120,000—		
7	15	17	零星[illegible] 二单				25,000—		
〃	〃	18	[illegible]				7,300—		
〃	〃	19	[illegible]21327，10271/2，13800，11067，13030，934，10156，14443，1673，10260 匯票				[illegible]56,000—		
7	26	20	〃 〃 10711，10358，17560 匯票				380,000—		
〃	〃	21	卅六年七月份短期[illegible]费				60,000—		
〃	〃	22	〃 〃 短期差工资 卅六天				234,000—		
〃	〃	23	〃 [illegible]份什支				70,000—		
〃	〃	24	〃 七月份 〃				76,000—		
〃	〃	25	〃 七〃〃轮差工资				37,500—		
〃	〃	26	〃 七月份[illegible]二页	[illegible]12号			2,200—		
〃	〃	27	[illegible]371598[illegible]一页 结账共计				120,000— ~~[illegible]~~ 4,959,7[illegible]—		

局长 [illegible]

五华三等乙级邮局所存稽查存款数目报告（一九四七年七月二十七日）

[D.—353a]　　　　　　　　　　　　　　　　　　　　　　　　（應存於會計處）

no. 14/36

稽查存款數目報告

（此報告係備一二等局及辦理匯兌三等局用）

中華民國 36 年 7 月 27 日 五華三 等局所存現金及各種票紙等數目

摘要	銀數（元）	角分
（甲）現金		
1. 上月（會計月份）結存之數……　現金	668,121	87
銀行結來	12,030,000	00
2. 售出郵票欠資郵票郵政出版物及各項資費進款（參看乙項）……	1,779,000	00
3. 售出印花稅票及國際兌換券（協款）（參看乙項）……	3,000	00
4. 他項普通進款 國內匯費共79,200元，小款匯費共5,000元	84,200	00
5. 開發國內匯票進款（參看乙項）儲匯款項收入共計（附清單）……	1,936,000	00
6. 開發國際匯票進款：呈報單號數第 上月暫付結餘 等號……	6,133,395	00
7. 所收之國內代收貨價款：登記簿號數第　　等號……		
8. 所收之國際代收貨價款：通知單號數第　　等號……		
9. 所收協撥各款：號數第 貝#1/2，安流#1/3 等號……	14,000,000	00
以上收入各數統共……	36,633,716	87
10. 郵政經常支出各款（參看各收據等）……	7,676,061	25
11. 兌出國內匯票：局內存數 儲匯款項支付共計 繳管理局共（附清單）元　分兌付號數第　　等號	17,255,550	00
12. 兌出國際匯票：局內存數 本月暫付結餘 繳管理局共（附清單）分兌付號數第　　等號	4,959,745	00
13. 兌還國內代收貨價款：局內存數　元　分　繳管理局共　元　分兌付號數第　　等號		
14. 兌還國際代收貨價款：局內存數　元　分　繳管理局共　元　分兌付號數第　　等號		
15. 所發繳撥各款：號數第 貝#1/2 等號	570,850	00
以上支出各數統共……	30,462,206	25
16. 餘存數目 局長櫃內存數 3,921,510元62分　銀行存數 2,250,000元00分　管理售票銀錢員存數　元　分　匯票桌存數　元　分　　存數　元　分	6,171,510	62

（乙）票紙及郵政出版物

	郵票及明信片	匯兌印紙	欠資郵票	印花稅票	國際兌換券	郵政出版物	銀數
1. 上月（會計月份）結存之數……	13,768,000.00	8,441,000.00		464,300.00	10,500.00	15,400.00	22,699,200.00
2. 本月收到之數……	* 270,000.00	†					270,000.00
以上統共……	14,038,000.00	8,441,000.00		464,300.00	10,500.00	15,400.00	22,969,200.00
3. 本月售出之數……	1,779,000.00	1,936,000.00		3,000.00			3,718,000.00
4. 餘存數目……	12,259,000.00	6,505,000.00		461,300.00	10,500.00	15,400.00	19,251,200.00

甲乙兩項實共存…… 25,422,710.62

* 末次收到之票發票單照係第 貝#1/8 號

† 末次收到之印紙發票單照係第　　號

	局長櫃內存數	管理售票銀錢員存數	匯票桌存數	郵票窗口存數	代辦所存數	信櫃存數
甲	11,679,000元00分	元　分	元　分	100,000元00分	741,000元00分	231,000元00分
乙	5,045,000元00分	元　分	元　分	元　分	1,500,000元00分	元　分

證明以上所列各數是實：

五華三等郵局長

日戳

核對：

核對員

驗證相符：

會計長

34

茲特證明以上所列各數經於本日按照所示現金出納帳郵票及匯兌印紙登記簿查點無訛

巡員

閱：

內地管理處處長

閱：

郵務長

中華民國 36 年 7 月 27 日

30,000|18.ix.23.

[D.—353z]

（應存於會計處）

稽查存款數目報告

【此報告係備三等局（非匯兌局）之用】

中華民國______年______月______日______三等局（非匯兌局）所存現金及各種郵票數目

（甲）管理局預付定額票數

1. 郵票……銀圓______元______分
2. 欠資郵票……銀圓______元______分
3. 印花稅票……銀圓______元______分
4. ______……銀圓______元______分

預付定額票數統共銀圓______元______分

5. 該管局發來協款：第______號……銀圓______元______分

預付票數及協款統共銀圓______元______分

（乙）現存各數

（一）郵票等

	局長櫃內存數	郵票窗口存數	統共存數
1. 郵票……	______元______分	______元______分	______元______分
2. 欠資郵票……	______元______分	______元______分	______元______分
3. 印花稅票……	______元______分	______元______分	______元______分
4. ______	______元______分	______元______分	______元______分

各種票存數統共銀圓______元______分

（二）現金

5. 局內存數……銀圓______元______分
6. 繳該管局而在運送途中者……銀圓______元______分
7. 截至本日止所支出各數（參看各收據等）……銀圓______元______分

現金存數統共銀圓______元______分

票現兩共實存銀圓______元______分

證明以上所列各數是實：

日戳

______等郵局長

茲特證明以上所列各數經於本日查點無訛

______

巡員

中華民國______年______月______日

核對：

______

核對員

閱：

______

內地管理處處長

驗證相符：

______

會計長

閱：

______

______郵務長

35

汕头北段邮务视察员李恒作关于五华三等邮局侨汇调查情况给广东邮政管理局的报告书（一九四七年七月三十一日）

汕頭北段郵務視察員

僑匯視察員視察僑匯報告書 第七/56號第乙頁

查視五華三等郵局該局現任局長係由二等五級乙等郵務員鍾亞揚充任

為呈報事職於卅六年七月廿六日由龍川起程於卅六年七月廿七日行抵五華郵局當於即日開始視察至七月卅一日查視完竣~~現擬於　月　日前往~~茲謹將查視該局所得情形報告如後敬請

鑒核謹呈

廣東郵政~~僑匯分發局局長~~管理局

[D.—511x]

28

（一）該局僑匯檔案有無依照次序分別存檔	（一）有。
（二）該局對於本地投遞之僑匯有無遲延情弊如有遲延其延擱之緣由何在	（二）間有延遲，因庫存不足。
（三）該局對於寄交轄下之代辦所及信櫃之僑票及款項是否隨到隨發如有遲延之事其故何在	（三）係由該局直接派人投送，不寄由代辦所或信櫃轉發。
（四）該局對於代辦所或信櫃遲退回批時有無隨即繕發「查單」向該代辦所及信櫃追查	（四）
（五）該局收到之回批有無隨即轉退分發局如有積延情事應即據實報告並隨即糾正	（五）隨即轉退分發局，並無積延。
（六）該局有無積存尚未投交之僑票如有積存係因何故	（六）無。
（七）該局對於投送匯款是否直接送交收款人有無強令收款人到郵局領取之情事	（七）係直接送交收款人。
（八）該局定額存款若干每月經辦僑匯約若干該存款額能否應付兌支僑匯之需要	（八）每月經辦僑匯約五十餘萬元，因數額不鉅，尚可隨時應兌。
（九）該局經手投派人員（如信差及臨時僱差等）有無向收款人索取酬金情弊	（九）無。
（十）該局對於投送僑匯有無強令收款人具保情事	（十）無。
（十一）該局員工對於辦理僑匯之手續是否嫻熟對於其中最重要性「迅速」能否了解	（十一）嫻熟了解。
（十二）其他	（十二）

50,000/31. vii. 29.

29

汕頭北階郵局

僑匯視察員視察僑匯報告書

第 6/36 號第 2 頁

茲將抽查投遞僑匯之情形列表如左

項目 匯票號碼	匯款數目	收款人姓名	發票局名	兌付局名	經手投派人姓名	收到匯票日期	兌付日期	退寄回批日期	兌款情況	收款人意見	視察員意見	分發局批註：兌付查否單據	分發局批註：其他
SS38 S141	一十七万元	陳仲樵	汕頭	五華	陳佛雲	36.4.21	36.4.22	36.4.23	信款俱送交收款人	滿意			
HOSA31 SA611	二万元	湯星	〃	〃	〃	36.4.21	36.4.22	36.4.23	〃	〃			
SS42 S157	五万元	李亞娉	〃	〃	〃	36.5.5	36.5.5	36.5.5	〃	〃			
SS28 S110	一十七万元	鍾遇良	〃	〃	〃	36.4.5	36.4.5	36.4.15	〃	〃			

視察概況　尚稱妥善。

中華民國卅六年七月卅一日

僑匯視察員李恒作 謹呈

副頁呈　儲匯總局營業處　前寄　汕頭分發局

交通部邮政总局关于批准英属吉隆坡邮政函请将该邮区各批信局及其马来亚相关分号之名称及完全地址以中英文造送清表给广东邮政管理局的训令（一九四七年八月十六日）

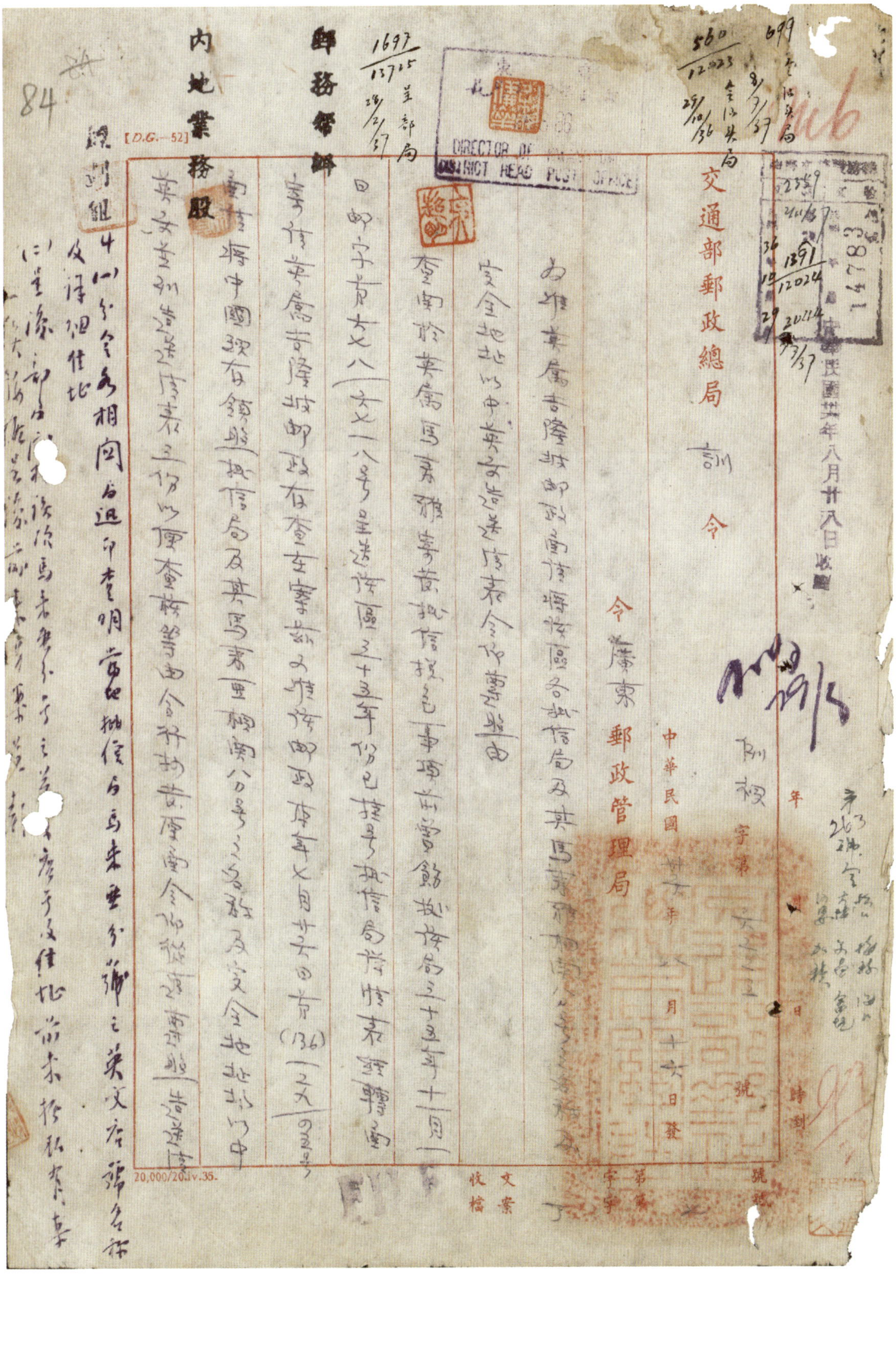
交通部郵政總局 訓令

令廣東郵政管理局

為准英屬吉隆坡郵政函請將該區各批信局及英馬聯...

完全地址以中英文造送清表令仰遵照由

查關於英屬馬來聯邦寄貴批信投遞事項前曾飭將該局之十五年十一月一日郵字第六七八（六七一八號）呈送該區三十五年份已挂號批信局詳情表轉函寄往英屬吉隆坡郵政在案茲又准該郵政本年七月廿六日第（136）（一之九）……將中國現有領照批信局及其馬來亞相關分號之名稱及完全地址均以中英文各別造送清表三份以便查核等由合行抄發原函令仰從速查照造送清表……

中華民國卅六年八月十六日發

郵務督辦

內地業務股

DIRECTOR OF ... DISTRICT HEAD POST OFFICE

[文一5甲]

表〇〇，仰即遵照分别存轉。此令

抄發吉隆坡郵政來函一件

局長　霍錫祥

邮政公事用紙

第二頁

200,000/1.V.35.

- COPY -

Headquarters,
Postal Service Department, Malaya,
Kuala Lumpur.

(136) in 129/45.

Date, 26th July, 1947.

Sir,

I have the honour to refer to my letter No. (88) in this series dated the 12th August, 1946, and to subsequent correspondence on the subject of Licensed Clubbed Packet Letter Collectors in the Kwangtung Province referred to in your letter No. 29467 Kuala Lumpur.
General No. 463

2. The list showing particulars of Pi-Hsin-Chu forwarded with this letter dated 19th November 1946, has been circulated throughout the Divisions of this Administration, but considerable difficulty has been experienced in identifying the names of the agents operating in Malaya.

3. I should be extremely grateful if you could arrange for 3 copies of the list of Licensed Pi-Hsin-Chu (i.e., Clubbed Packet Letter Collectors), at present current, with the name and full postal address of the Pi-Hsin-Chu in China in English and Chinese characters, together with the full name and full postal address of the respective agent in Malaya also given in English and with the Chinese characters.

4. I regret the inconvenience which may be caused to your Service by this request, but, in view of the difficulties in tracing the agents named I would ask that the full postal addresses in particular be quoted as from investigations made there would appear to be a large number of agents operating in this territory who are not in possession of licences from this Administration. In certain instances, the persons named as Clubbed Packet Letter Collectors in China, whose agents in Malaya have been traced are certainly not holders of licences from this Service but, in view of the possible difference in romanisation of Chinese characters and a lack of full postal address, action cannot be taken without further enquiry.

I have the honour to be,
Sir,
Your obedient Servant,

Signed: Illegible.
for Ag. CONTROLLER OF POSTS,
MALAYA.

To

The Director-General of Posts,
NANKING, CHINA.

86

True copy:

C. P. King

汕头一等邮局营业主任陈伟文关于汕头一等邮局改革情形及拟请改革事项致主任视察员张瑞符的呈（一九四七年八月二十日）

101

查本局營業部份近来已在積極整頓中，且有顯著之成就，亦謹將改革情形，及擬請改革事項，縷陳如左，敬祈

察核。謹呈

視察主任張

汕頭一等郵局營業主任 陳偉文 謹呈 卅六、八、廿、

(甲)改革情形

(一)開門營業時間，平日每天由十一小時改為十二小時，假日由三小時改為六小時。

(甲)平日 八点至二十点。

(乙)例假 九点至十二点，十四点至十七点。

(二)員工辦公時間，每人每日八小時，星期日每二週每人輪值一次，每週每人辦公總時間共五十二小時。

(三)近因海運暢通，航空班期增多，原有運輸員二人，已無法應付，經調前運輸主任羅樹標君指揮本局運輸事務，全部汽車伕舵工機匠水手及各路郵差，均歸運輸部管理，自經此次改組後，對于郵件之迅捷，裨益甚多。

(四)因鑒本局售票窗口，儲金滙兌窗口，對于大宗滙兌存款，及大宗購票，均無法迅速点數鈔票，而該窗口擁擠，存款人進款人久待，已將收支部份加強組織，充實人手，并移置於局前办公，办理以来成效甚著。

(五)関于本局清潔事務，恢復以前办法，調郵差鄭陽石兼办，現時局容煥然一新。

(六)為便利公衆投寄信件趕及輪車起見，經在潮陽碼頭、汕樟公路車站，及潮汕公路車站等處附近地方設立信箱，以便接送郵件差工於交寄郵件時開箱取出相関平信，封成郵件一套，一併交輪車箚收帶運。

~~99~~ ~~101~~
103

（乙）擬請改革事項

（一）查本局人數一百二十一人，除總務組會計組視察室一十九人外，其餘一百零一人（營業主任不計入）均由營業主任指揮，現營業以下共設六組（儲匯組、包裹組、收發組、航快組、掛號組、報值組），查各組人數頗不平均，收發組六十三人，單位過為龐大，以致組長指揮困難，現暫將運輸部份人員劃開，辦理以來，成績甚佳，擬准予將運輸部份另立專組，並派羅樹標君為組長，以專責成。

（二）本局收支員原隸屬於會計組，但實際上現時收支員應負責對外界交收大宗款項，故收支員工作，對外多於對內，而現時收支枱已遷在局前辦公，實際上已屬於營業之一部。再本局售票窗口，原組織不屬於任何組，在組織系統上頗有未妥，擬將收支及售票成立一專組，收支員魏光明派任組長，以明系統，而專責成。

（三）查本市共分十投遞段（角石段，市內九段）本局信差十七人，稽查差一人，除十人投遞平常信件外，其餘七人則投派掛快郵值等，因無後備信差，故當信差有人患病時，輒須抽調掛快差頂補，因此而影響於掛快信之迅捷，如請病信差人數較多時，三人以上又須將郵值郵件交由平信差投派，以是而又影響于平信郵值兩項郵件，未能迅速派出。

再查本局現鑑于五点後抵局之信件，不能於即日清派，此点困難擬盡力解決，但因信差人手缺少甚多，迄今仍不能圓滿解決，值茲最高當局極力注重於郵件投派迅速之時，對于本局信差人手，亟應充實，能增調派信差四名，則投遞工作，當可迅速解決。

（四）本局前曾建議在本市設立郵亭七座，暫行先設二座，經呈奉核准，其餘五座，擬請准予按照預定計劃，在各適當地點继續設立，以便公眾投寄。

广东邮区内地邮务主任视察员张瑞符关于汕头一等邮局改革事宜致广东邮政管理局局长黎仪燊的呈（一九四七年八月二十三日）

93

〔文一4乙〕

97

廣東郵區內地郵務主任視察員 呈

內字第五七號

中華民國三十六年八月廿三日發

年 月 日 時到 號

事由 為呈擬汕頭局改革事宜由

查職此次來到汕頭局覆查指數之便，並將該局局務查視，茲將應行改革事務，分陳於左，敬祈

鑒核。〃

謹呈

廣東管理局局長黎

計開

(一)該局失修日久，內部多處滲漏，電燈膠線殘舊，漏電堪虞，倘不修理，最易發生危險，該局經將修理估價單隨同第一七二〇八七一號呈文呈繳

第一頁

第 字 號　第 字 號

文案 收檔

7,000,000/13.vi.29.

94
F6
98

〔文一5乙〕

核示，擬請轉呈 鈞局准予修理，俾便早日施工。

(二)該局入口批信，自本年六月一日起，加收國內互寄郵資後，以最近三個月計，平均每月收入六千餘萬元，此項資費，倣照包裹印紙辦法，將原包批信計其郵資後，即將應納郵費貼在郵局特備之單張，(附呈單張式樣)用日印盖銷然後剪為兩幅，以半幅存據，半幅交回批信局，并將批信逐件加盖「國內互寄郵資已納足，特准批信局專人帶送」等字樣之木戳，交由批信局專人帶往內地各處投遞。此種單張，前後兩用，祇可貼票十萬元，(以高額票五千元計)惟每一批信局應貼國內郵資之批信，每次以四五十萬元者，百餘萬元者，亦屬常有，擬請轉陳 鈞局印發一二五萬元郵票三種，以備黏貼批信國內郵資之用，而免多耗人力物力。

郵政公事用紙

第二頁

4,000,000/27. vi. 30.

97 95

99

[文一5乙]

（三）加蓋入口批信之木戳（即國內互寄郵資已納足特准批信局專人帶送之木戳）
擬請改用銅製，因木質不堅，蓋用兩三天，即已模糊，不時添製，耗費不少。
（四）該局現有登陸艇一艘，接寄輪船郵包甚便，原日購置之電船一艘，大小木艇
二艘，已不需用，擬請准予就地變賣，以免廢置。該電船重約二十噸，如託由輪
船運穗，約需運費港幣一千二百元，但各輪船無此鉅大起重機，無法代運。
（五）該局消防器具，祇有滅火筒，設備未週，擬請准予補置鐵水桶十二個、銅水
筆二枝，以備遇有火警時，迅速灌救。
（六）該處現有郵亭二座，一在新興路，一在一中附近，殊嫌過少，未足適應當地需要，
已着該局在商業繁盛地點，增設三座，便利民衆投郵。
（七）該處交通，逐次暢達，往來港暹南洋等地輪船，陸續增加，飛機班期，又改為每

第二頁

郵政公事用紙

4,000,000/27. vi. 30.

98

96

100

［文一6乙］

星期飛行二次，故該局業務，亦較前發達，以最近三個月計，郵儲收入平均每月約有五億一千四百餘萬元，支出一億五千四百餘萬元，盈餘三億六千餘萬元，收寄包裹平均每月亦有一千二百餘件，收入資費三千三百餘萬元，惟該局原有倉庫，地面卑濕，容積有限，祗可存將郵件三百餘袋，實不敷用，如郵政經濟好轉宜將該局倉庫改建。（改建該局倉庫現需建築費四億一千餘萬元）

附呈收支數目表包裹資費表批信國內郵資表及批信貼納國內郵資單張式樣共四紙

主任視察員張雨符

第四頁

郵政公事用紙

4,000,000/27. vi. 30.

附一：汕头邮局一九四七年六至八月份开立储金帐户及新立寿险契约、八月份各项储金结存数目及帐户数目表

106

102

汕頭郵局卅六年六七八三個月開立儲金帳户數目表

月份	存簿儲金開立户数	支票儲金開立户数	定期儲金開立户数	總共户数
六月份	2	-	-	2
七月份	2	1	-	3
八月份	3	5	-	8
共計	7	6	-	13

汕頭郵局卅六年六七八三個月新立壽險契約數目表

月份	新立契約户数	備攷
六月份	-	
七月份	-	
八月份	1	
共計	1	

汕頭郵局卅六年八月份各項儲金結存數目及帳户數目表

種類	存户結存總數	存户数目	備攷
存簿儲金	$15,039,027.78	2268	
支票儲金	$34,921,511.11	112	
定期儲金	$ 155,930.59	37	
共計	$50,116,469.48	2417	

汕頭郵局卅六年八月份壽險契約共計 146 件

附二：汕头一等邮局总务会计及视察部分员工人数表

10x-1

108

~~106~~

汕頭一等郵局總務會計及視察部份員工人數表

部門	員	佐	聽差	什差	備註
總務組（包括郵袋、庶務兩股）	2	5	2		
會計組（包括辦理僑滙）	6	1	1		
視察室	2				視察員一名，及儲備人員一名暫派視察室助理
共計	10	6	3		總共19*

（*另局長公寓什差一名，更夫一名，合計廿一人）

附三：营业主任所属部门员工人数表

营業主任所屬部門員工人數表

各部名稱	員	佐	稽查差	信差	聽差	什差	郵差	水手	衛役	更夫	汽車司機	舵工	機匠	總共
營業主任	1	1	-											
郵件組	6	6				5								
掛号郵件組	3	5			2									
航空快遞組	2	2			1	1								
儲匯組	2	2			1									
包裹組	4				1	1								
僑批組	1	1				1								
收支售票股	1	4			1									
運輸股		3					5	6			1	2	2	
稽查差			1	17		4		2	1	1				
郵亭		1			1									
總共人數	20	25	1	17	7	12	5	8	1	1	1	2	2	102

108

109

附四：汕头一等邮局战前及现在员工人数表

汕頭一等郵局戰前及現在員工人數表

等級	副郵務長（局長）	郵務員	郵務佐	信差	郵差	聽差	力夫	船夫舵工	汽車司機	汽船機匠	其他差役	臨時僱員	共計	臨時差	備註
廿六年十二月	1	45	32	34	4	10	13	15	2	2	8		166	7	
廿八年六月二十日	1	45	28	36	4	11	13	15	2	2	8	9	174	7	
三十六年現有人數	1	31	30	18	4	10	11	11	1	2	4		123		

~~106~~

110

110

附五：汕头邮局一九四七年六至八月份开发及兑付各种汇票详情表

汕头邮局卅六年六、七、八月份開發各種匯票詳情表

	張數	普通匯票	張數	小款匯票	張數	高額匯票	張數	電報匯票	張數	華僑匯票
六月份	1380	145.489.200,00	68	2.909.000,00	23	130,120,000,00	49	129.720,000,00	599	78,462,410,00
七月份	1297	154.798.200,00	70	3.082,000,00	48	219.741.000,00	36	216,780,000,00	789	163.024.126,74
八月份	1376	220.316.000,00	48	2.955,000,00	55	272,337,500,00	46	372,360,000,00	1184	228,983,845,83
共計	4053	520,603.400,00	186	8,946,000,00	126	622,198,500,00	131	718.860,000,00	2582	470,470,382,57

兑付各種匯票詳情表

	張數	普通匯票	張數	小款匯票	張數	高額匯票	張數	電報匯票	張數	華僑匯票
六月份	1528	224.282,000,00	43	1.092,800,00	71	159.328,730,00	57	187.600,000,00	23	5,230,000,00
七月份	1589	311.962,000,00	48	1.554.000,00	38	149.695.800,00	52	302,405,000,00	24	12,083,737,74
八月份	1514	347.490,450.00	33	1.302,000,00	69	356,992,000,00	49	281.400,000,00	47	22.432,458,53
共計	4631	883,734.450.00	124	3,948,800,00	178	666,016,530,00	158	771.405,000,00	94	39,746,196,27

汕頭一等郵局 儲匯組

三

108

三十六年六，七，八月份包裹統計表

月份	窗口收寄		售票數目	接收		備註
	國內	國際		國內	國際	
六月份	1011	139	$24,084,850.	3494	290	
七月份	1119	182	$37,333,400	2289	180	
八月份	1140	229	$39,569,950	2295	248	
共計	3270	550	$100,988,200	8078	718	

110

113

113

附七：汕头邮局一九四七年六至八月份售出邮票印花税票及开发华侨汇票表

114

~~111~~ 117

汕頭郵局本年六七八三個月售出郵票印花稅票及開發華僑匯票表

類別	六月份	七月份	八月份
普通郵票	$71,279,000.00	$111,032,000.00	$156,593,000.00
貼批信郵票	276,205,000.00	$362,111,000.00	$381,415,000.00
包裹印紙	$24,400,000.00	$37,678,000.00	$38,700,000.00
共計	$371,884,000.00	$510,821,000.00	$576,708,000.00

印花稅票	$42,860,000.00	$47,796,000.00	$79,630,000.00

開發匯票	599¢ $78,462,410.00	789¢ $163,024,126.74	1,194¢ $228,983,845.83

附八：汕头邮局一九四七年六至八月份储汇损益及邮政损益统计表

115

月份	儲滙損益			郵政損益		
	收入	支出	盈虧	收入	支出	盈虧
六月	$19,400,972.20	$5,273,376.00	$14,127,596.20	$375,562,395.90	$53,903,795.90	$321,658,600.00
七月	$33,608,321.32	$4,689,917.00	$28,918,404.32	$512,537,091.00	$62,181,166.00	$450,355,925.00
八月	$23,193,810.66	$26,717,421.01	$ 3523,610.35	$578,613,321.30	$309,387,353.30	$269,225,968.00

附九：汕头一等邮局一九四七年六至八月份所收国内批信件数及邮资款数表

116.

汕頭一等郵局卅六年六七八月份所收國內批信件數及郵資款數：

月份（會計月份）	國內批信件數（各批局專人自帶）	國內互寄郵資款數	備攷
六月份	81,923 件	N$16,384,600.00	六月一日起[illegible]收
七月份	96,606 件	N$63,474,800.00	七月二日起國內郵資改為五百元
八月份	100,512 件	N$100,512,000.00	
共計	279,041 件	N$180,371,400.00	

附管見：

每次每家批局貼納國內互寄郵資最多者有二百餘萬元其餘居多貼納四十餘萬元現郵票最高額者僅五千元擬請印發一萬「五萬」「十萬」元高額郵票如不可能擬請將現成郵票加印高值數目專供批局之用以資節省郵票之工料費及簡約貼用時各種之手續與時間。

上列管見　敬請

察核。

汕頭郵局僑批組呈

SWATOW 8.38 頭汕

113

邮政储金汇业局关于更改厘定普通组汇费办法给各邮政管理局、邮政储汇分局的训令（一九四七年九月十一日）

郵政儲金滙業局訓令

滙乙通字第四六/一五三/一五三八號

中華民國卅六年九月十一日

為關於更改釐定普通組滙費辦法令仰遵照由

令各郵政管理局、儲滙分局

查現時普通組滙費（即普通滙兌局間或普通滙兌局與特種滙兌局間互開滙票所收之滙費）依照國內普通滙兌辦事細則第七八九條規定計包括下列四項：

（子）基本費　此項資費係以發滙局為對象，依據辦理滙兌之工料各費以及各屬局向管理局繳解滙兌餘款之費用暨損失而分類訂定之，含有若干區定性質

（丑）加收費　此項資費係以兌付局為對象，按照管理局向各屬局滙撥滙款之費用及損失而分組釐訂之，亦含有若干類定性質

（寅）補水費　此項資費係依照各局發生之特殊情形而訂定之，計分左列四種：

（甲）由管理局飭知所屬各局向他區開發滙票時收取者

（乙）由管理局函請他區向其所屬各局開發滙票時收取者

（丙）由管理局飭知某某一處或數處屬局向其他各局開發滙票時收取者

（丁）由管理局飭知所屬各局並函請其他各區向某某一處或數處屬局開發滙票時收取者

（1）

FILE

27

(2)

上列(甲)(丙)兩項補水費係以發匯局為对象(乙)(丁)兩項補水費則以兑付局為对象均屬暫時性質

(卯)特補費　此項資費係因上列(子)項所載彌補工料各價之一部份基本費不足由本局特予另行訂定通令各匯局一体收取之

綜上以觀具見釐訂普通組匯費之合理化但亦可知其複雜性惟其合理故原則仍應維持惟其複雜故辦法宜予更訂兹將依据既定原則應予更訂之辦法申述於次

(一)更訂之重心　按原訂辦法所以錯綜複雜者实因匯率係照各局個別情形釐定而又變動頻繁之故其結果乃發生左列五項缺陷：

(1)各局開發匯票時因須翻閱「國內匯票資例彙編」查明对於兑付局之匯率以致手续延緩对内增加人工对外則引起匯款人之不耐

(2)各局未能將对他局之匯率列表揭示以供匯款人之查核

(3)發匯局收取匯費易滋錯誤

(4)管理局核对各屬局所收匯費頗為費時費事

(5)各區因更改範圍廣泛之匯率而須發出多次匯兑通函及通告

更訂辦法之重心即在免除以上諸項缺陷而仍無損於匯費之实際收入

(二)更訂之方式　就上述重心而更訂辦法其唯一方式即每一郵區將所屬各局個別普通組匯費率依其開發及兑付區內或區際匯票款數比例予以平均劃一其步驟詳述如左：

28

(1)第一步　按照第一號附件式樣將現行按照本區各局開發匯票及兌付(3)情形應收之區內及區際普通組匯費彙列一表稱爲第一表所有上開(子)(丑)(寅)(卯)四項資費均應按局羅列無遺並應由百分率改爲千分率(例如百分之一(又半)—即每元半分—改爲千分之五百分之一改爲千分之十等等)俾核訂平均劃一匯費較爲準確(開發某某區匯票應收之區際基本費特准定爲千分之五(即百分之一之半)者(參閱國內普通匯兌辦事細則第九條第三節)則對該區應將第一表第(4)欄另行列明倘開發或兌付某某區匯票應收之區際補水費與開發或兌付其他各區匯票應收之區際補水費不同者則對該區亦應將第一表第(4)欄第(5)欄另行列明惟本區內如有若干普通匯兌局向其素有聯繫各局開發匯票經特准減收特補費者第一表內仍應將各該局之特補費一律按千分之四十(即每元四分)填列

(2)第二步　按照第二號附件式樣將上一個月本區各局開發及兌付區內暨區際普通匯票(包括限額匯票及電報匯票)其收取普通組匯費者之款數彙列一表稱爲第二表

(3)第三步　依據上開第一二兩表所列數字核訂四種平均劃一匯費率即：

(A)依據第一表第(2)欄及第二表第(3)欄數字核訂照各局開發匯票情形應收之區內平均劃一普通組匯費率

(B)依據第一表第(3)欄及第二表第(4)欄數字核訂照各局兌付情形應收之區內平均劃一普通組匯費率

29

(C) 依據第一表第(4)欄及第二表第(3)欄數字核訂照各局發匯情形(4)
應收之區際平均匯一普通組匯費率

(D) 依據第一表第(5)欄及第二表第(5)欄數字核訂照各局兌付情形
應收之區際平均匯一普通組匯費率

核訂以上四種平均匯一匯費率之程序即係將全區各局詳實個別匯費率（第一表第(2)(3)(4)(5)四欄）依其數目分類並將同一類匯率之各局開發或兌付區內或區際匯票款數（第二表第(2)(3)(4)(5)欄）相加次照每類匯率計算於該類各局開發或兌付區內或區際款額應收之匯費數目並將其總數結出然後就此項匯費總數與全區各局開發或兌付區內或區際總額核算平均匯（一匯費率所有千分之一之零數一律進為千分之一其整數即稱為核算率再將此項核算率另加千分之一之差額以備彌補應收較高匯費各局開發或兌付款數驟增時所受之損失其總數即稱為訂定率

上述核訂四種平均匯一匯費率之程序應分別按照第三四五六號附件式樣案列四表稱為第三四五六表

(4) 第四步　將第三表之訂定率與第四表之訂定率相加其總數即為區內兩局間應收之平均匯一匯費率

(5) 第五步　將第六表之訂定率按照情形用航空郵遞公函或電報通知各區管理局以資迅捷此項電報應一律按左列式樣拍發（為避免錯誤起見匯率應用華文及阿剌伯數目字並列）：

「本區第六表區際平均劃一滙率定為千分之十五(15/1000)」

(6)第六步 收到他區通知第六表內所列訂定率之航空郵遞公函或電報後應即同樣用航空郵遞公函或電報通知一面將該項訂定率與第五表之訂定率相加其總數即為區際兩局間應收之平均劃一滙費率・

(7)第七步 將上述區內及區際兩局所應收之兩種平均劃一滙費率通知所屬各局此項通知亦應儘以最快速遞送(惟於較小各滙兌局不必用電報)各屬局收到後亦應同樣呈復管理局

(三)更訂辦法之實施 依照以上第(二)節所述方式更訂區內及區際兩局間應收之平均劃一滙費率均定自卅六年十一月一日起實行是以卅六年十月十日左右各區管理局應先照上列第(二)節所載第一步方法依據當時所屬各局俱對普通組滙費率繕製第一表次照同節所載第二步方法依據所登卅六年九月份所屬各特種滙兌局所開及所兌收普通組滙費之區內暨區際滙票款數以及同一月內所屬各普通滙兌局開發及兌付區內暨區際滙票款數(參閱本局卅五年八月十七日訓令京滙通字第七九六〇號及卅五年九月廿五日代電京滙通字第九八〇一號)繕製第二表(該表內所列各局數字其時期務須相同不得參差故若各局卅六年九月份數字尚未齊全者則應就其卅六年八月份數字繕製第二表)再次照上開第(二)節所述第三步方法繕製第三四五六表後次照同節所載第四步至第七步方法將第六表之平均劃一滙費訂定率於卅六年

(5)

31

六月十五日以前通知其他各區管理局然後將區内及區際兩局間應(6)收之平均劃一滙費率及早令知所屬各局務期一体自卅六年十一月一日起实行開始收取

卅六年十一月一日起各滙兑局及办理小款滙兑代办所開發區内及區際小款滙票之滙費亦應予以改訂以分別較上述新訂之區内及區際平均劃一普通組滙費率高千分之十五為準以前所訂平均劃一小款滙票滙費率一律取消（例如區内平均劃一小款滙票滙費率原訂數目為百分之七而对於其他各種滙票新訂之區内平均劃一普通組滙費率為千分之六十五則上項平均劃一小款滙票滙費率應改訂為千分之八十）

各管理局令知所屬各局所改按千分率收取上述新訂之平均劃一滙費時應舉例説明以免误收

各管理局應將區内及區際平均劃一普通組滙費率暨平均劃一小款滙票滙費率照常通知同一區内各儲滙分局轉知其所屬各办事處一律自卅六年十一月一日起實施

各局所應將上述區内及區際平均劃一滙費率按照第七號附件式樣列表張貼滙兑窗口俾衆週知

每一郵區所訂區内及區際兩局間應收之平均劃一普通組滙費率以及平均劃一小款滙票滙費率應由最捷郵遞通知其他各區管理局各該管理局收到此項通知後亦應由最捷郵遞轉知所屬各局所以便查

閱

上述之一二三四五六表均應正確編製不得有絲毫錯誤纖細之錯誤即足以影響整個滙費收入是以各該表編就後應由財務幫办或会計股股長或其指派之資深人員親自詳細核对以昭慎重各該表並應另錄一份寄送本局滙兑處以備查考

（四）更訂办法實施後之調整 各區實行收取區内及區際平均劃一普通組滙費後仍應切实遵照國内普通滙兑办事細則第七條及第八條規定將所屬各局之個別基本費加收費及甲乙丙丁四項補水費隨時加以調整并仍按千分之五（即百分之一之半）之倍數計算俾使應予調整之各該項資費屬於較小之甚微局或兑付局而对於平均劃一滙費率無何影響亦不得漠視唯調整之上項個別資費自毋庸再按以前办法用滙兑通函及通告知照其他各區及各屬局祇須按照上列第（二）節所載第一步及第三步方法將第一表及第三四五六表予以修正如修正後重行核訂之平均劃一滙費率與上次所核訂者仍屬相同則同節所載第四步至第七步办法自不必办理否則應即再按各該步方法將重訂之平均劃一滙費率通知其他各區及各屬局暨其所轄办理小款滙兑之代办所同時并通飭該區區内各儲滙分局轉知其所屬各办事處

自卅六年十一月份起各區應於每月之初依据上一個月所屬各局所用及所兑收取普通組滙費之區内暨區際滙票款數，分别按照上開第（二）節所載第二步方法重行繕製并將第三四五六表照同節所述第三步

（7）

33

方法予以修正至修正後是否應再照同節所列第四步至第七步办法 (8)
办理亦視改訂之平均劃一滙費率與以前所訂者有無差異而定
各局所收到管理局改訂平均劃一滙費率之通知後應即將張貼滙兑
窗口之滙費表照改或另製新表張貼
各區每次修正之第一二三四五六表亦應另錄一份寄送本局滙兑處備攷
其改訂區内及區際兩局間應收之平均劃一普通組滙費率以及平均劃
一小款滙票滙費率亦應照上開第(三)節办法通知其他各區轉告其所
屬各局所備查
各特種滙兑局間互開滙票所收之特別組滙費仍應照現行規定办法釐
訂並無變更
以上各節合行令仰遵照并轉飭所屬各局所一体切实遵照办理為要
此令

附件如文

局長 谷春藩

附一：现行按照本区各局发汇及兑付情形应收之区内及区际普通组汇费表

34

（第一號附件）

現行按照本區各局發匯及兌付情形應收之（郵區）區內及區際普通組匯費表

局名 (1)	按照發匯情形應收之區內匯費 (2)				按照兌付情形應收之區內匯費 (3)			按照發匯情形應收之區際匯費 (4)					按照兌付情形應收之區際匯費			
	基本費	丙*項補水費	特補費	總數	加收費	丁*項補水費	總數	基本費	甲*項補水費	丙*項補水費	特補費	總數	加收費	乙*項補水費	丁*項補水費	總數
管理局及其支局	5‰	—	40‰	45‰	—	—	—	10‰	20‰	—	40‰	70‰	—	10‰	—	10‰
屬局 a	5‰	—	40‰	45‰	—	—	—	10‰	20‰	—	40‰	70‰	—	10‰	—	10‰
〃 b	5‰	—	40‰	45‰	—	—	—	10‰	20‰	—	40‰	70‰	—	10‰	—	10‰
〃 c	5‰	—	40‰	45‰	—	—	—	10‰	20‰	—	40‰	70‰	—	10‰	—	10‰
〃 d	5‰	—	40‰	45‰	—	—	—	10‰	20‰	—	40‰	70‰	—	10‰	—	10‰
〃 e	5‰	—	40‰	45‰	—	—	—	10‰	20‰	—	40‰	70‰	—	10‰	—	10‰
〃 f	5‰	—	40‰	45‰	—	10‰	10‰	10‰	20‰	—	40‰	70‰	—	10‰	10‰	20‰
〃 g	5‰	—	40‰	45‰	—	10‰	10‰	10‰	20‰	—	40‰	70‰	—	10‰	10‰	20‰
〃 h	5‰	—	40‰	45‰	5‰	10‰	15‰	10‰	20‰	—	40‰	70‰	5‰	10‰	10‰	25‰
〃 i	5‰	—	40‰	45‰	5‰	—	5‰	10‰	20‰	—	40‰	70‰	5‰	10‰	—	15‰
〃 j	5‰	—	40‰	45‰	—	—	—	10‰	20‰	—	40‰	70‰	—	10‰	—	10‰
〃 k	5‰	—	40‰	45‰	5‰	—	5‰	10‰	20‰	—	40‰	70‰	5‰	10‰	—	15‰
〃 l	5‰	—	40‰	45‰	10‰	—	10‰	10‰	20‰	—	40‰	70‰	10‰	10‰	—	20‰
〃 m	5‰	—	40‰	45‰	—	—	—	10‰	20‰	—	40‰	70‰	—	10‰	—	10‰
〃 n	5‰	—	40‰	45‰	—	—	—	10‰	20‰	—	40‰	70‰	—	10‰	—	10‰
〃 o	10‰	—	40‰	50‰	—	—	—	15‰	20‰	—	40‰	75‰	—	10‰	—	10‰
〃 p	10‰	—	40‰	50‰	5‰	20‰	25‰	15‰	20‰	—	40‰	75‰	5‰	10‰	20‰	35‰
〃 q	10‰	—	40‰	50‰	5‰	—	5‰	15‰	20‰	—	40‰	75‰	5‰	10‰	—	15‰
〃 r	10‰	—	40‰	50‰	5‰	20‰	25‰	15‰	20‰	—	40‰	75‰	5‰	10‰	20‰	35‰
〃 s	10‰	—	40‰	50‰	5‰	—	5‰	15‰	20‰	—	40‰	75‰	5‰	10‰	—	15‰
〃 t	10‰	—	40‰	50‰	10‰	—	10‰	15‰	20‰	—	40‰	75‰	10‰	10‰	—	20‰
〃 u	15‰	30‰	40‰	85‰	10‰	—	10‰	20‰	20‰	30‰	40‰	110‰	10‰	10‰	—	20‰
〃 v	15‰	—	40‰	55‰	15‰	15‰	30‰	20‰	20‰	—	40‰	80‰	15‰	10‰	15‰	40‰
〃 w	15‰	—	40‰	55‰	15‰	15‰	30‰	20‰	20‰	—	40‰	80‰	15‰	10‰	15‰	40‰
〃 x	15‰	30‰	40‰	85‰	20‰	—	20‰	20‰	20‰	30‰	40‰	110‰	20‰	10‰	—	30‰
〃 y	20‰	45‰	40‰	105‰	20‰	—	20‰	25‰	20‰	45‰	40‰	130‰	20‰	10‰	—	30‰
〃 z	20‰	50‰	40‰	110‰	15‰	—	15‰	25‰	20‰	50‰	40‰	135‰	15‰	10‰	—	25‰

*即國內匯兌營業規章細則第八條第二節所載甲乙丙丁四項補收費

附二：以往一个月普通汇兑局间及普通汇兑局与特种汇兑局间互换区内及区际普通汇票高额汇票暨电报汇票款数表

35

第二表

--------------郵區　（第二號附件）

以往一個月普通匯兑局間及普通匯兑局與特種匯兑局間互換區內及區際普通匯票高額匯票暨電報匯票（即收取普通組匯費之匯票）款數表

局名 (1)	本區各局開發匯票款數		本區各局兌付匯票款數	
	區內 (2)	區際 (3)	區內 (4)	區際 (5)
管理局及其支局	$164,000,000.00	$326,000,000.00	$102,000,000.00	$185,000,000.00
局局 a	6,500,000.00	15,000,000.00	3,000,000.00	8,000,000.00
〃 b	6,000,000.00	11,000,000.00	5,000,000.00	7,000,000.00
〃 c	5,000,000.00	8,000,000.00	1,600,000.00	4,000,000.00
〃 d	5,500,000.00	10,000,000.00	2,500,000.00	6,000,000.00
〃 e	2,000,000.00	5,000,000.00	1,200,000.00	2,500,000.00
〃 f	3,800,000.00	7,000,000.00	600,000.00	1,000,000.00
〃 g	3,200,000.00	6,000,000.00	700,000.00	1,500,000.00
〃 h	4,700,000.00	9,000,000.00	1,200,000.00	2,000,000.00
〃 i	5,800,000.00	12,000,000.00	1,700,000.00	2,600,000.00
〃 j	2,500,000.00	4,000,000.00	400,000.00	1,000,000.00
〃 k	6,000,000.00	10,000,000.00	1,800,000.00	3,000,000.00
〃 l	3,200,000.00	7,000,000.00	800,000.00	1,500,000.00
〃 m	8,000,000.00	14,000,000.00	3,900,000.00	8,000,000.00
〃 n	3,800,000.00	7,000,000.00	2,700,000.00	5,100,000.00
〃 o	8,300,000.00	17,000,000.00	7,300,000.00	12,000,000.00
〃 p	6,000,000.00	15,000,000.00	1,000,000.00	2,500,000.00
〃 q	4,200,000.00	7,000,000.00	600,000.00	1,000,000.00
〃 r	3,500,000.00	8,000,000.00	5,300,000.00	10,000,000.00
〃 s	4,900,000.00	10,000,000.00	1,100,000.00	2,070,000.00
〃 t	6,200,000.00	11,700,000.00	2,500,000.00	4,700,000.00
〃 u	2,700,000.00	5,000,000.00	560,000.00	1,000,000.00
〃 v	2,900,000.00	7,000,000.00	1,800,000.00	3,030,000.00
〃 w	3,400,000.00	6,200,000.00	4,300,000.00	8,600,000.00
〃 x	1,700,000.00	3,900,000.00	1,200,000.00	[illegible],000,000.00
〃 y	3,100,000.00	7,500,000.00	600,000.00	1,400,000.00
〃 z	540,000.00	1,600,000.00	1,200,000.00	3,750,000.00
總數	277,440,000.00	550,910,000.00	156,700,000.00	291,350,000.00

附三：依据第一表第（2）栏及第二表第（2）栏数字核订照各局发汇情形应收之区内平均划一普通组汇费率表

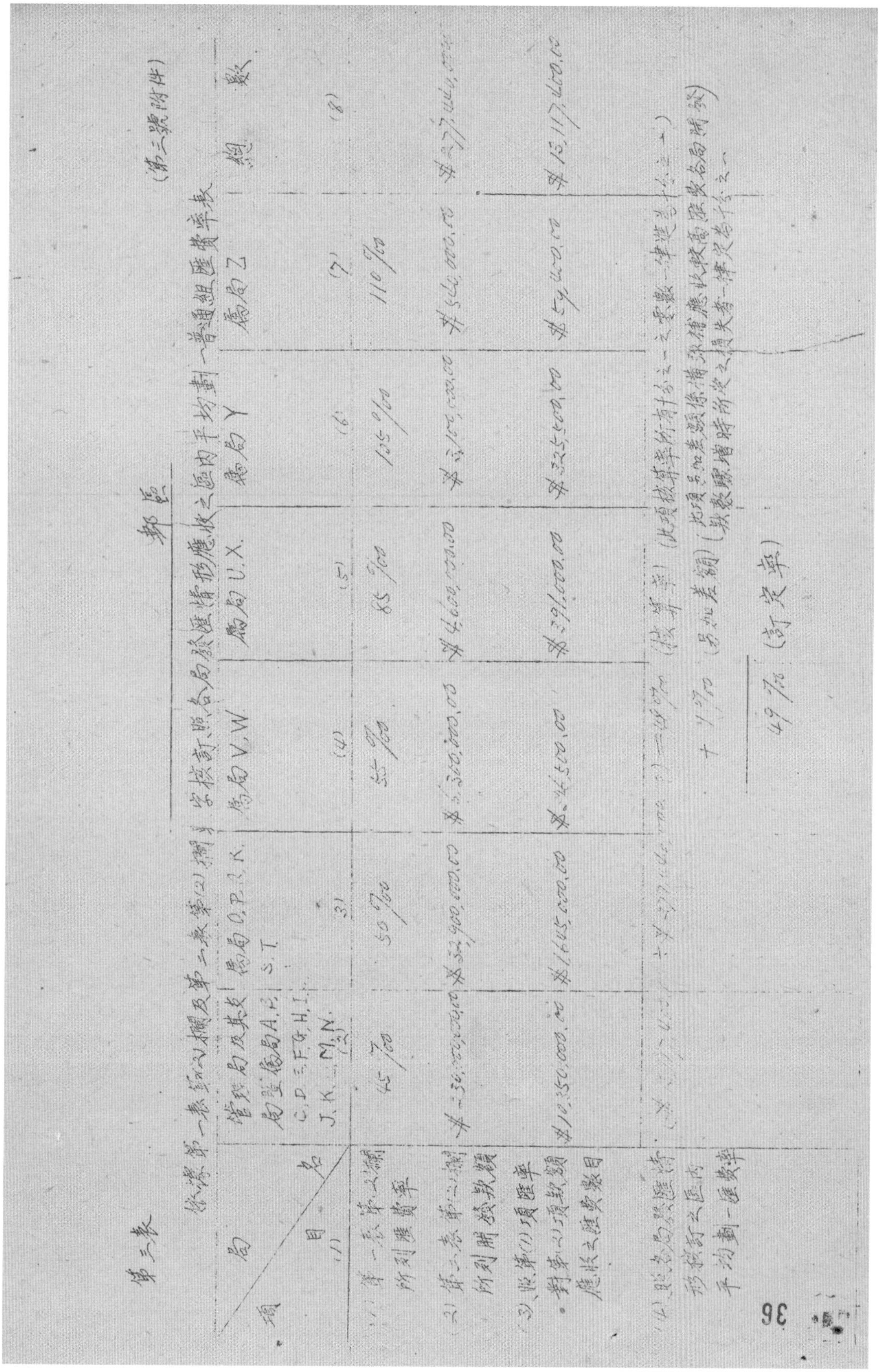

第三表

郵區

（第三號附件）

依據第一表第(2)欄及第二表第(2)欄數字核訂照各局發匯情形應收之區内平均劃一普通組匯費率表

局名 / 項目 (1)	管理局及其支局暨屬局A.B.C.D.E.F.G.H.I.J.K.L.M.N. (2)	屬局O.P.R.K.S.T. (3)	屬局V.W. (4)	屬局U.X. (5)	屬局Y (6)	屬局Z (7)	總數 (8)
(1) 第一表第(2)欄所列匯費率	45‰	50‰	55‰	85‰	105‰	110‰	
(2) 第二表第(2)欄所列開發款額	$230,000,000.00	$32,900,000.00	$5,300,000.00	$4,600,000.00	$3,100,000.00	$540,000.00	$277,440,000.00
(3) 照第(1)項匯率對第(2)項款額應收之匯費數目	$10,350,000.00	$1645,000.00	$[illegible]4,500.00	$391,000.00	$325,500.00	$59,400.00	$13,117,400.00
(4) 照各局發匯情形核訂之區内平均劃一匯費率	($[illegible] ÷ $277,440,000.00) = 48‰（核算率）（此項核算率所有十分之一之零數一律進為十分之一） + 1‰（另加差額）（此項另加差額係備彌補應收較高匯費各局開發款數驟增時所受之損失者一律定為千分之一） 49‰（訂定率）						

36

附四：依据第一表第（3）栏及第二表第（4）栏数字核订照各局兑付情形应收之区内平均划一普通组汇费率表

（第四號附件）

邮區

第四表　依據第一表第(3)欄及第二表第(4)欄數字核訂照各局兌付情形應收之區內平均劃一普通組匯費率表

項目(1) ＼ 局名	管理局及其他局暨局所A.B.C.D.E.J.M.N.O. (2)	局所I.K.Q.S. (3)	局所F.G.L.T.U. (4)	局所H.Z. (5)	局所X.Y. (6)	局所P.R. (7)	局所V.W. (8)	總數 (9)
(1) 第一表第(3)欄所列匯費率	—	5‰	10‰	15‰	20‰	25‰	30‰	
(2) 第二表第(4)欄所列兌付款額	$129,600,000.00	$5,200,000.00	$5,160,000.00	$2,400,000.00	$1,800,000.00	$6,300,000.00	$6,300,000.00	$156,760,000.00
(3) 照第(1)項匯率對第(2)項款額應收之匯費數目	—	$26,000.00	$51,600.00	$36,000.00	$36,000.00	$157,500.00	$189,000.00	$496,100.00
(4) 照各局兌付情形核訂之區內平均劃一匯費率	($496,100.00 ÷ $156,760,000.00) = 4‰（核算率）（此項核算率所有千分之一之零數一律進為千分之一） + 1‰（另加差額）（此項另加差額係備補償應收較高匯費各局兌付款數驟增時所受之損失者一律定為千分之一） 5‰（訂定率）							

37

邮区

（第三號附件）

第五表　依據第一表第(4)欄及第二表第(3)欄數字核訂照各局發匯情形應收之區際平均劃一普通組匯費率表

項目 局名 (1)	管理局及其支局暨屬局A.B.C.D.E.F.G.H.I.J.K.L.M.N. (2)	屬局O.P.Q.R.S.T. (3)	屬局V.W. (4)	屬局U.X. (5)	屬局Y (6)	屬局Z (7)	總數 (8)
(1) 第一表第(4)欄所列匯費率	70‰	75‰	80‰	110‰	130‰	135‰	
(2) 第二表第(3)欄所列照發款額	$451,000,000.00	$68,700,000.00	$13,200,000.00	$8,900,000.00	$7,500,000.00	$1,660,000.00	$550,960,000.00
(3) 照第(1)項匯率對第(2)項款額應收之匯費數目	$31,570,000.00	$5,152,500.00	$1,056,000.00	$979,000.00	$975,000.00	$224,100.00	$39,956,600.00
(4) 照各局發匯情形核訂之區際平均劃一匯費率	($39,956,600.00 ÷ $550,960,000.00) = 73‰（核算率）（此項核算率所有千分之一之零數一律進為千分之一） + 1‰（另加差額）（此項另加差額係備彌補應收較高匯費各局開發款數驟增時所受之損失者一律定為千分之一） 74‰（訂定率）						

38

附五：依据第一表第（4）栏及第二表第（3）栏数字核订照各局发汇情形应收之区际平均划一普通组汇费率表

附六：依据第一表第（5）栏及第二表第（5）栏数字核订照各局兑付情形应收之区际平均划一普通组汇费率表

郵匯

第六表　依據第一表第(5)欄及第二表第(5)欄數字核訂照各局兌付情形應收之區際平均劃一普通組匯費率表（第六號附件）

項目＼局名 (1)	管理局及其支局暨屬局A.B.C.D.E.J.M.N.O. (2)	屬局I.K.Q.S. (3)	屬局F.G.L.T.U. (4)	屬局H.Z. (5)	屬局X.Y. (6)	屬局P.R (7)	屬局V.W. (8)	總數 (9)
(1)第一表第(5)欄所列匯費率	10‰	15‰	20‰	25‰	30‰	35‰	40‰	
(2)第二表第(5)欄所列兌付款額	$240,100,000.00	$8,470,000.00	$9,700,000.00	$5,750,000.00	$3,400,000.00	$12,500,000.00	$11,430,000.00	$291,350,000.00
(3)照第(1)項匯率對第(2)項款額應收之匯費數目	$2,401,000.00	$127,050.00	$194,000.00	$143,750.00	$102,000.00	$437,500.00	$457,200.00	$3,862,500.00
(4)照各局兌付情形核訂之區際平均劃一匯費率	($3,862,500.00÷$291,350,000.00)＝14‰（核算率）（此項核算率所有千分之一之零數一律進為千分之一） ＋1‰（另加差額）（此項另加差額係備彌補應收較高匯費各局兌付款數驟增時所受之損失者一律定為千分之一） 15‰（訂定率）							

39

40

郵局 / 郵政代辦所 暫定匯費表

（第七號附件）

郵區 (1)	小款匯票匯率 (2)	其他各種匯票匯率 (3)

附註：

1. 各代辦所匯費表內祇須列明(1)(2)兩欄
2. 各特種匯兑局匯費表第(3)欄內應加註「(各區內較大城市匯費另行訂定)」字樣

侨汇视察员视察中山二等邮局侨汇报告书（一九四七年十月二十六日）

僑匯視察員視察僑匯報告書 第 4 號 第 1 頁

茲將抽查投遞僑匯之情形列表如左

項目 匯票號碼	匯款數目	收款人姓名	發票局名	兌付局名	投遞人姓名	到達匯票日期	兌付日期	退寄回批日期	兌款情況	收款人意見	視察員意見	是否曾發錯單	註批局發其他
C航284	壹佰萬元	王合彭兆興	廣州	中山	吳波	卅六年六月四日	六月四日	六月四日	即送達收款人領妥	滿意	尚屬妥善	無	
BA22A8	壹拾萬元	利[illegible]	江門[illegible]	中山	吳波	卅六年七月四日	仝上	仝上	〃	〃	〃	無	
YA403	伍拾萬元	林[illegible]	江門[illegible]	中山	劉啟楨	卅六年七月廿三	仝上	仝上	〃	〃	〃	無	
BA2746	壹佰萬元	吳記[illegible]	江門[illegible]	中山	吳波	卅六年九月廿七日	九月廿八日	仝上	〃	〃	〃	無	
KO.2544	伍拾萬元	李兆森	江門[illegible]	中山	秦應聲	卅六年十月十六日	十月十九日	仝上	〃	〃	〃	無	
KO2664	捌拾萬元	鄭[illegible]	江門[illegible]	中山	[illegible]	卅六年十月十八	十月廿二日	仝上	〃	〃	〃	無	

視察概況：該局投遞僑票均係由專差投遞，送到收款人家裏，並無延擱及需索小費浪費等情弊。

240

242

僑匯視察員 謹呈

中華民國三十六年十月廿六日

〔D—513c〕

僑匯視察員視察僑匯報告書

第4號 第1頁

查視中山二等郵局 該局現任局長係由一等一級乙等郵務員陳球樹充任

爲呈報事職於卅六年十月二十日由廣州起程於卅六年十月二十日行抵中山、郵局當於即日開始視察至十月廿六日查視完竣現擬於十月廿六日前往沙溪 茲謹將查視該局所得情形報告如後敬請

鑒核謹呈

廣州僑匯分發局局長

視察員龍樹輝

(一)	該局僑匯檔案有無依照次序分別存檔	已依照次序存檔
(二)	該局對於本地投遞之僑匯有無遲延情弊如有遲延其延擱之緣由何在	無
(三)	該局對於寄交轄下之代辦所及信櫃之僑票及款項是否隨到隨發如有遲延之事其故何在	隨到隨發
(四)	該局對於代辦所或信櫃遞退回批時有無隨即繕發「查單」向該代辦所及信櫃追查	仝上
(五)	該局收到之回批有無隨即轉退分發局如有積延情事應即據實報告並隨即糾正	隨即轉退
(六)	該局有無積存尚未投交之僑票如有積存係因何故	無
(七)	該局對於投送匯款是否直接送交收款人有無強令收款人到郵局領取之情事	直接送達
(八)	該局定額存款若干每月經辦僑匯約若干該存款額能否應付兌支僑匯之需要	能應付需要
(九)	該局經手投派人員（如信差及臨時僱差等）有無向收款人索取酬金情弊	無
(十)	該局對於投送僑匯有無強令收款人具保情事	無
(十一)	該局員工對於辦理僑匯之手續是否嫻熟對於其中最重要性「迅速」能否了解	嫻熟
(十二)	其他	該局辦理僑匯手續尚屬妥善

242

卅

[D—511x]

50,000/31. vii. 29.

交通部邮政总局关于查核有无积压侨汇列为各区视察人员查视局所中心考核工作给各直辖机关的训令（一九四七年十一月十七日）

183

~~193~~

部邮政总局训令 局视通字第一五九七號

（檔案號碼：子四）

令本局直轄各機關

事由：查核有無積壓僑匯列爲各區視察人員查視局所中心考核工作

相關文件：本局三十六年七月十八日局視通字第一三四三號訓令

一 郵政儲金匯業局正積極發展僑匯事務，惟據報各地郵局時有延誤積壓僑匯情事，惹起僑胞不滿，影響業務甚大。嗣後各區視察人員查視本地及內地各級郵政機構時，對於有無積壓僑匯一項，應列爲中心考核工作，隨時隨地切實予以注意。

二 各投遞局收到僑匯匯票，須立即分送，所有回批，亦應迅速辦理，不得積壓延誤。各僑票分發局並應特別注意查核。

三 本訓令每區加發二份，列入郵務視察法令彙編乙巳二十八項。＝

局長 谷春藩

中華民國三十六年十一月十七日

通字訓令第一五九七號

139

汕头一等邮局关于呈缴汕头各批信局及其马来亚分号中英文名称地址表致广东邮政管理局的呈（一九四七年十一月二十一日）

内地業務股

郵務幫辦

汕頭一等郵局呈

字第三七七（二〇二一）號

中華民國卅六年十一月廿一日發

事由：呈繳汕頭各批信局及其馬來亞分號中英文名稱地址表

本案相關文件：

鈞局卅六年十月廿九日訓令穗內字第五六〇/一二〇二三號

一、遵照上述 鈞令所示，茲謹造具右開清表正副各一份隨文呈繳 核辦。

二、本市各批信局間有未悉其馬來亞分號之英文名稱及地址，容俟查明再行續報。謹呈

廣東郵政管理局

附繳清表貳份（每份十二紙）。

汕頭一等郵局局長

中華民國卅六年十一月廿四日收

DIRECTOR OF KWANGTUNG DISTRICT HEAD POST OFFICE

~~181~~
106

（三十七）

汕頭各批信局及其馬來亞各分號中英文名稱及地址清單

批信局名稱及詳細住址	分號名稱及詳細地址	
普通 汕頭永和街109號 Po Thong 109 Ybng Hwa Street Swatow	永吉祥 新嘉坡金巴沙球勝律35號 Yong Kiat Siang 35 Upper Circular Road Singapore	鴻生 新嘉坡二馬路81號 Hong Say 81 New Bridge Road Singapore
	信泰 吉隆坡巴風頭17號 Sing Thye No.17 Rodger Street Kuala Lumpur	成利 峇株巴轄巴風街16號 Seng Lee Batupahat
	永進利 峇株巴轄150號 Yong Chin Lee Batupahat	乃裕 檳榔嶼打鐵街241號 Nie Joo 241 Beach Street Penang
萬豐發 汕頭昇平十三橫街7至9號 Buan Hong Huat No.7-9 Cross Street 13 Seng Peng Street Swatow	成興公司 新嘉坡漆木街32號 Seng Heng Co., No.32 South Bridge Road Singapore	森源莊 新嘉坡大坡二馬路34號 Siam Guan Chung 34 New Bridge Road Singapore
	光和成 新嘉坡大坡戲館街6號 Kwang Hwa Seng 6 Carpenter Street Singapore	泰昌 吉隆坡諧街116號 Thye Chiang No.116 Hingh Street Kuala Lumpur

第一頁

107

103

汕頭各批局及其馬來亞各分號中英文名稱及地址清單

批信局名稱及詳細住址	分號名稱及詳細地址	
光益裕 汕頭永泰街34號 Chop Kwong Yak Joo No.34 Yong Thye Street Swatow	萬益成 新嘉坡馬車街一號 Chop Buan Yak Seng No.1 Upper Circular Road Singapore	齊和成 新嘉坡二馬路33號 Chop Chye Hwa Seng No.33 New Bridge Road Singapore
	許順記 新嘉坡奉教街11號 Chop Koh Soon Kee No.11 New Market Road Singapore	新發合記 新嘉坡奉教街74號 Chop Sin Huat Hup Kee No.74 New Market Road Singapore
	南順公司 柔佛小笨珍203號 Nam Soon & Co., No.203 Pon Tian Kechil Johore	
洪萬豐 汕頭永安街53號 Ann Buan Hong No.35 Yong On Street Swatow	洪萬成 新嘉坡奉教街85號 Ann Buan Seng No.85 New Market Road Singapore	萬豐隆公司 新嘉坡振興街16號 Buan Hong Long & Co., No.16 Chin Hin Street Singapore
	光德機成記 新嘉坡十八間7號 Kwang Tek Chan Seng Kee No.7 Circular Road Singapore	鄭綿發 新嘉坡馬車街16號 Tay Miang Huat No.16 Upper Circular Road Singapore

第二頁

108

~~104~~

汕頭各批局及其馬來亞各分號中英文名稱及地址清單

批信局名稱及詳細住址	分號名稱及詳細地址	
洪萬豐	萬順成 新嘉坡二馬路新巴虱32號 Buan Soon Seng No.32 New Bridge Road Singapore	元發利庭記 新嘉坡吻基街125號 Guan Huat Lee Theng Kee No.125 Boat Quay Singapore
	滙通信局 新嘉坡十八間後38號 Kway Thong Seng Kek No.38 Circular Road Singapore	裕生 新嘉坡嗎真街6號 Joo Say No.6 Merchant Road Singapore
	洪萬豐 檳城打鉄街263號 Ann Buan Hong No.263 Beach Street Penang	洪萬成 怡保地里者街53號 Ann Buan Seng No.53 Trescher Street Ipoh
	潮昌興記 吉隆坡老巴虱口12號 Teo Chiang Heng Kee No.12 Old Market Square Kuala Lumpur	洪萬成 霹靂安順連俾律1號 Ann Buan Seng No.1 Denison Road Teluk Anson
陳炳春 汕頭潮安街17號 Tan Peng Choon No.17 Teo Ann Street Swatow	暹京陳炳春星洲分行 新嘉坡南嘉拿律5號 The Tan Peng Choon (Bangkok), Ltd. Singapore Branch Office No.5 South Canal Road Singapore	

第三頁

109 ~~105~~

汕頭各批局及其馬來亞各分號中英文名稱及地址清單

批信局名稱及詳細住址	分號名稱及詳細地址	
恒記行 汕頭怡安街7號 Heng Kee Hang 7 Yee Ang Street Swatow	恒記棧 檳榔嶼港仔口街67號 Heng Kee Chan 67 Beach Street Penang	坤興 新嘉坡香港街7號 Khoon Heng 7 Hongkong Street Singapore
	潮昌興記 吉隆坡老北塞口12號 Teo Chiang Heng Kee 12 Old Market Square Kuala Lumpur	
信大 汕頭永泰路128號 Sin Tai Hong No.128 Yong Tai Road Swatow	普通莊 新嘉坡小坡梧槽律217號 Poh Hong Chang No.217 Rochore Road Singapore	潮商棧 新嘉坡加賓打街40號 Teo Seang No.10 Carpenter Street Singapore
	全亨裕 新嘉坡羅敏申律19號 Chuan Heng Joo Robinson Road No.19 Singapore	
有信 汕頭永和街68號 Yew Sin No.68 Yong Hwa Street Swatow	有信 新嘉坡二馬路新巴剎街38號 Yew Sin Chang 38 New Bridge Road Singapore	利通 詩巫十字街10號 Lee Thong No.10 Cross Road Sibu

第四頁

~~106~~
110

汕頭各批局及其馬來亞各分號中英文名稱及地址清單

批信局名稱及詳細住址	分號名稱及詳細地址	
榮成利 汕頭永和街68號 Yong Seng Lee 68 Yong Hua Street Swatow	茂興利 新嘉坡十八間後88號 Moh Heng Lee No.88 & 89 Circular Rd. Singapore	祥利 新嘉坡二馬路[illegible]79號 Chop Siang Lee No,79 New Bridge Road Singapore
	達華 新嘉坡小坡三馬路奎因街61號 Chop Tat Wah 61 Queen Street Singapore	榮盛 新嘉坡皇家山腳青橋頭澄律3號 Yong Seng No.3 Oro Road Singapore
	華益禮記 新嘉坡十八間後35號 Wah Yak Loy Kee No.35 Circular Road Singapore	永德成 檳城高淵橫街128號 Eng Teik Seng No.128 Pangkalan Rawa Road Nibong Tebal. P.W.
	南強 檳城港仔口門牌176號 Nam Kheang Co., No.176 Beach Street Penang	
永安 汕頭永和街99號 Yong An 99 Yong Hua Street Swatow	永安祥 新嘉坡[illegible]朱律街39號 Yong Ann Siang 39 New Bridge Road Singapore	成利 柔佛峇株巴轄利街16號 Seng Lee Batupahat

第五頁

~~107~~

111

汕頭各批局及其馬來亞各分號中英文名稱及地址清單

批信局名稱及詳細住址	分號名稱及詳細地址	
福成行 汕頭吉安街41號 Fock Sang Chong No.41 Kiat Ann Street Swatow	榮泰昌 檳城高樓仔6號 Eng Thye Cheang No.6 Acheen Street Ghaut Penang	榮泰昌恒記 怡保老街塢列治街4號 Eng Thye Cheang,Hen Kee No.4 Leech Street Ipoh, Malaya
	榮泰昌 馬來亞吉礁羅士打大街30號 Eng Thye Cheang No.30 Pekan China Alorstar Kedah, Malaya	
捷成批局 汕頭昇平路123號 Tsieh Cheng Pi-Chu No.123 Seng Ping Road Swatow	再和成偉記 新嘉坡椽木宋律33號 Chye Hwa Seng Wee Kee 33 New Bridge Road Singapore	萬益成 新嘉坡馬車街一號 Ban Yak Seng 1 Upper Circular Road Singapore
	振發棧 麻剌甲板底街40號 Chan Wat Chang 40 Pan Tai Street Malacca	海泉 芙蓉美芝律152號 Hai Chua 152 Birch Road Seremban
	廣潮生 吉隆坡哥洛士打街55號 Kwang Teow Seng 55 Cross Street Kuala Lumpur	金成利 丁加奴關丹大街4號E Keng Seng Lee 4-E Main Street Kuantan

第六頁

~~108~~

112

汕頭各批局及其局承匯各分號中英文名稱及地址清單

批信局名稱及詳細住址	分號名稱及詳細地址	
捷成批局	永順 丁加奴關丹緬街[illegible]號 Yong Soon 40-42-44 Main Street Kuantan	
勝發 汕頭昇平路96號 Sheng Huat No.96 Seng Peng Road Swatow	裕成利 新嘉坡馬真律56號 Joo Seng Lee No.56 Merchant Road Singapore	萬和成 新嘉坡馬真律9號 Buan Hua Seng No.9 Merchant Road Singapore
	鼎盛 新嘉坡粮米朱律58號 Tia Seng No.58 New Bridge Road Singapore	利華興 新嘉坡粮米朱律77號 Lee Hua Heng No.77 New Bridge Road Singapore
	復源 新嘉坡沙球朥律8號 Hock Guan & Co., No.8 Circular Road Singapore	新興 新嘉坡淡濱泥士律[illegible]號 Sin Heng No. 3/208 Tampenis Road Singapore
	鄭綿春 吉隆坡指天街35號 Tay Miang Choon No.35 Fooch Avenue Kuala Lumpur	

第二頁

113 ~~109~~

汕頭各批局及其馬來亞各分號中英文名稱及地址清單

批信局名稱及詳細住址	分號名稱及詳細地址	
悅記信局 汕頭永安街34號 Juat Kee Letter Firm No.34 Yung An Street Swatow	祥泰隆 新嘉坡大坡潮州街8號 Siang Thye Long No.8 Teo Chew Street Singapore	永德盛 新嘉坡大坡潮州街13號 Yong Teck Seng No.13 Teo Chew Street Singapore
	再成信局 新嘉坡怒美芝律604號 Chop Chye Seng 604 North Bridge Road Singapore	福興隆 新嘉坡小坡加冷律271號 Hock Heng Long No.271 Kallang Road Singapore
	茂記信局 蔴坡亞字亞武街19號 Mong Kee Sin Keck No.19 10-1 Jalen Haji Abu Muar	
潮利亨 汕頭杉排路口54號 Teoh Lee Hing 54 Sam Pai Street Swatow	潮利亨合記 嗙啷嶼海墘中街308號 Teoh Lee Hing Hop Kee 308 Beach Street Penang	陳振裕 馬來亞威利斯省大山脚大街227号 Tan Chin Joo 227 Straight Street Bukit Mertajam P. W.
	同裕 馬來亞聯邦威利斯省大山脚大街164號 Tong Joo 164 Straight Street Bukit Mertajam P.W.	新振發 馬來亞聯邦威利斯省大山脚大街166號 Shin Chin Huat 166 Straight Street Bukit Mertajam P.W.

第八頁

114 ~~110~~

汕頭各批局及其馬來亞各分號中英文名稱及地址清單

批信局名稱及詳細住址	分號名稱及詳細地址	
潮利亨	長泰興 馬來亞聯邦霹靂峇東海日智律103號 Tiang Thye Hin 103 Jetty Road Bagan Serai	
光益批局 汕頭永和街85號 Kwong Yick Bank 85 Yung Hua Street Swatow	孔明齋 新嘉坡新巴剎4號 Kong Ming Chay 4 New Market Singapore	公發祥 新嘉坡二馬路新巴剎邊18號 Kong Huat Siang 18 New Bridge Road Singapore
	大信 新嘉坡大坡馬真律27號 Tai Sin 27 Merchant Road Singapore	萬順成 新嘉坡二馬路52號 Buan Soon Seng 52 New Bridge Road Singapore
	同記 新嘉坡漆木街47號 Thong Kee Sen Ghek 47 South Bridge Road Singapore	裕泰 新嘉坡振興街20號 Chop Joo Thye 20 Chin Hin Street Singapore
	聯和 新嘉坡大坡二馬路63號 Lian Wha Co., 63 New Bridge Road Singapore	

第九頁

115 ~~111~~

汕頭各批局及其馬來亞各分號中英文名稱及地址清單

批信局名稱及詳細住址	分號名稱及詳細地址	
光益批局	同泰昌 吉隆坡諧街 Thong Thye Chiang P.O.Box No. 348 Kuala Lumpur	泰昌祥記 吉隆坡諧街 Thye Chiang Siang Kee P.O.Box No.83 Kuala Lumpur
	柯天源 峇株巴轄 Kwah Tian Nguan Batupahat	祥發 蔴坡 Siang Huat Muar
	萬生隆 巴双港口 Ban Sang Long 7 Telokgaddong Road Port Swettenham	廣豐隆 巴双港口 Kwang Hong Long Port Swettenhan
	南利隆 吉隆坡諧街 Nam Lee Long Kuala Lumpur	—
李華利 汕頭新潮興街94號 Lee Hoa Lee No.94 Sing Tioh Heng S Street Swatow	李福利 新嘉坡敬昭街27號 Lee Hock Lee No. 27 Keng Cheow Street Singapore	

第十

116 ~~112~~

汕頭各批局及其馬來亞各分號中英文名稱及地址清單

批信局名稱及詳細住址	分號名稱及詳細地址	
義發 汕頭安平路42號 Ngi Huat Ann Ping Road SWATOW	中南 新嘉坡漳宜律16號 Tong Nan 16 Changi Road Singapore	
陳長發 汕頭德里街99號 Tang Chang Fat No.99 Teck Lee Street Swatow	源利隆 新嘉坡戲館街17號 Guan Lee Loong 17 Carpenter Street Singapore	榮泰昌 檳榔嶼高樓仔街6號 Eng Thye Cheang No.6 Acheen Street Chaut Penang
	旭和 檳榔嶼吞味仔	寶隆 怡保 積橋
	錦彰 怡保朱毛積橋	耀華成 新嘉坡二馬路吊橋頭14號 Yeow Wha Seng 14, New Bridge Road Singapore
老億豐批局 汕頭安平路159號二樓 Low Aik Hong First Floor 159 Ann Peng Road SWATOW	萬德祥批局 新嘉坡小坡大馬路新街口597號 Ban Teck Siang 597 North Bridge Road Singapore	耀華成 新嘉坡二馬路吊橋頭14號 Yeow Wah Seng 14, New Bridge Road Singapore

第十一頁

117 ~~119~~

汕頭各批局及其馬來亞各分號中英文名稱及地址清單

批信局名稱及詳細住址	分號名稱及詳細地址	
老億豐批局	信泰批局 新嘉坡大坡十八間後28號 Sin Thye 28, Circular Road Singapore	
泉利 汕頭永泰路104號 Chyuan Lih No.104 Young Tai Road Swatow	倪兩興 檳城打鐵街349號 Geh Leong Hin Nos.349 & 351 Beach St. Penang	
陳四興 汕頭鎮邦街51號 Chen See Heng No.51 Tin Pan Road Swatow	承福興 檳城打鐵街281號 Seng Hock Heng No.281 Beach Street Penang	添和興 新嘉坡安順京街3號 Theam Wah Heng No.3 King Street Perak

第十二頁

汕頭各批局及其馬來亞各分號中英文名稱及地址清單

批信局名稱及詳細住址	分號名稱及詳細地址	
普通 汕頭永和街109號 Po Thong 109 Yong Hwa Street Swatow	永吉祥 新嘉坡金巴沙球勝律35號 Yong Kiat Siang 35 Upper Circular Road Singapore	鴻生 新嘉坡二馬路81號 Hong Say 81 New Bridge Road Singapore
	信泰 吉隆坡巴鳳頭17號 Sing Thye No.17 Rodger Street Kuala Lumpur	成利 峇株巴轄巴虱街16號 Seng Lee Batupahat
	永進利 峇株巴轄150號 Yong Chin Lee Batupahat	乃裕 檳榔嶼打鐵街241號 Nie Joo 241 Beach Street Penang
萬豐發 汕頭升平十三橫街7至9號 Buan Hong Huat No.7-9 Cross Street 13 Seng Peng Street Swatow	成興公司 新嘉坡漆木街32號 Seng Heng Co. No.32 South Bridge Road Singapore	森源莊 新嘉坡大坡二馬路34號 Siam Guan Chung 34 New Bridge Road Singapore
	光和成 新嘉坡大坡錢館街6號 Kwang Hwa Seng 6 Carpenter Street Singapore	泰昌 吉隆坡諧街116號 Thye Chiang No.116 High Street Kuala Lumpur

第一頁

~~115~~

119

汕頭各批局及其馬來亞各分號中英文名稱及地址清單

批信局名稱及詳細住址	分號名稱及詳細地址	
光益裕 汕頭永泰街34號 Chop Kwong Yak Joo No.34 Yong Thye Street Swatow	萬益成 新嘉坡馬車街一號 Chop Buan Yak Seng No.1 Upper Circular Road Singapore	再和成 新嘉坡二馬路33號 Chop Chye Hwa Seng No.33 New Bridge Road Singapore
	新順記 新嘉坡奉教街11號 Chop Koh Soon Kee No.11 New Market Road Singapore	新發合記 新嘉坡奉教街74號 Chop Sin Huat Hup Kee No.74 New Market Road Singapore
	南順公司 柔佛小笨珍203號 Nam Soon & Co., No.203 Pon Tian Kechil Johore	
洪萬豐 汕頭永安街53號 Ann Buan Hong No.35 Yong On Street Swatow	洪萬成 新嘉坡奉教街85號 Ann Buan Seng No.85 New Market Road Singapore	萬豐隆公司 新嘉坡振興街16號 Buan Hong Long & Co., No.16 Chin Hin Street Singapore
	光德棧成記 新嘉坡十八間7號 Kwang Tek Chan Seng Kee No.7 Circular Road Singapore	鄭祥發 新嘉坡馬車街16號 Tay Hiang Huat No.16 Upper Circular Road Singapore

第二頁

120 ~~116~~

汕頭各批局及其馬來亞各分號中英文名稱及地址清單

批信局名稱及詳細住址	分號名稱及詳細地址	
洪萬豐	萬順成 新嘉坡二馬路新巴虱32號 Buan Soon Seng No.32 New Bridge Road Singapore	元發利慶記 新嘉坡吻基街125號 Guan Huat Lee Theng Kee No.125 Boat Quay Singapore
	滙通信局 新嘉坡十八間後38號 Kway Thong Seng Kek No.38 Circular Road Singapore	裕生 新嘉坡嗎真街6號 Joo Say No.6 Merchant Road Singapore
	洪萬豐 檳城打鐵街263號 Ann Buan Hong No.263 Beach Street Penang	洪萬成 怡保地里者街53號 Ann Buan Seng No.53 Trencher Street Ipoh
	潮昌興記 吉隆坡老巴剎口12號 Teo Chiang Heng Kee No.12 Old Market Square Kuala Lumpur	洪萬成 霹靂安順連仲律1號 Ann Buan Seng No.1 Denison Road Teluk Anson
陳炳春 汕頭潮安街17號 Tan Peng Choon No.17 Teo Ann Street Swatow	暹京陳炳春星洲分行 新嘉坡哨嘉拿律5號 The Tan Peng Choon (Bangkok) Singapore Branch Office No.5 South Canal Road Singapore	

第三頁

~~117~~
121

汕頭各批局及其馬來亞各分號中英文名稱及地址清單

批信局名稱及詳細住址	分號名稱及詳細地址	
恒記 汕頭怡安街7號 Heng Kee Hang 7 Yee Ang Street Swatow	恒記棧 檳榔嶼港仔口街67號 Heng Kee Chan 67 Beach Street Penang	坤興 新嘉坡香港街7號 Khoon Heng 7 Hongkong Street Singapore
	潮昌興記 吉隆坡老北塞口12號 Teo Chiang Heng Kee 12 Old Market Square Kuala Lumpur	
信大 汕頭永泰路128號 Sin Tai Hong No.128 Yong Tai Road Swatow	普通莊 新嘉坡小坡梧槽律217號 Poh Hong Chang No.217 Rochore Road Singapore	潮商棧 新嘉坡加賓打街10號 Teo Seang No.10 Carpenter Street Singapore
	全亨裕 新嘉坡羅敏申律19號 Chuan Heng Joo Robinson Road No.19 Singapore	
有信 汕頭永和街68號 Yew Sin No.68 Yong Hwa Street Swatow	有信 新嘉坡二馬路新巴剎[illegible]38號 Yew Sin Chang 38 New Bridge Road Singapore	利通 詩巫十字街10號 Lee Thong No.10 Cross Road Sibu

第四頁

122
~~118~~

汕頭各批局及其馬來亞各分號中英文名稱及地址清單

批信局名稱及詳細住址	分號名稱及詳細地址	
榮成利 汕頭永和街68號 Yong Seng Lee 68 Yong Hua Street Swatow	茂興利 新嘉坡十八間後88號 Moh Heng Lee No.88 & 89 Circular Rd. Singapore	祥利 新嘉坡二馬路鈕吻里芝律79號 Chop Siang Lee No.79 New Bridge Road Singapore
	達華 新嘉坡小坡三馬路奎因街61號 Chop Tat Wah 61 Queen Street Singapore	榮盛 新嘉坡皇家山腳青橋頭澳律3號 Yong Seng No.3 Oro Road Singapore
	華益禮記 新嘉坡十八間後35號 Wah Yak Loy Kee No.35 Circular Road Singapore	永德成 檳城高淵橫街128號 Eng Teik Seng No.128 Pangkalan Rawa Road Nibong Tebal. P.W.
	南強 檳城港仔口門牌176號 Nam Kheang Co., No.176 Beach Street Penang	
永安 汕頭永和街99號 Yong An 99 Yong Hua Street Swatow	永安祥 新嘉坡振來朱律街39號 Yong Ann Siang 39 New Bridge Road Singapore	成利 柔佛峇株巴轄利街16號 Seng Lee Batupahat

第五頁

123
~~119~~

汕頭各批局及其馬來亞各分號中英文名稱及地址清單

批信局名稱及詳細住址	分號名稱及詳細地址	
福成行 汕頭吉安街41號 Fock Sang Chong No.41 Kiat Ann Street Swatow	榮泰昌 檳城高樓仔6號 Eng Thye Cheang No.6 Acheen Street Ghaut Penang	榮泰昌恒記 怡保老街場列治街四號 Eng Thye Cheeng, Hen Kee No.4 Leech Street Ipoh, Malaya
	榮泰昌 馬來亞吉礁羅士打大街30號 Eng Thye Cheang No.30 Pekan China Alorstar Kedah, Malaya	
捷成批局 汕頭昇平路123號 Tsieh Cheng Pi-Chu No.123 Seng Ping Road Swatow	再和成偉記 新嘉坡根未宋律33號 Chye Hwa Seng Wee Kee 33 New Bridge Road Singapore	萬益成 新嘉坡馬車街一號 Ban Yak Seng 1 Upper Circular Road Singapore
	振發棧 麻剌甲板底街40號 Chan Wat Chang 40 Pan Tai Street Malacca	海泉 芙蓉美芝律152號 Hai Chua 152 Birch Road Seremban
	廣潮生 吉隆坡哥洛士打街55號 Kwang Teow Seng 55 Cross Street Kuala Lumpur	金成利 丁加奴関丹大街4號E Keng Seng Lee 4-E Main Street Kuantan

第六頁

124

~~120~~

汕頭各批局及其馬來亞各分號中英文名稱及地址清單

批信局名稱及詳細住址	分號名稱及詳細地址	
捷成批局	永順 丁加奴関丹緬街44號 Yong Soon 40-42-44 Main Street Kuantan	
勝發 汕頭昇平路96號 Sheng Huat No.96 Seng Peng Road Swatow	裕成利 新嘉坡馬真律56號 Joo Seng Lee No.56 Merchant Road Singapore	萬和成 新嘉坡馬真律9號 Buan Hua Seng No.9 Merchant Road Singapore
	鼎盛 新嘉坡粮末米律58號 Tia Seng No.58 New Bridge Road Singapore	利華興 新嘉坡粮末米律77號 Lee Hua Heng No.77 New Bridge Road Singapore
	福源 新嘉坡沙球勝律8號 Hock Guan & Co., No.8 Circular Road Singapore	新興 新嘉坡淡濱泥士律[illegible]號 Sin Heng No. 3/208 Tampenis Road Singapore
	鄭綿春 吉隆坡福天街35號 Tay Miang Choon No.35 Foch Avenue Kuala Lumpur	

第七頁

~~121~~
125

汕頭各批局及其屬柔亞各分號中英文名稱及地址清單

批信局名稱及詳細住址	分號名稱及詳細地址	
悦記信局 汕頭永安街34號 Juat Kee Letter Firm No.34 Yung An Street Swatow	祥泰隆 新嘉坡大坡潮州街8號 Siang Thye Long No.8 Teo Chew Street Singapore	永德盛 新嘉坡大坡潮州街13號 Yong Teck Seng No.13 Teo Chew Street Singapore
	再成信局 新嘉坡怒吳芝律604號 Chop Chye Seng 604 North Bridge Road Singapore	福興隆 新嘉坡小坡加冷律271號 Hock Heng Long No.271 Kallang Road Singapore
	茂記信局 麻坡亞字亞武街19號 Bong Kee Sin Keck No.19 10-1 Jalen Haji Abu Muar	
潮利亨 汕頭杉排路口54號 Teoh Lee Hing 54 Sam Pai Street Swatow	潮利亨合記 檳榔嶼緞羅申街308號 Teoh Lee Hing Hop Kee 308 Beach Street Penang	陳振裕 馬來亞威利斯省大山脚大街227号 Tan Chin Joo 227 Straight Street Bukit Mertajam P. W.
	同裕 馬來亞聯邦威利斯省大山脚大街164號 Tong Joo 164 Straight Street Bukit Mertajam P.W.	新振發 馬來亞聯邦威利斯省大山脚大街166號 Thin Chin Huat 166 Straight Street Bukit Mertajam P.W.

第八頁

~~122~~
126

汕頭各批局及其馬來亞各分號中英文名稱及地址清單

批信局名稱及詳細住址	分號名稱及詳細地址	
潮利亨	長泰興 馬來亞聯邦霹靂峇東海日路律103號 Tiang Thye Hin 103 Jetty Road Bagan Serai	
光益批局 汕頭永和街85號 Kwong Yick Bank 85 Yung Hua Street Swatow	孔明齋 新嘉坡新巴剎4號 Kong Ming Chay 4 New Market Singapore	公發祥 新嘉坡二馬路新巴剎腳18號 Kong Huat Siang 18 New Bridge Road Singapore
	大信 新嘉坡大坡馬真律27號 Tai Sin 27 Merchant Road Singapore	萬順成 新嘉坡二馬路32號 Buan Soon Seng 32 New Bridge Road Singapore
	同記 新嘉坡漆木街47號 Thong Kee Sen Chek 47 South Bridge Road Singapore	裕泰 新嘉坡振興街20號 Chop Joo Thye 20 Chin Hin Street Singapore
	聯和 新嘉坡大坡二馬路63號 Lian Wha Co., 63 New Bridge Road Singapore	

第九頁

~~123~~ 127

汕頭各批局及其馬來亞各分號中英文名稱及地址清單

批信局名稱及詳細住址	分號名稱及詳細地址	
光益批局	同泰昌 吉隆坡諧街 Thong Thye Chiang P.O.Box No. 348 Kuala Lumpur	泰昌祥記 吉隆坡諧街 Thye Chiang Siang Kee P.O.Box No.83 Kuala Lumpur
	柯天源 峇株巴轄 Kwah Tian Nguan Batupahat	祥發 麻坡 Siang Huat Muar
	萬生隆 巴双港口 Ban Sang Long 7 Telokgaddong Road Port Swettenham	廣豐隆 巴双港口 Kwang Hong Long Port Swettenham
	南利隆 吉隆坡諧街 Nam Lee Long Kuala Lumpur	
李華利 頭新潮興街94號 Lee Hoa Lee No.94 Sing Tioh Heng Street Swatow	李福利 新嘉坡敬昭街27號 Lee Hock Lee No. 27 Keng Cheow Street Singapore	

第十頁

128
~~124~~

汕頭各批局及其馬來亞各分號中英文名稱及地址清單

批信局名稱及詳細住址	分號名稱及詳細地址	
義發 汕頭安平路42號 Ngi Huat Ann Ping Road SWATOW	中南 新嘉坡樟宜律16號 Tong Nan 16 Changi Road Singapore	
陳長發 汕頭德里街99號 Tang Chang Fat No.99 Teck Lee Street Swatow	源利隆 新嘉坡戲館街17號 Guan Lee Loong 17 Carpenter Street Singapore	榮泰昌 檳榔嶼高樓仔街6號 Eng Thye Cheang No.6 Acheen Street Chaut Penang
	旭和 檳榔嶼吞味仔	寶隆 怡保 積橋
	錦彰 怡保朱毛積橋	耀華成 新嘉坡二馬路吊橋頭14號 Yeow Wha Seng 14, New Bridge Road Singapore
老億豐批局 汕頭安平路159號二樓 Low Aik Hong First Floor 159 Ann Peng Road SWATOW	萬德祥批局 新嘉坡小坡大馬路新街口597號 Ban Teck Siang 597 North Bridge Road Singapore	耀華成 新嘉坡二馬路吊橋頭14號 Yeow Wah Seng 14, New Bridge Road Singapore

第十一頁

129

~~125~~

汕頭各批局及其馬來亞各分號中英文名稱及地址清單

批信局名稱及詳細住址	分號名稱及詳細地址	
老億豐批局	信泰批局 新嘉坡大坡十八間後28號 Sin Thye 28, Circular Road Singapore	
泉利 汕頭永泰路104號 Chyuan Lih No.104 Young Tai Road Swatow	倪兩興 檳城打鐵街349號 Geh Leong Hin Nos.349 & 351 Beach St. Penang	
陳四興 汕頭鎮邦街51號 Chen See Heng No.51 Tin Pan Road Swatow	承福興 檳城打鐵街281號 Seng Hock Heng No.281 Beach Street Penang	添和興 新嘉坡安順京街3號 Theam Wah Heng No.3 King Street Perak

第十二頁

侨汇业务之沿革与改善（一九四七年）

~~108~~ 107 103

僑滙業務之沿革與改善

我國以工業落後貿易入超向賴僑滙彌補逆差計我僑胞足跡幾遍全球就中以南洋暹羅緬甸越南菲律賓美國加拿大佔數最多大都去自閩粵兩省故僑滙關係粵省之鉅不言而喻也

僑胞滙款以往多採用下列各種方式(一)銀行電滙或票滙(二)銀號一由銀號與其外埠聯號承攬僑滙(三)批信局一批信局機構遍設各地僑胞利用該機構者占最多數(四)國際郵政滙兑(五)辦莊一國外商號多在國內設有辦莊僑滙多由此撥滙(六)船行一國外船務行常有代帶滙款(七)船員一船員往來國內外親友託其帶款回國者不少(八)水客專代僑胞帶款(九)私人一各商號辦莊常川往來國內外各地順帶滙款以上滙款方式多以省港為終點然後委託銀號輾轉遞送至內地僑眷嗣經民國二十一年間銀業風潮銀號影響倒閉者不知凡幾僑滙損失更不可勝計因此僑滙多改由銀行滙回但以手續麻煩而銀行滙款又不能直達內地僑眷須輾轉周折經過層層剝削且未必安全滙到此種情形之下僑胞至感痛苦及世界大戰爆發銀行滙款亦告中斷國內僑眷生活無着本局有鑒於斯乃於民國二十七年間分向各外埠訂立代理攬收僑滙計南洋一帶有東僑銀行暹羅有廣東銀行緬甸有東方滙理銀行越南有東亞銀行菲律賓有交通銀行及中興銀行紐約有中國銀行舊金山有廣東銀行香港有信行金舖澳門有民信銀號並擇國內適中之郵局設立僑滙分發局計有廣州江門北海湛汕頭梅縣等處處理僑滙之分發與投遞並力求付款

109 107 104

迅速安全本局在太平洋戰事爆發前僑滙重心係設香港當收到各地滙款清單後即按其滙款總額分別協撥各分發局以期滙票隨到隨付並不惜巨費設置僑滙專差辦理下列各項（一）派差按址投送滙款（二）家書隨滙款附交收款人（三）收款人可於原班書蹟復信隨同回批交郵局寄回滙款人此外並設僑滙專員隨時督導迅速付款及解決種種困難行諸未久成績斐然僑胞稱便因此僑滙激增吸收外滙爲數至鉅貢獻抗戰厥功至偉太平洋戰事爆發僑滙完全陷於停頓迨抗戰勝利以後僑胞以滙路久阻夀僑當款至殷乃紛紛滙款返國然以政府所定滙率始終與黑市相差太遠故多經由香港轉滙以致本局未能大量吸引其後華僑銀行雖恢復攬收南洋僑滙然以受數額上之限制集法進展至美洲僑滙自與美國大通銀行聯絡辦理亦以滙率問題終未能充分發展顧此業務衡以目前幣值顯未達到預期之目標揆其原因（一）英屬爲來半島英磅區滙兌統制僑胞滙款歸國受數額上之限制（二）戰時僑胞徹退回國現時限制入境不能重返原地（三）國家對外貨進口加緊統制購買外滙不易不惜高價收買僑滙（六）數通之單支付訂貨或私貨之價款（四）數月來資金集中香港商人需要外滙付款賬黑市收購僑滙（五）國內政局動盪法幣不斷貶值既無法吸收僑胞之投資國內資金亦外逃損成外滙增加吸收僑滙之需求（六）滙款通知書報轉寄遞誤時日而協撥往往接濟間斷以致付款遲滯凡此數端均有待於改進者自本年二月十八日政府公佈美金官價改爲美金壹元兑換國幣壹萬弍仟元幣值如能長此穩定僑胞不至損失則

104

105

110

僑滙從此可以納入常軌無須假道香港既免重重剝削而滙款又得安全復列預料今後恢復經由郵局之滙款當可增加惟欲達成目的必須配合國際關係之改善與政府金融措施之嚴密執行以及本局僑滙業務技術上之改進始克收效

關於政府方面有待於改進者(一)促使國外當地政府給予僑胞平等之待遇並取銷移民之限制(二)穩定幣值調整物價杜絶走私俾減少黑市外滙之需求(三)務使國内政治納入正軌安定民生引導并獎勵僑胞之投資(四)限制南洋批信局之營業

關於本局有待於改進者(一)現在僑滙通知書集中上海然後分發各局輾轉投遞不無延誤應加設置心輔助辦法以資簡捷(三)恢復以前辦法通知書與協款同時撥發俾免款延捷(三)各郵局處理僑滙成績列入攷績(四)收款人姓名擬中英文並用儘量簡化手續(五)付款局切實遵行迅速兌款

汕頭局（副令第八〇七 通郵字五十五號）附件

[illegible]

汕頭段三十六年份已掛號批信局詳情表

~~167~~ 172

批信局名稱	開設地方	營業人姓名	分號名稱	分號開設地方	代理人姓名	執照號數
信和成	揭陽（汕头）	林道謀	合和盛	揭陽	林道謀	一三八
			合和成	汕頭	林健輝	
			萬通	澄海	徐昌期	
			信昌	饒平	王貽平	
			詹炳益	陽[illegible]	詹集東	
			信和成	坤甸	林勇權	
			和丰	坤甸	林木水	
			吳長記	坤甸	吳元利	
			源合興	坤甸	郭樂仁	
			林木榮	坤甸	林木榮	
			興合	坤甸	林全泉	
			益成禮記	坤甸	林芝娘	
			合和成	坤甸	林道毅	
			泰和隆	暹京	紀經才	
陳富通	汕頭	陳濟軒	陳富源	梅縣	陳勤事	一五三
			陳富源	興寧	陳怡庭	
			陳富源	上海	陳福元	
			陳富源	廣州	陳展文	
			陳富源	香港	陳國鈞	
			陳富通	巴塔維亞	陳晃鈞	
			陳富源	吉隆坡	陳晃鈞	
			陳富源	新嘉坡	陳晃鈞	
			陳華興	暹羅	陳俊華	
			泰興公司	仰光	李啟我	
			民族公司	仰光	朱慶我	
			滙通公司	仰光	張啟田	
			純華號	仰光	溫純華	
			東興公司	仰光	董敬如	

第一頁

~~168~~ 173

批信局名稱	開設地方	營業人姓名	分號名稱	開設地方	代理人姓名	執照號數
宏通	汕頭	梁俊通	辦商行	安南	郭漢秋	一七六
			大興號	暹羅	賴裕發	
			萬業公司	吉隆坡	夏柳如	
			蓬萊公司	巴眼亞比	李安三	
			廣義合	巴眼亞比	廖玉屏	
			永德莊	巴眼亞比	謝信初	
			梁[illegible]記	怡保	蕭育俊	
			德昌隆	美萩	陳春盛	
			新昌隆	芽莊	陳林盛	
			瓊興公司	邦嘉	高亮然	
			泰通莊	梅縣	梁◎僅	
			張源隆	興寧	張滬川	
			古盛多	蕉嶺	古少梅	
			廣泰祥	汕頭	李星溢	
			許慶源	潮安	許鳳聲	
			裕隆昌	金邊	張土榜	
			美中美	東興	全光漢	
			中國銀行	新嘉坡	萬伯權	
			中國銀行	檳榔嶼	黃伯權	
			中國銀行	吉隆坡	張智	
			中國銀行	大坡	陸根與	
			中國銀行	怡保	凱詢聯	
			中國銀行	芙蓉	鍾志崙	
			中國銀行	小坡	莊文剛	
			中國銀行	吧[illegible]	健文魁	
			泉豐	吉隆坡	陳世秋	
			福春	星加[illegible]	李向三	
			陳鴻昌	古[illegible]	陳鴻泰	
			泉豐	加巴[illegible]	鄭其陞	
			義成	[illegible]	張榮茂	

第二頁

~~169~~ 174

批信局名稱	開設地方	營業人姓名	分號名稱	分號開設地方	代理人姓名	執照號數
			華昌	吉冷丹	黄逸民	
			廣和興	安順	黄和廣	
			駿興祥	吉隆坡	葉立基	
			瑞泉	大平埠	王振教	
			天星	怡保	鄭奕春	
			泉吉	吧双	鄭天祥	
			同益興	麻剌甲	黄學五	
			美中美	泰國萬沛埠	余雲漢	
			成吉行	檳榔嶼	李清吉	
			南洋僑昌行	美里波	陳木興	
			春成	宋嘉蘭	顏韶丹	
			豐順棧合記	怡保	李伯濤	
			豐順棧合記	安順	李仲禮	
			杏濟堂	太平	戴粵三	
			財利	巴里文礁	王聲慧	
			瑞記	金保	李叔宏	
			源公司	江沙慕蘭	蔡哲生	
			協成泰	峇眼亞比亞	鄭金灶	
			王裕昌	坤甸	王傅政	
			李協和	三發坡	李讓	
			源發	棉蘭	張念道	
			李藤安	棉蘭	李傅興	
			華昌	山口洋	陳敬壎	
			豐隆	峇眼	李季僖	
			新福順	江沙坡	蔡世標	
			發和樹膠	麻剌甲	劉友知	
			新茂裕	塞加巴特	張政章	
			協豐	吧虔怕特	陳和庚	
			裕祥隆	坤甸	凌耿章	
			蔡三盛	山口洋	蔡蓉三	
			曾益成	怡港坭	曾廣傑	
			利民	徽里漢	黄叔度	

第三頁

170 175

批信局名稱	開設地方	營業人姓名	分號名稱	開設地方	代理人姓名	執照號數
			源盛	三寶壟	黃五福	
			裕和	亞齊美倫	謝康祥	
			益盛	彭亨文德	李兆垣	
陳協盛	汕頭	陳傳治	泰順	饒平	林述爾	一七三
			陳寬記	堤岸	陳傳禧	
			陳美珍	盤谷	王壯興	
廣源和記	汕頭	陳傳仁	裕盛	潮安	林冠濤	一七四
			嘉合	潮陽	劉德船	
			祥盛	黃岡	巫子勲	
			有信	澄海	萬弼鄉	
			啟泰	揭陽	魏啟周	
			萬興昌	店仔頭	許文謙	
			康和盛	鳳凰	陳書德	
			義昌	饒平	錢凱臣	
			籐記	堤岸	陳文	
			美盛	盤谷	蔡志真	
裕益	汕頭	周炯昌	裕發源	北濤	陳再存	一七五
			源順盛	詔安	周常仁	
			協成興	達陽	許錫河	
			光德成	揭陽	李運祥	
			有記	潮安	吳騁三	
			洪嘉興	樟湖	洪賢炎	
			劉嘉合	潮陽	劉竹船	
			黃茂利	黃岡	黃子厚	
			黃德良	炮台	黃經通	
			李源合	達濠	李渭臣	
			潘合利	店仔頭	潘德堅	
			南生	鮑浦市	唐文彬	
			許合安	薩拉瓦克	許順吉	
張豐盛	汕頭	陳章武	黃振興	普寧	黃賢章	一七七

批信局名稱	批信局開設地點	營業人姓名	分號名稱	分號開設地方	代理人姓名	執照號數
義發	汕頭	余文仁	陳發豐	普寧	陳威剛	一七九
			陳四合	潮陽	陳雲騰	
			陳科成	陸豐	陳進	
			鴻興號	福石	秦士謀	
			興勝昌記	日里棉蘭	黃提名	
			陳怡盛	日里棉蘭	陳紅	
			陳源利	日里棉蘭	陳錫銳	
			祥發	檳榔嶼	黃鳳怡	
			振盛	盤谷萬佛歲	陳君良	
			啟華	揭陽	魏啟閏	
			義發	揭陽	黃連陸	
			楊政記	棉湖	楊璧藻	
			劉春合	潮陽	劉竹船	
			新福成	隆都	許再勵	
			義聯興	盤谷	余文仁	
			中南	新嘉坡	陳一中	
陳悅記	汕頭	張禎祥	吳有紀	潮安	吳助初	一八〇
			魏啟華	揭陽	魏啟和	
			劉春合	潮陽	劉竹船	
			聚豐	樟林	黃傳經	
			黃茂元	黃崗	黃平偕	
			洪惠興	棉湖	洪駿炎	
			福豐	金石	張登鏡	
			協成	浮洋	李茂如	
			永德盛	新嘉坡	張禎美	
			祥泰隆	新嘉坡	張禎智	
			南市	蘇柱乜克	許應勤	
			永瑞成	蘇柱乜克	林伯侯	
			泰山	蘇柱乜克	曾鐵山	
			陳悅記	盤谷	陳景雲	
			陳美盛	暹岸	陳國威	

第五頁

~~172~~ 177

批信局名稱	開設地方	營業人姓名	分號名稱	開設地方	代理人姓名	執照號數
許福成	汕頭	許賀彬	悅記	香港	許惟賂	一八二
			余亨記	黃崗	余禧棠	
			魏啟峯	揭陽	魏啟國	
			劉喜合	潮陽	劉竹船	
			有記	潮安	張幼初	
			許福成	隆都	許林松	
			寶華正成	東隴	柯天吉	
			增順榮萬	達陽	陳正有	
			許明發	盤谷	許玉聲	
			泰興裕	盤谷	陳二如	
			繁榮	盤谷	陳立峯	
合盛利	汕頭	魏茂碩	啟峯	揭陽	魏啟國	一八三
			政記	棉湖	楊璧榮	
			合豐盛	湯坑	劉鴻美	
			聚豐	潮安	朱湘蘭	
			喜合	潮陽	劉竹船	
			榮盛利	盤谷	劉廷服	
			黃錦成	盤谷	黃耀豐	
			森淳	新嘉坡	余功良	
			鄭永和	坤甸	鄭武波	
洪萬豐	汕頭	洪賢良	光德成	揭陽	李運祥	一八四
			洪萬興	棉湖	洪賢明	
			劉喜合	潮陽	劉竹船	
			如陶	潮安	蔡若水	
			光益	潮安	鍾少岩	
			鴻茂盛	黃崗	盧湘如	
			萬興昌	店仔頭	許文謙	
			洪協和	河婆	洪明雲	
			黃創豐	葵潭	黃秉鈞	
			淳順盛	詔安	周崇仁	

第六頁

178

批信局名称	开设地方	营业人姓名	执照号数
榮大	汕頭	蔡禮權	一八五
恒記	汕頭	林成禧	一八六

分號名稱	開設地方	代理人姓名
寰東小桂記	馏隍	魏傅材
潘合利	店仔頭	潘和棵
黃德良	閩埠	黃經通
洪萬成	新嘉坡	洪賢炎
洪萬豐	檳榔嶼	洪哲生
永合峯	檳榔嶼	林楊訓
萬成興	堤岸	洪夢予
洪萬發	盤谷	洪賢生
萬豐隆	新嘉坡	林月舟
和合興	日里棉蘭	丘金餘
滙通	新嘉坡	劉俠儂
福利	香港	謝步岩
榮大	香港	方憲聲
致成	香港	葉學堃
寶裕隆	散達坎	沈光閣
滙通	新嘉坡	曾予鳳
永合安	堤岸	陳海珊
成順利記	盤谷	鄭來舜
張為順	堤岸	張為長
萬根	香港	李友海
蔡添盛	盤谷	蔡光鄉
四合	潮陽	陳雲騰
光德成	揭陽	李運祥
有信	澄海	萬[illegible]鄉
永昌豐	梅縣	廖昌宜
裕源	惠來	陳[illegible]如
黃茂元	詔安	黃平階
恒記棧	檳榔嶼	林德音
天成	日里丁宜	張魯三
元盛	日里棉蘭	林桐材

179 174

批信局名稱	開設地方	營業人姓名	分號名稱	代理人姓名	開設地方	執照號數
			倪丙發	日里棉蘭	倪克昭	
			徐海隆	日里棉蘭	徐元彰	
			浩鳴	日里仁達	陳寄仙	
			存利棧	日里直名丁宜	葉集順	
成昌利	汕頭	蕭介珊	成昌利	成田	馬熙京	一八七
			潤昌利	盤谷	蕭卓珊	
李華利	汕頭	李潤初	馬玉堂	成田	馬玉堂	一八八
			豐源	達濠	鄭獻廷	
			陳益隆	惠來	陳雲石	
			魏啟峰	揭陽	魏啟圖	
			黃德良	揭陽	黃興貞	
			政記	棉湖	楊譽榮	
			榮合興	河婆	李榮合	
			廣豐	湯坑	洪敬堂	
			継泰	成田	馬成傳	
			永南興	日里	陳正興	
			陳和昌	薩柱瓦克	陳森榮	
			昌和	邦愛	李應元	
			李福利	新嘉坡	李明初	
			周榮興	怡保	周德榮	
			継泰	堤岸	馬成香	
			金豐	堤岸	連贊游	
光益	汕頭	鍾少岩	如陶	潮安	蔡若水	一八九
			喜合	潮陽	劉竹船	
			源合	達濠	李渭臣	
			增順榮昌	達陽	陳有顯	
			瑞壽	黃崗	余桂生	
			慶順	隆都	金振忠	
			光德成	揭陽	李運祥	
			啟奉	揭陽	魏啟圖	

第八頁

180 175

批信局名稱	開設地方	營業人姓名	執照號數
有信	汕頭	黃壽三	一九〇
光益裕	汕頭	周照秋	一九一

分號名稱	開設地方	代理人姓名
協成	浮洋	李楚隸
茂生	浮洋	洪長德
鄭發利	意溪	鄭映三
茂元	黃岡	黃勛玉
聚豐	東里	黃傳經
孔明	新嘉坡	廖永錫
公發祥	新嘉坡	曾傳義
大信	新嘉坡	蔡朱鈿
永桂合	坤甸	鄭芳和
瑞盛	新嘉坡	陸兆初
德豐	堤岸	吳秉禎
伍東白	盤谷	伍維予
吳嘉興	盤谷	吳醉白
同記	新嘉坡	吳桂浩
裕泰	新嘉坡	李春培
喜合	潮陽	劉竹船
啟峯	揭陽	魏啟和
源合	達濠	李偉臣
有記	潮安	黃筠生
揚政記	棉湖	楊璧棠
新廣源	詔安	許東鳳
新陶合	黃岡	許泗濱
有信	新嘉坡	李東宸
仁友公司	坤甸	陳鴻懿
溶發源	北灣	陳再存
源順盛	詔安	周崇仁
協成興	蓮陽	許錫河
光德成	揭陽	李運祥
有記	潮安	吳聘三
洪爲興	棉湖	洪寶炎

第九頁

~~176~~ 181

批信局名稱	開設地方	營業人姓名
源合興	汕頭	陳梓良

分號名稱	開設地方	代理人姓名	執照號數
劉壽合	潮陽	劉竹船	
黃茂利	黃崗	黃子厚	
黃德良	炮台	黃經通	
李源合	達濠	李渭庄	
濤合利	店仔頭	濤德堅	
南庄	[illegible]浦市	唐文彬	
再紹戊	[illegible]	李應時	
爲益成	新嘉坡	許惟穗	
泰興	安南	杜之漢	
光昌	峇眼	陳國勳	
和平	坤甸	林木水	
同信	香港	周均昌	
吳良記	坤甸	吳元利	
許順記	新嘉坡	許棠龍	
林永源	坤甸	林亞禧	
榮源	坤甸	鄭梓祿	
坤發興	坤甸	彭奕全	
業和	坤甸	林道香	
騰合	坤甸	黃錦安	
劉喜合	潮陽	劉竹船	
陳四合	[illegible]陽	陳雲騰	
有信	澄海	萬翔鄉	
魏啟華	揭陽	魏啟國	
合利	饒平	張景光	
詹恒亨	陽隍	詹正初	
源合	達濠	李偉臣	
許陶合	饒平	許泗濱	
裕興	普寧	陳毓山	
集壽昌記	潮安	林悟如	
乾元	陳店	蔡集標	
益安	浘岸	鍾言	

一九二

第十頁

177 182

批信局名號	開設地方	營業人姓名	分號名稱	開設地方	代理人姓名	執照號數
馬合豐	汕頭	馬天龍	榮成	香港	何澍棠	一九三
			大元	盤谷	蔡大宏	
			英發	新嘉坡	黃英臣	
			恒興	日里棉蘭	蔡仁國	
			揚成豐	成田	馬燦彬	
			黃茂元	黃崗	黃子厚	
			劉嘉合	潮陽	劉竹船	
			魏啟峰	揭陽	魏啟國	
			普通	汕頭	吳彬堂	
			潘合利	汕頭	潘法堅	
			陳協盛	汕頭	陳傳治	
			協成豐	盤谷	馬君勇	
			正基	盤谷	馬實秋	
			歐泰	堤岸	吳傳生	
			維泰	堤岸	馬晏昇	
			厚豐	槟榔嶼	蕭亮漢	
			炎豐	香港	蕭作藩	
			美光	堤岸	楊業城	
馬德發	汕頭	馬星五	德順盛	成田	馬燦盛	一九四
			劉嘉合	潮陽	劉竹船	
			黃茂利	黃崗	黃子厚	
			魏啟峰	梅兇	魏啟國	
			普通	潮安	吳彩堂	
			光德成	揭陽	李運祥	
			潘合利	店仔頭	潘和樑	
			德順盛	盤谷	馬鏗波	
			郭乾昌	盤谷	許應開	
福利	汕頭	黃大秋	福利	香港	謝蘭春	一九五
			福茂	新嘉坡	薛木本	
			茂利	盤谷	熊孝則	

第十一頁

~~178~~

183

批信局名稱	開設地方	營業人姓名	分號名稱	分號開設地方	代理人姓名	執照號數
致盛	汕頭	鄭應林	致成	香港	陳子祿	一九七
			聯興	暹谷	沈毅添	
			孔明齋	堤岸	陳漢林	
			祥泰隆	新嘉坡	張禎美	
			永爲源	新嘉坡	唐子英	
			裕豐利	新嘉坡	蔡來鈿	
			茂興利	新嘉坡	陳子辟	
祥益	汕頭	鍾樹芳	如陶	潮安	蔡若水	一九八
			喜合	潮陽	劉竹船	
			源合	達濠	李滑歷	
			增順榮昌	蓬陽	陳有顯	
			端泰	黃岡	余桂生	
			慶順	隆都	全振忠	
			光德成	揭陽	李達祥	
			啟峰	揭陽	鍾啟周	
			協成	浮洋	李瑩祿	
			茂生	浮洋	黃長德	
			鄉豫利	惠[illegible]	鄭鉄三	
			茂元	黃嶺	黃勳玉	
			聚豐	東里	黃傅鏗	
			恒豐	堤岸	吳君厚	
玉合	汕頭	林癸	再益	新嘉坡	鄒正英	一九九
			聯和	新嘉坡	王雨田	
			孔明	新嘉坡	廖永錫	
			喜合	潮陽	劉竹船	
			啟峰	揭陽	饒啟圖	
			有信	潮安	許[illegible]鄉	
			信成	蓮陽	余斯雄	
			爲隆	潮陽	陳開宗	
			合利	饒平	潘和梁	
			發豐	潮安	朱湘蘭	
			鴻茂盛	黃岡	盧潮如	

第十二頁

~~179~~ 184

批信局名稱	開設地方	營業人姓名	分號名稱	分號開設地方	代理人姓名	執照號數
裕大	汕頭	陳壽鎮	端多	饒平	余桂生	二〇〇
			桂興	溜隍	魏傳材	
			集僑	蓮陽	陳煒	
			玉合	堤岸	王克昌	
			陳寬記	堤岸	陳傳禧	
			德隆	安南	郭鏡蕃	
			廣德發	安南	柯德裕	
			玉合	香港	王克成	
			許榮記	堤岸	許榮祖	
			多信	潮安	蔡易如	
			壽合	潮安	劉竹船	
			光德成	揭陽	周良	
			益昌	惠來	陳銘經	
			元盛	棉甫	林梓桐	
			集隆	散達吹	丘步雲	
			永集隆	香港	丘全鏖	
			順隆	新嘉坡	周致松	
榮豐利	汕頭	黃勤敏	榮豐利	揭陽	黃巖猷	二〇二
			榮豐利	梅縣	徐春苑	
			榮豐利	興寧	卓海鴻	
			榮豐利	昆明	徐瑞芳	
			洪萬興	棉湖	洪賢明	
			黃協記	湯坑	黃元衡	
			劉壽合	潮陽	劉竹船	
			魏桂興	溜隍	魏傳材	
			信昌莊	浮山	王進發	
			廣滙昌	河婆	劉天達	
			榮豐利	盤谷	徐名奮	
			榮豐利	叠港	徐名宏	
			蔡誠美	柔佛	蔡誠輝	
			廣豫興	新嘉坡	蔡儀美	

第十三頁

~~180~~ 185

批信局名稱	開設地方	營業人姓名	分號名稱	分號開設地方	代理人姓名	執照號數
啟峯棧	汕頭	魏啟和	滙通號	寮内	張竹廷	二〇四
			啟峯	揭陽	魏啟闓	
			政記	棉湖	楊濤棠	
			喜合	潮陽	劉竹樵	
			茂利	黃岡	黃子厚	
			信成	達陽	余斯雄	
			有信	澄海	萬鄉卿	
			怡泰	潮安	張柏珊	
			陶合	黃岡	許一然	
			永豐發	安南	林君正	
			東德茂	盐谷	陳啟煌	
			亮成棧	新嘉坡	魏茂中	
和興盛	汕頭	馬東洲	李同春	坤甸	李春樹	二〇五
			洪合興		許纘順	
			馨全美記	堤岸	黃國珊	
			馬泰盛	潮陽	馬育民	
			永南興	日里棉蘭	李蔦南	
			和豐	檳榔嶼	李應南	
			馬泰盛	盤谷	馬定洲	
馬源豐	汕頭	馬名齊	政記	棉湖	楊[illegible]禾	二〇六
			啟峰	揭陽	蘇啟峰	
			粵通	潮安	吳彩棠	
			茂利	黃岡	黃子厚	
			普合	潮陽	劉竹船	
陳馬合	汕頭	陳潮宗	協成豐	成田	馬爍鏡	二〇七
			永順利	成田	馬松軒	
			成昌利	成田	蕭卓珊	
			協成豐	盤谷	馬爍鏡	
			永順利	盤谷	馬松軒	
			成昌利	盤谷	蕭卓珊	
			陳馬合	大長隴	陳允祿	

第十四頁

~~181~~ 186

批信局名稱	開設地方	營業人姓名	分號名稱	開設地方	代理人姓名	執照號數
利昌莊	汕頭	王炳南	魏啟峰	揭陽	魏啟圖	二〇九
			劉喜合	潮陽	劉竹船	
			馬泰莊	達濠	蔡子成	
			鄭發利	潮安	鄭桌民	
			陳明發	香港	陳家華	
			回春園	香港	方庭初	
			陳春盛	安南金塔	陳炳光	
			陳成春	泰國盤谷	陳家鐘	
			陳源興	日里棉蘭	陳閑株	
			有信	潮安	萬谿鄉	
			喜合	潮陽	劉竹船	
			啟峰	揭陽	魏啟圖	
			信成	蓮陽	余斯雄	
			桂昌	詔安	陳子丹	
			聚豐	潮安	朱湘蘭	
			利昌	堤岸	王永	
協成興	汕頭	許漢平	陶合	黃岡	許獻其	二一〇
			魏啟峰	揭陽	魏啟圖	
			劉喜合	潮陽	劉竹船	
			廣源莊	詔安	許鳳聲	
			協成興	東隴	黃潮存	
			有記莊	潮安	張幼初	
			協成興	盤谷	許經緯	
			廣和成	盤谷	許清福	
順成利	汕頭	鄭舜之	啟華	揭陽	魏啟圖	二壹一
			有記	潮安	黃筠生	
			協成興	東隴	許錫河	
			喜合	潮陽	劉竹船	
			和記	樟林	鄭敦衍	
			振盛興	[illegible]濠	曹國聲	
			潘合利	店仔頭	潘和樑	

第十五頁

編號 ~~182~~ 187

批信局名稱	開設地方	營業人姓名	分號名稱	開設地方	代理人姓名	執照號數
振盛興	汕頭	曾慎一	鄭成順利振記	盤谷	鄭舜之	二一二
			振盛興	澄海	曾慎一	
			魏啟峰	揭陽	魏啟圃	
			恭成昌	潮陽	劉宗翰	
			黃茂利	黃崗	黃千厚	
			桂興	留隍	魏傳材	
			振盛興	盤谷	曾壯吾	
			遠明	香港	曾益三	
成順利振記	汕頭	鄭敦輪	鄭和記	樟林	鄭敦術	二一三
			廣順	店仔頭	余振忠	
			有記	潮安	黃筠生	
			魏啟峰	揭陽	魏啟圃	
			劉喜合	潮陽	劉竹船	
			許廣源	[illegible]安	許鳳聲	
			發利	松下	陳雲初	
			王廣合記	內浮山	王帆	
			成順利振記	盤谷	陳府弼	
宏信	汕頭	呂弼卿	壽合	潮陽	劉竹船	二一四
			石峰	揭陽	魏啟[illegible]	
			[illegible]記	潮安	黃[illegible]	
			孚成	饒東界	黃靜岩	
			森春	陸豐	魏應元	
			楊政新	棉湖	楊璧榮	
			潮興	[illegible]達坎	魏益二	
同發利	汕頭	羅舜桂	長興利	盤谷	林宗邑	二一五
			同發利	揭陽	羅舜福	
			義合泉	湯坑	羅鳳有	
			喜合	潮陽	劉竹舟	
			洪禹興	棉湖	洪賢明	

第十六頁

188　~~183~~

批信局名稱	開設地方	營業人姓名	總號數
永安	汕頭	周禮旋	二一六
恭成昌	汕頭	劉崇嶽	二一七

分號名稱	分號開設地方	代理人姓名
啟峯	揭陽	魏啟圖
普通	潮安	吳彩堂
黃茂利	黃崗	黃子厚
萬興昌	隆都	許文棣
同發利	興寧	徐百河
同發利	梅縣	徐海林
魏桂興	陽隍	魏傳材
同發利	盤谷	羅佇濤
同發利	香港	張少謙
壽合	潮陽	劉竹船
洪萬興	揭陽	洪賢炎
許廣源	詔安	許鳳聲
德良	潮陽	黃興貞
滙通盛	饒平	張少高
潘合利	饒平	潘法民
增順學昌	澄海達陽	陳友頭
邱發利	潮安	邱步雲
同泰	東里	黃傳鍾
光德成	揭陽	李運祥
如陶	潮安	蔡若水
有記	潮安	吳聘三
吳有記	蓊蘆市	林碩之
永安	無寧	李筱梅
光益裕	東隴	周以文
永安祥	新嘉坡	周壽昌
劉壽合	潮陽	劉竹船
善通茂	潮安	吳彩堂
魏啟峯	揭陽	魏啟圖
洪嘉興	棉湖	洪賢明
黃學昌	潮陽	黃來耀
麥恒亨	嵩隍	詹肇東

第十七頁

189

批信局名稱	開設地方	營業人姓名	分號名稱	開設地方	代理人姓名	執照號數
			陳裕源	惠來	陳雲石	
			有信莊	澄海	蔡弼鄉	
			黃茂利	黃崗	黃子厚	
			魏榛興	陽隍	魏傳材	
			潘合利	饒平	潘和梁	
			邱發利	潮安	邱映三	
			集僑	達陽	陳煒	
			泰記	盤谷	劉燕臣	
			南昌合記	盤谷	劉崇武	
			南亨泰	盤谷	林渭濱	
			陳振興	盤谷	陳振江	
			乾華隆	盤谷	曾憲奎	
理元	汕頭	馬承章	永振發	成田	馬承章	二八
			壽通	潮安	吳彩堂	
			喜合	潮陽	劉昭	
			啟峯	揭陽	魏啓國	
			永振發	盤谷	馬仲瀾	
			廣豐隆	新加坡	蕭錫福	
和合祥	汕頭	張伯文	和合祥	香港	張志翔	二一九
			業昌	澄海	陳立欽	
			啟峯	揭陽	魏立國	
			喜合	潮陽	劉竹船	
			陶合	饒平	許一然	
			和合祥	盤谷	張偉秋	
廣順利	汕頭	謝子和	廣順利	澄海	謝寶鑑	二二〇
			增順榮昌	澄海	陳友顯	
			劉壽合	潮陽	劉竹船	
			啟峯	揭陽	魏啟國	
			茂利	饒平	黃子厚	
			秉順成	詔安	周從仁	

190

№ ~~185~~

批信局名稱	開設地方	營業人姓名	分號名稱	開設地方	代理人姓名	執照號數
鍾榮順	汕頭	張雯	廣順利	暹谷	謝毅庵	二二一
			春豐	安順	謝如秀	
			啟峯	揭陽	魏啟圖	
			嘉合	潮陽	劉竹船	
			有信	澄海	萬獅鄉	
			永興盛	普寧	林良乾	
			鍾順	澄海	許品期	
			合利	潮安	潘守仁	
陳炳春	汕頭	陳克翕	順合泰	暹谷	賴芳圖	二二二
			永興盛	暹谷	張伯海	
			有豐	梹榔嶼	黃裕彬	
			振通	安南堤岸	陳成康	
			榮豐	新嘉坡	許昌期	
			永興盛	香港	張伯興	
			有記	潮安	張幼初	
			啟峯	揭陽	魏啟圖	
			嘉合	潮陽	劉竹船	
萬豐發	汕頭	魏長榮	濤合利	饒平	潘和樑	二二三
			黃茂元	黃崗	黃子厚	
			廣順莊	店市	金通祢	
			陳炳春	暹谷	陳克佳	
			炳合豐	暹谷	陳耀庭	
			陳嘉彰	香港	陳步光	
			陳炳春	新嘉坡	溫賢書	
			啟峯	揭陽	魏啟圖	
			啟記	棉湖	楊譽榮	
			嘉合	潮陽	劉竹船	
			茂利	黃崗	黃子厚	
			合豐盛	湯坑	劉鴻英	
			有信	澄海	萬獅鄉	
			桂興	隆陸	魏傳材	

第十九頁

~~106~~ 191

批信局名稱	開設地方	經營人姓名	分號名稱	開設地方	代理人姓名	執照號數
			壽通	潮安	魏子庚	
			陶合	黃岡	許一然	
			福成	隆都	許再勵	
			永興盛	流沙	林良乾	
			鄭發利	意溪	鄧卧雲	
			潘合利	店市	潘和渠	
			如陶蘇	潮安	蔡若水	
			榮盛利	盤谷	劉廷脈	
			穗華豐	盤谷	鄧阜然	
			馨合美記	堤岸	黃周珊	
			同春	坤甸	李春樹	
			永成豐	盤谷	黃伯俠	
			永興盛	盤谷	許聲青	
			興公司	坤甸	林時亨	
			吳長記	坤甸	吳元利	
			同春菲記	坤甸	李春茂	
			仁友公司	坤甸	朱若洲	
			忠合源芝	坤甸	林源峯	
			人壽堂	坤甸	鄭清源	
			鄭永和	坤甸	鄭武波	
			德安堂	坤甸	鄭武俊	
			和興公司	坤甸	吳清松	
			建豐公司	坤甸	鍾可繼	
			永桂合	坤甸	鄭才和	
			興坤合	坤甸	黃續金	
			通成禮記	坤甸	林芝娘	
			永成茂	坤甸	林克明	
			鄭和發	坤甸	鄭雅在	
			林陞合	坤甸	林鄉焌	
			葆和公司	坤甸	林道香	
			義瑞興	盤谷	謝文植	

第二十頁

侨批信局名称	设立地方	营业人姓名	代理分号名称	设立地方	代理人姓名	执照号数
马兴昌	汕头	许九一	[illegible]	[illegible]	[illegible]	二三六
广泰祥	汕头	李星海	[illegible]	[illegible]	[illegible]	二三五
潮利亨	汕头	杨乾亨	[illegible]	[illegible]	[illegible]	二三四

第廿一页

187　192

~~188~~ 193

批信局名稱	開設地方	營業人姓名	執照號數
普通	汕頭	吳汾堂	二二七
後安	汕頭	黄逸民	二二八

分號名稱	開設地方	代理人姓名
啟峯	揭陽	魏啟圓
王信昌	內洋山	王昭平
潘合利	店市	潘洁堅
鄭發利	意溪	鄭卧雲
振盛興	澄海	曾慎一
洪萬豐	梓湖	洪賢良
萬興昌	盤谷	許文珍
裕豐	盤谷	陳逸雲
進興昌	盤谷	陳錦進
如陶	潮安	蔡若水
劉普合	潮陽	劉竹船
魏啟峯	揭陽	魏啟圖
增順榮	遵陽	陳友烈
桂興	隱僾	魏偉材
廣順	隆都	金振忠
協成	浮洋	李楚謙
楊政記	棉湖	楊璧榮
乾盛	菴埠	李魁梯
興華	澄海	蔡蘭亭
茂利	黄岡	黄平階
吳泰安	盤谷	吳欽南
常豐泰	盤谷	陳德安
致成	香港	陳子棣
永吉祥	新嘉坡	陳銘松
馮生	新嘉坡	房永欽
益和	潮安	劉寬生
[illegible]成	潮陽	鄭仰實
光德成	揭陽	李運祥
洪鑑興	棉湖	洪爵光
復安	香港	謝梅萱
復茂	新嘉坡	王佑明
中歐	盤谷	洪鑑瀅
南昌隆	盤谷	陳培南

第廿二頁

194
~~189~~

批信局名稱	開設地方	營業人姓名	執照號數
福茂	汕頭	黃南和	二二九
森春燕	汕頭	魏應元	二三三
張廣泉	汕頭	張脯民	二三四
周生利	汕頭	周雲生	二三五

分號名稱	開設地方	代理人姓名
振泰豐	盤谷	陳遜三
光華興	盤谷	張雄坤
永泰祥	盤谷	陳松保
福記	香港	李裕礼
集興	安南	林廷集
德泰	新嘉坡	林華民
德泰	巴塔維亞	林順來
中興	盤谷	洪鑑澄
羅新發	梅林	羅勤得
森榮號	葵潭	魏文炳
榮合昌	河婆	李合榮
有信	潮安	苏瑚鄉
啟峯	揭陽	魏啟圃
森峯[illegible]	大埔	魏文瀾
新成利	柔佛	黃子松
榮[illegible]	柔佛	賴義昌
萬益祥	柔佛	黃萬帝
茂利	柔佛	黃日東
惟安棧	蘆拉瓦克	洪賀
昭昌	山口羊吧杂	蔡灼然
寶昌	柔佛居鑾	魏利寶
新合和	麻剌甲	李松清
廣安隆	蘆拉瓦克	蔡漢灘
裕隆昌	畬坑	張文泰
裕隆昌	梅縣	張啟文
張源隆	吳阜	張滙川
羅進記	盤谷	羅奮南
德昌隆	芙蓉	吳炳安
裕隆昌	香港	張文泰
土庫張	爪哇萬隆	張志員
劉壽合	潮陽	劉竹船
魏啟峯	揭陽	魏啟圃

第廿三頁

195

190

批信局名稱	開設地方	營業人姓名	分號名稱	開設地方	代理人姓名	執照號數
陳綿發	汕頭	陳杜三	洪萬興	揭陽	洪[illegible]	二三六
			有信	澄海	萬錫鄉	
			黄茂利	黄岡	黄子厚	
			陳裕源	惠來	陳銘經	
			詹恒亨	[illegible]	詹集秉	
			周榮興	佩剌克	周月波	
			我利	檳榔嶼	許達年	
			美有記	潮安	黄幼初	
			源隆	澄海	[illegible]文英	
			再豐	香港	蕭芹生	
			祥發	新嘉坡	蔡仰三	
			美昌	盤谷	鄭鎮藩	
			新發	新嘉坡	楊卓光	

第廿五頁

汕头市侨批业同业公会会员批伙领取证明书名册（一九四八年二月一日）

12

11

汕頭市僑批業同業公會會員批夥領取證明書名冊

13 12

汕頭市僑批業同業公會會員批夥領取證明書名冊

號數	姓名	往來地方	領証批局住址	備考
一	李二府	汕頭澄海潮安饒平普通	汕頭永和街一〇九號	總號
二	詹錦洲	〃	潮安如陶	分號
三	張登仕	〃	汕頭永和街一〇九號	總號
四	邱瑞林	〃	〃	〃
五	唐勤	〃	〃	〃
六	唐紹勲	〃	〃	〃
七	魏興隆	〃	〃	〃
八	陳森進	〃	〃	〃

7 6 5 4 3 2 1 1

14

~~13~~

九	李松昌	〃	〃	〃	〃	〃	〃	〃 〃	〃
一〇	蘇永南	〃	〃	〃	〃	〃	〃	潮安如陶	分號
一一	張新強	〃	〃	〃	〃	〃	〃	〃 〃	〃
一二	黄炳輝	〃	〃	〃	〃	〃	〃	〃 〃	〃
一三	康錦樓	〃	〃	〃	〃	〃	〃	〃 〃	〃
一四	曾桂榮	〃	〃	〃	〃	〃	〃	〃 〃	〃
一五	盧芳如	〃	〃	〃	〃	〃	〃	〃 〃	〃
一六	林森泉	〃	〃	〃	〃	〃	〃	〃 〃	〃
一七	盧鎮安	〃	〃	〃	〃	〃	〃	〃 〃	〃
一八	朱經勲	〃	〃	〃	〃	〃	〃	遼陽增順榮昌	〃

8

15

~~14~~

一九	杜森濤	澄海潮安饒平	普通	遵陽增順昌榮	今號
二〇	陳裕樂	〃	〃 〃	〃	〃
二一	陳崇禧	〃	〃 〃	〃	〃
二二	陳恩賜	〃	〃 〃	〃	〃
二三	陳丁扶	〃	〃 〃	〃	〃
二四	陳錫歆	〃	〃 〃	〃	〃
二五	陳絃振	〃	〃 〃	〃	〃
二六	陳維藩	〃	〃 〃	〃	〃
二七	陳阿九	〃	〃 〃	〃	〃
二八	陳阿拾	〃	〃 〃	〃	〃

16

15

二九	陳十六	〃 〃 〃	〃 〃	〃 〃	〃
三〇	李茂如	潮安揭陽	〃 〃	浮洋李協成	〃
三一	李步銮	〃 〃	〃 〃	〃 〃	〃
三二	彭毓欽	〃 〃	〃 〃	〃 〃	〃
三三	林再標	〃 〃 饒平	〃 〃	〃 〃	〃
三四	唐亞松	潮安饒平	〃 〃	〃 〃	〃
三五	王鳩	揭陽普寧豐順	葛豐發	普寧山貢光利	〃
三六	王乳宮	〃 〃 〃	〃 〃	〃 〃	〃
三七	王道奚	〃 〃 〃	〃 〃	〃 〃	〃
三八	王恭	〃 〃 〃	〃 〃	〃 〃	〃

17

~~18~~

三九	王錦藩	揭陽普寧豐順	萬豐發	普寧山貢光利分號
四〇	王映祖	〃 〃 〃	〃 〃	〃 〃 〃
四一	王義華	〃 〃 〃	〃 〃	〃 〃 〃
四二	王賢	〃 〃 〃	〃 〃	〃 〃 〃
四三	王紉	〃 〃 〃	〃 〃	〃 〃 〃
四四	王映彪	〃 〃 〃	〃 〃	〃 〃 〃
四五	王鐵只	〃 〃 〃	〃 〃	〃 〃 〃
四六	王道閒	〃 〃 〃	〃 〃	〃 〃 〃
四七	王道結	〃 〃 〃	〃 〃	〃 〃 〃
四八	王棠合	〃 〃 〃	〃 〃	〃 〃 〃

~~17~~ 18

編號	姓名							
四九	王壽群	〃	〃	〃	〃	〃	〃 〃	〃
五〇	王允蘭	〃	〃	〃	〃	〃	〃 〃	〃
五一	王老潮	〃	〃	〃	〃	〃	〃 〃	〃
五二	王寶泉	〃	〃	〃	〃	〃	〃 〃	〃
五三	王岳程	〃	〃	〃	〃	〃	〃 〃	〃
五四	陳裕發	〃	〃	〃	〃	〃	〃 〃	〃
五五	王梯	〃	〃	〃	〃	〃	〃 〃	〃
五六	林維健	〃	〃	〃	〃	〃	汕頭昇平十三橫街七號	總號
五七	許寶良	〃	〃	〃	〃	〃	揭陽魏啟峰	分號
五八	黃紹歆	〃	〃	〃	〃	〃	〃 〃	〃

9

19

~~18~~

五九 潘為成	揭陽普寧豐順	萬豐發	揭陽魏啟峯	分號
六〇 陳進利	〃 〃 〃	〃 〃	〃 〃	〃
六一 謝德輝	〃 〃 〃	〃 〃	〃 〃	〃
六二 陳漢松	〃 〃 〃	〃 〃	〃 〃	〃
六三 孫振偉	〃 〃 〃	〃 〃	〃 〃	〃
六四 王岳泉	〃 〃 〃	〃 〃	〃 〃	〃
六五 王岳學	〃 〃 〃	〃 〃	〃 〃	〃
六六 羅流國	〃 〃 〃	〃 〃	〃 〃	〃
六七 徐岳頌	〃 〃 〃	〃 〃	〃 〃	〃
六八 蔡炳先	〃 〃 〃	〃 〃	〃 〃	〃

六九	楊敬亭	〃	〃	〃	〃	〃	揭陽棉湖政記		〃
七〇	楊炳乾	〃	〃	〃	〃	〃	〃	〃	〃
七一	魏茂森	〃	〃	〃	〃	〃	揭陽魏啟峯		〃
七二	魏垂牌	〃	〃	〃	〃	〃	〃	〃	〃
七三	魏洽清	〃	〃	〃	〃	〃	〃	〃	〃
七四	魏茂發	〃	〃	〃	〃	〃	〃	〃	〃
七五	魏兩春	〃	〃	〃	〃	〃	〃	〃	〃
七六	魏金有	〃	〃	〃	〃	〃	〃	〃	〃
七七	魏要枝	〃	〃	〃	〃	〃	〃	〃	〃
七八	魏土開	〃	〃	〃	〃	〃	〃	〃	〃

21

20

七九	魏清水	揭陽普寧豐順	萬豐發	揭陽魏啟峰	分號
八〇	魏陳鐘	〃 〃 〃	〃 〃	〃 〃	〃
八一	魏丕揚	〃 〃 〃	〃 〃	〃 〃	〃
八二	魏木仕	〃 〃 〃	〃 〃	〃 〃	〃
八三	魏紹眉	〃 〃 〃	〃 〃	〃 〃	〃
八四	魏丕丞	〃 〃 〃	〃 〃	〃 〃	〃
八五	魏大汶	〃 〃 〃	〃 〃	〃 〃	〃
八六	魏欽淑	〃 〃 〃	〃 〃	〃 〃	〃
八七	魏鑾光	〃 〃 〃	〃 〃	〃 〃	〃
八八	魏丕順	〃 〃 〃	〃 〃	〃 〃	〃

22

~~21~~

八九	魏木荣	〃	〃	〃	〃	〃	〃	〃	〃
九〇	魏亚奕	〃	〃	〃	〃	〃	〃	〃	〃
九一	魏亚懐	〃	〃	〃	〃	〃	〃	〃	〃
九二	魏呉荣	〃	〃	〃	〃	〃	〃	〃	〃
九三	魏鵝雷	〃	〃	〃	〃	〃	〃	〃	〃
九四	魏亚程	〃	〃	〃	〃	〃	〃	〃	〃
九五	魏文高	〃	〃	〃	〃	〃	〃	〃	〃
九六	魏目奇	〃	〃	〃	〃	〃	〃	〃	〃
九七	魏河標	〃	〃	〃	〃	〃	〃	〃	〃
九八	魏眼河	〃	〃	〃	〃	〃	〃	〃	〃

23

22

九九	魏欽廣	揭陽普寧豐順	萬豐發	揭陽魏啟峰	分號
一〇〇	魏木池	〃	〃	〃	〃
一〇一	魏双茶	〃	〃	〃	〃
一〇二	王映青	〃	〃	普寧貢山光利	〃
一〇三	王義芝	〃	〃	〃	〃
一〇四	曾維爲	潮安澄海揭陽饒平	光益	汕頭永和街八五號	總號
一〇五	林克溪	〃	〃	〃	〃
一〇六	董振炎	〃	〃	〃	〃
一〇七	董振梅	〃	〃	〃	〃
一〇八	陳開宗	大長隴	陳萬合	汕頭海平路七五號	〃

24

~~23~~

（一〇九）	陳長坛	〃	〃	潮陽	分號
（一一〇）	王如層	〃	〃	〃	〃
（一一一）	王炳昌	〃	〃	汕頭海平路七五號	總號
（一一二）	陳秋炎	〃	〃	〃	〃
（一一三）	鄭國俊	澄海饒平潮安	成順利	汕頭永和街九七號	總號
（一一四）	許增榮	〃 〃 〃	〃 〃	〃	
（一一五）	陳燵	〃 〃 〃	〃 〃	蓮陽集僑	分號
（一一六）	陳樂	〃 〃 〃	〃 〃	〃 〃	〃
（一一七）	陳喜良	〃 〃 〃	〃 〃	〃 〃	〃
（一一八）	陳傳英	〃 〃 〃	〃 〃	〃 〃	〃

16 17 16 15

25

24

一一九	陳佳勤	澄海饒平潮安	成順利	蓮陽集僑	分號
一二〇	陳木桐	〃〃〃	〃〃	〃	〃
一二一	杜朝	〃〃〃	〃〃	〃	〃
一二二	杜鵲額	〃〃〃	〃〃	〃	〃
一二三	杜絲德	〃〃〃	〃〃	〃	〃
一二四	陳家坤	〃〃〃	〃〃	〃	〃
一二五	蟻亞添	〃〃〃	〃〃	〃	〃
一二六	潘俊偉	〃〃〃	〃〃	店市合利	〃
一二七	林雄南	〃〃〃	〃〃	〃	〃
一二八	陳端恒	〃〃〃	〃〃	隆都永發	〃

26

(一二九)	陳學詩	〃 〃 〃	〃 〃	〃 〃	〃
(一三〇)	陳春炎	〃 〃 〃	〃 〃	〃 〃	〃
(一三一)	陳漢池	〃 〃 〃	〃 〃	〃 〃	〃
(一三二)	陳亞昇	〃 〃 〃	〃 〃	〃 〃	〃
(一三三)	陳秋掛	石頭壜鴨母嶺	信 大	普寧垾塘合成	〃
(一三四)	陳文添	麒麟壜	〃 〃	〃 〃	〃
(一三五)	陳文福	棉湖	〃 〃	〃 〃	〃
(一三六)	陳欣園	深溪塩嶺	〃 〃	〃 〃	〃
(一三七)	吳荣金	流沙壜	〃 〃	〃 〃	〃
(一三八)	陳欣存	峽山玉輿	〃 〃	〃 〃	〃

一三九	陳欣耀	普寧	信大	普寧埕壙合成	分號
一四〇	陳長清	鯉湖	〃 〃	〃 〃	〃
一四一	陳特樂	潮陽普寧揭陽澄海潮安	〃 〃	汕頭永泰路一二八號	總號
一四二	陳欣保	〃 〃	〃 〃	〃 〃	〃
一四三	陳武昌	〃 〃	〃 〃	〃 〃	〃
一四四	陳欣光	〃 〃	〃 〃	〃 〃	〃
一四五	許如泉	饒平潮安澄海	許福成	饒平隆都	分號
一四六	許潮松	〃 〃 〃	〃 〃	〃 〃	〃
一四七	許育松	〃 〃 〃	〃 〃	〃 〃	〃
一四八	許育文	〃 〃 〃	〃 〃	〃 〃	〃

~~27~~

（四九）	許木富	〃 〃 〃	〃 〃	〃	〃
（五〇）	許潮林	〃 〃 〃	〃 〃	〃	〃
（五一）	許深晏	〃 〃 〃	〃 〃	〃	〃
（五二）	許耀松	〃 〃 〃	〃 〃	〃	〃
（五三）	杜漢標	〃 〃 〃	〃 〃	汕頭吉安街四號	総號
（五四）	肖俊林	〃 〃 〃	〃 〃	〃	〃
（五五）	潘炳城	潮安饒平	〃 〃	汕頭合利内	分號
（五六）	潘長錦	〃 〃	〃 〃	〃 〃	〃
（五七）	陳再漢	澄海	〃 〃	汕頭吉安街四號	総號
（五八）	黄南岳	潮安	〃 〃	汕頭梓成内	分號

5 21 26 25 20 23

29

~~28~~

一五九	彭敬如	澄海饒平	許福成	澄海東隴正成	分號
一六〇	李佳來	〃	〃	〃	〃
一六一	王璧奎	〃	〃	〃	〃
一六二	林春成	〃	〃	〃	〃
一六三	黃晉偉	揭陽潮陽普寧	泉利	汕頭永泰路八〇四號	總號
一六四	黃玉龍	〃	〃	〃	〃
一六五	林同雄	揭陽普寧	〃	揭陽兩興	分號
一六六	林漢榮	〃	〃	〃	〃
一六七	林捷榮	〃	〃	〃	〃
一六八	袁和謙	〃	〃	〃	〃

30

~~29~~

一六九	許其銘	〃	〃	〃	〃
一七〇	林澤隆	〃	〃	〃	〃
一七一	李喜洪	潮陽揭陽	李華利	汕頭新潮興街九號	總號
一七二	彭鷺	〃	〃	潮陽	分號
一七三	謝受應	澄海潮安饒平揭陽	廣順利	澄海外砂	〃
一七四	謝永錫	〃	〃	〃	〃
一七五	王守渠	〃	〃	〃	〃
一七六	王勝	〃	〃	〃	〃
一七七	黃長雄	〃	〃	汕頭榮隆街二三號	總號
一七八	楊孟謀	〃	〃	〃	〃

33 32 31

31

30

一七九	吳子逵	澄海潮安饒平揭陽	廣順利	汕頭崇隆街三號	總號
一八〇	陳卓群	〃 〃 〃 〃	〃 〃	〃	〃
一八一	王宋彬	〃 〃 〃 〃	〃 〃	〃	〃
一八二	潘俊元	潮安 饒平 澄海	順成利	汕頭潘合利內	分號
一八三	潘耀江	〃 〃 〃 〃	〃 〃	〃	〃
一八四	陳府江	〃 〃 〃 〃	〃 〃	汕頭永安街五六號	總號
一八五	曾來坤	〃 〃 〃 〃	〃 〃	〃	〃
一八六	莊洽聞	〃 〃 〃 〃	〃 〃	〃	〃
一八七	劉卓豪	〃 〃 〃 〃	〃 〃	〃	〃
一八八	邱瑞勳	潮安	福茂	汕頭潮安街四七號之三	〃

43 42 41 40 39 38 37 36 35 34

32

~~31~~

（八九）	邱慶琮	〃	〃	〃	〃
（九〇）	邱桂松	〃	〃	潮安振華豐	公號
（九一）	邱四弟	〃	〃	〃	〃
（九二）	郭耀祺	〃	〃	〃	〃
（九三）	許應詩	〃	〃	〃	〃
（九四）	曾岳權	〃	〃	〃	〃
（九五）	潘耀標	潮安澄海饒平	〃	汕頭合利內	〃
（九六）	潘再欣	〃	〃	〃	〃
（九七）	潘俊潮	〃	〃	〃	〃
（九八）	徐再元	〃	〃	〃	〃

33
~~32~~

一九九	許永瑞	饒平澄海潮安	黃潮興	汕頭仁和街四四號	總號
二〇〇	黃樹書	〃 〃 〃	〃 〃	〃	〃
二〇一	黃木海	〃 〃 〃	〃 〃	〃	〃
二〇二	丘義成	〃 〃 〃	〃 〃	澄海聯順	分號
二〇三	唐師賢	〃 〃 〃	〃 〃	東里集信	〃
二〇四	郭錫光	〃 〃 〃	〃 〃	東里榮豐內	〃
二〇五	郭標明	〃 〃 〃	〃 〃	〃	〃
二〇六	楊亞源	〃 〃 〃	〃 〃	〃	〃
二〇七	陳松苞	〃 〃 〃	〃 〃	〃	〃
二〇八	陳木松	〃 〃 〃	〃 〃	店市廣順內	〃

51 50 49

34

~~33~~

二〇九	金懷氣	〃	〃	〃	〃	〃	〃	〃	〃
二一〇	余茂泉	〃	〃	〃	〃	〃	〃	〃	〃
二一一	陳賢文	〃	〃	〃	〃	〃	〃	〃	〃
二一二	潘得椿	〃	〃	〃	〃	〃	〃	〃	〃
二一三	潘敬安	〃	〃	〃	〃	〃	〃	〃	〃
二一四	陳焦勤	〃	〃	〃	〃	〃	〃	〃	〃
二一五	潘慶宜	〃	〃	〃	〃	〃	〃	〃	〃
二一六	潘紀毛	〃	〃	〃	〃	〃	〃	〃	〃
二一七	潘通銳	〃	〃	〃	〃	〃	〃	〃	〃
二一八	潘羨欽	〃	〃	〃	〃	〃	〃	〃	〃

35

二一九	蕭名賢	饒平澄海潮安	黃潮興	東隴榮豐內	分號
二二〇	林謨光	〃	〃	〃	〃
二二一	鄭國奏	〃	〃	〃	〃
二二二	陳錫錦	〃	〃	〃	〃
二二三	施尊鎮	〃	〃	〃	〃
二二四	曾慶豪	〃	〃	汕頭廣順內	〃
二二五	吳錫坤	〃	〃	〃	〃
二二六	高妙賢	揭陽普寧潮陽	洪萬豐	棉湖章記	〃
二二七	蕭海量	〃	〃	〃	〃
二二八	蕭永伍	〃	〃	〃	〃

53 52

36

~~35~~

二二九	蕭亞鵬	〃	〃	〃	〃	〃	〃 〃	〃
二三〇	蕭週祥	〃	〃	〃	〃	〃	〃 〃	〃
二三一	林賢仕	〃	〃	〃	〃	〃	〃 〃	〃
二三二	洪賢貴	〃	〃	〃	〃	〃	〃 〃	〃
二三三	李喬銓	〃	〃	〃	〃	〃	〃 〃	〃
二三四	王長秋	〃	〃	〃	〃	〃	〃 〃	〃
二三五	王亞強	〃	〃	〃	〃	〃	〃 〃	〃
二三六	王亞慈	〃	〃	〃	〃	〃	〃 〃	〃
二三七	王壽福	〃	〃	〃	〃	〃	〃 〃	〃
二三八	楊益祺	〃	〃	〃	〃	〃	汕頭永安街五[illegible]八號	總[illegible]號

64

37 ~~38~~

二三九	洪錫輝	揭陽普寧潮陽	洪萬豐	汕頭永安街五三號	總號	55
二四〇	郭萼佑	〃 〃 〃 〃	〃 〃	汕頭永安街五三號	〃	56
二四一	吳勳金	〃 〃 〃 〃	〃 〃	〃 〃 〃	〃	57
二四二	方潤贊	〃 〃 〃 〃	〃 〃	〃 〃 〃	〃	58
二四三	王遠擧	〃 〃 〃 〃	〃 〃	〃 〃 〃	〃	59
二四四	楊紋周	〃 〃 〃 〃	〃 〃	〃 〃 〃	〃	60
二四五	洪尚同	〃 〃 〃 〃	〃 〃	〃 〃 〃	〃	61
二四六	陳意焜	潮安澄海饒平揭陽	〃 〃	〃 〃 〃	〃	62
二四七	鄭允藏	〃 〃 〃 〃	〃 〃	〃 〃 〃	〃	63
二四八	陳亞栖	〃 〃 〃 〃	〃 〃	〃 〃 〃	〃	64

~~37~~ 38

二四九	鄭允偉	〃 〃 〃 〃	〃 〃	〃 〃	〃	65
二五〇	楊啓金	〃 〃 〃 〃	〃 〃	〃 〃	〃	66
二五一	陳英中	〃 〃 〃 〃	〃 〃	〃 〃	〃	67
二五二	陳文波	〃 〃 〃 〃	〃 〃	〃 〃	〃	68
二五三	鄭應章	〃 〃 〃 〃	〃 〃	〃 〃	〃	69
二五四	陳程雄	〃 〃 〃 〃	〃 〃	〃 〃	〃	70
二五五	洪尚烈	揭陽普寧潮陽	〃 〃	棉湖章記	分號	
二五六	黃岳强	潮陽揭陽潮安	〃 〃	〃 〃	〃	
二五七	黃光泉	〃 〃 〃	〃 〃	〃 〃	〃	
二五八	黃史芳	〃 〃 〃	〃 〃	〃 〃	〃	

39 ~~38~~

二五九	黄瑶存	潮陽揭陽潮安	洪萬豐	棉湖章記	分號
二六〇	林如松	揭陽普寧潮陽	〃	〃	〃
二六一	蕭重週	〃	〃	〃	〃
二六二	蔡禮福	潮安澄海潮陽揭陽	榮大	汕頭永興四横街七號	總號
二六三	陳偉民	〃	〃	〃	〃
二六四	蔡傳州	潮陽揭陽	〃	〃	〃
二六五	方榜	普寧	鍾榮順	普寧	分號
二六六	陳家義	〃	〃	〃	〃
二六七	林應榛	〃	〃	〃	〃
二六八	莊明峰	〃	〃	〃	〃

73 72 71

40

二六九	鄭芳嘉	潮安澄海饒平	勝發	潮安鯤江梓成	〃
二七〇	鄭芳宇	〃 〃 〃	〃 〃	〃 〃	〃
二七一	陳振通	〃 〃 〃	〃 〃	汕頭昇平路九六號	總號
二七二	楊友炳	〃 〃 〃	〃 〃	〃 〃	〃
二七三	林春雄	〃 〃 〃	〃 〃	〃	〃
二七四	陳鎮壽	〃 〃 〃	〃 〃	〃	〃
二七五	朱松泉	〃 〃 〃	〃 〃	〃 〃	〃
二七六	胡志榮	〃 〃 〃	〃 〃	〃 〃	〃
二七七	王永興	〃 〃 〃	〃 〃	澄海蓮陽偉華	分號
二七八	王樹春	〃 〃 〃	〃 〃	〃 〃	〃

41

40

二七九	王彬	澄海 潮安 饒平	勝發	澄海蓮陽 偉華	公號
二八〇	王石	〃 〃 〃	〃 〃	〃 〃	〃
二八一	唐正松	潮安 揭陽 饒平	〃 〃	潮安洋學 協成	〃
二八二	洪仁傑	〃 〃 〃	〃 〃	〃 〃	〃
二八三	李錫禪	〃 〃 〃	〃 〃	〃 〃	〃
二八四	黃木鎮	〃 〃 〃	〃 〃	〃 〃	〃
二八五	陳亞惠	〃 〃 〃	〃 〃	〃 〃	〃
二八六	林仔乳	〃 〃 〃	〃 〃	〃 〃	〃
二八七	李錫波	〃 〃 〃	〃 〃	〃 〃	〃
二八八	陳惠育	〃 〃 〃	〃 〃	〃 〃	〃

汕頭東安

42

41

（六八九）	蔡基長	〃 〃 〃	〃 〃	〃 〃	〃
（六九〇）	唐清强	〃 〃 〃	〃 〃	〃 〃	〃
（六九一）					〃
（六九二）	蘇道士	潮安	復 安	潮安益大	〃
（六九三）	蘇端鍾	〃	〃 〃	〃 〃	〃
（六九四）	蘇端乙	〃	〃 〃	〃 〃	〃
（六九五）	曾細森	〃	〃 〃	〃 〃	〃
（六九六）	陳練標	澄海	〃 〃	汕頭永隆街六號	總號
（六九七）	杜應銓	〃	〃 〃	〃 〃	〃
（六九八）	杜錦鵬		〃 〃	東里榮昌隆	分號

81 80

43

二九九	王輔	澄海	復	安	汕頭榮隆街六號	總號
三〇〇〇	謝友書	〃	〃	〃	〃	〃
三〇〇一	陳楚亮	饒平	〃	〃	東里榮昌隆	公號
三〇〇二	陳楚標	〃	〃	〃	〃	〃
三〇〇三	杜之洽	澄海	〃	〃	〃	〃
三〇〇四	杜錦鴻	〃	〃	〃	〃	〃
三〇〇五	張有堅	〃	〃	〃	〃	〃
三〇〇六	林大樹	〃	〃	〃	澄海興華	〃
三〇〇七	蔡饒	〃	〃	〃	〃	〃
三〇〇八	趙源城	〃 饒平	〃	〃	東里榮昌隆	〃

汕頭永安

83 82

44

43

三〇九	潘才勝	饒平	〃 〃	潘合利	〃
三一〇	潘世傑	潮安	〃 〃	〃 〃 〃	〃
三一一	許允田	潮安澄海饒平	萬興昌	汕頭永安街六〇號	總號
三一二	許炎鐵	〃 〃 〃	〃 〃	〃 〃 〃	〃
三一三	汶〃藁	〃 〃 〃	〃 〃	〃 〃	〃
三一四	許欽元	〃 〃 〃	〃 〃	〃 〃	〃
三一五	許守畊	〃 〃 〃	〃 〃	〃 〃	〃
三一六	許允楷	〃 〃 〃	〃 〃	〃 〃	〃
三一七	許敦河	〃 〃 〃	〃 〃	〃 〃	〃
三一八	黃裕華	〃 〃 〃	〃 〃	〃 〃	〃

91 90 89 88 87 86 85 84

45

44

三〇九	許欽城	潮安澄海饒平	萬興昌	汕頭永安街六〇號	總號
三一〇	許錫河	〃	〃	澄海撟林成豐	分號
三一一	許允生	〃	〃	饒平隆都	〃
三一二	許坤彬	〃	〃	〃	〃
三一三	許振耀	〃	〃	〃	〃
三一四	許允傑	〃	〃	〃	〃
三一五	許孟頭	〃	〃	〃	〃
三一六	許綿好	〃	〃	〃	〃
三一七	許敦本	〃	〃	〃	〃
三一八	許天昌	〃	〃	〃	〃

汕頭永安

92

46

45

三〇九	許河才	〃	〃	〃	〃	〃	〃	〃	〃
三一〇	許自壮	〃	〃	〃	〃	〃	〃	〃	〃
三一一	許坤樹	〃	〃	〃	〃	〃	〃	〃	〃
三一二	許河林	〃	〃	〃	〃	〃	〃	〃	〃
三一三	許振桐	〃	〃	〃	〃	〃	〃	〃	〃
三一四	許自然	〃	〃	〃	〃	〃	〃	〃	〃
三一五	許之美	〃	〃	〃	〃	〃	〃	〃	〃
三一六	許水牛	〃	〃	〃	〃	〃	〃	〃	〃
三一七	許自郭	〃	〃	〃	〃	〃	〃	〃	〃
三一八	許錫洪	〃	〃	〃	〃	〃	〃	〃	〃

47

46

三三九	潘漢標	潮安澄海饒平	萬興昌	隆都店市合利	分號
三四〇	潘曼正	〃〃〃	〃〃	〃〃	〃
三四一	許能讓	〃〃〃	〃〃	饒平隆都	〃
三四二	張福佳	〃〃〃	〃〃	〃〃	〃
三四三	許何丁	〃〃〃	〃〃	〃〃	〃
三四四	許天德	〃〃〃	〃〃	〃〃	〃
三四五	許亞進	〃〃〃	〃〃	〃〃	〃
三四六	許壽煥	〃〃〃	〃〃	〃〃	〃
三四七	許炎和	〃〃〃	〃〃	〃〃	〃
三四八	趙能裕	〃〃〃	〃〃	〃〃	〃

汕頭永安

48

~~47~~

三四九	許絲輝	〃 〃 〃	〃 〃	〃 〃	〃
三五〇	許鏡炳	〃 〃 〃	〃 〃	〃 〃	〃
三五一	陳騰嵩	潮陽揭陽普寧	恒記	潮陽西炉勤利	〃
三五二	陳海池	〃 〃 〃	〃 〃	〃 〃	〃
三五三	陳騰彬	〃 〃 〃	〃 〃	〃 〃	〃
三五四	陳騰義	〃 〃 〃	〃 〃	〃 〃	〃
三五五	陳敬林	〃 〃 〃	〃 〃	〃 〃	〃
三五六	黄永金	〃 〃 〃	〃 〃	〃 〃	〃
三五七	陳林城	〃 〃 〃	〃 〃	〃 〃	〃
三五八	潘蘋齋	澄海潮安揭陽	有信	汕頭永和街六八號	總號

93

49

48

三五九	黄孝烈	澄海	潮安	有信	汕頭永和街六八號	總號
三六〇	張名賢	〃	〃	〃	〃	〃
三六一	張介讓	〃	〃	〃	〃	〃
三六二	張介昭	〃	〃	〃	〃	〃
三六三	董崇潤	〃	〃	〃	〃	〃
三六四	董錦海	〃	〃	〃	〃	〃
三六五	董俊忠	〃	〃	〃	〃	〃
三六六	蔡炳欽	〃	〃	〃	〃	〃
三六七	黄長遠	〃	〃	〃	〃	〃
三六八	林鏡波	〃	〃	〃	〃	〃

汕頭永安

94 95 96 97 98 99 100 101 102 103

~~49~~ 50

三六九	姚少石	澄海饒平	〃	澄海姚森合	分號
三七〇	黃正宋	澄海潮安揭陽	〃	汕頭永和街六八號	總號
三七一	李慶光	潮安饒平揭陽	〃	浮洋李協成	分號
三七二	蔡基長	〃	〃	〃	〃
三七三	黃木鎮	〃	〃	〃	
三七四	李錫輝	〃	〃	〃	〃
三七五	蔡介洲	〃	〃	〃	〃
三七六	馬桂銀	潮陽普寧澄海	理元	汕頭永和街八三號	總號
三七七	陳照園	〃	〃	〃	〃
三七八	李傑道	〃	〃	〃	〃

107 106 105 104

51 50

三七九	李裕道	潮陽普寧澄海	理元	汕頭永和街八三號	總號
三八〇	陳運金	潮陽南山	陳長發	汕頭德里街九九號	〃
三八一	陳運如	〃 〃	〃 〃	〃 〃	〃
三八二	林池	澄海隆都	〃 〃	澄海裕大	分號
三八三	蕭楚豪	〃 〃	〃 〃	〃 〃	〃
三八四	曾廣存	潮陽南山	〃 〃	潮陽源泰隆	〃
三八五	黃炎暑	〃 〃	〃 〃	〃 〃	〃
三八六	賴錫雲	〃 〃	〃 〃	〃 〃	〃
三八七	林俐	揭陽	榮豐利	揭陽	〃
三八八	林厚皮	〃	〃 〃	〃	〃

汕頭永安

110 109 108

三八九	林捷荣	〃	〃 〃	〃	〃
三九〇	鄭永如	〃	〃 〃	〃	〃
三九一	魏先源	〃	〃 〃	〃	〃
三九二	黄宗鐸	〃 豐順	〃 〃	〃	〃
三九三	黄焦耀	〃	〃 〃	〃	〃
三九四	徐伯權	〃	〃 〃	汕頭永興街一三號	總號
三九五	陳為華	潮陽揭陽普寧	老億豐	汕頭安平路一九八號	〃
三九六	劉嘉祺	〃 〃 〃	〃 〃	潮陽劉喜合	分號
三九七	陳梆城	〃 〃 〃	〃 〃	〃 〃	〃
三九八	陳亞松	〃 〃 〃	〃 〃	〃 〃	〃

112 111

53

~~52~~

三九九	吳裕釗	潮陽揭陽普寧	老億豐	潮陽劉喜合	分號
四〇〇	黃永疇	〃 〃 〃	〃 〃	〃 〃	〃
四〇一	張壽青	揭陽普寧豐順	永安	揭陽光德成	〃
四〇二	李偉端	〃 〃 〃	〃 〃	〃 〃	〃
四〇三	杜慎勤	〃 〃 〃	〃 〃	〃 〃	〃
四〇四	張振潮	〃 〃 〃	〃 〃	〃 〃	〃
四〇五	李鎮漢	潮安澄海饒平	〃 〃	汕頭永和街九九號	總號
四〇六	王 泉	〃 〃 〃	〃 〃	〃 〃	〃
四〇七	黃鎮芝	〃 〃 〃	〃 〃	〃 〃	〃
四〇八	王培生	〃 〃 〃	〃 〃	〃 〃	〃

汕頭永安

116 115 114 113

~~53~~ 54

四〇九	陳一飛	揭陽普寧潮安潮陽澄海	義發	汕頭安平路四二號	〃
四一〇	孫俊欽	〃	〃	〃	〃
四一一	蕭秋葵	〃	〃	〃	〃
四一二	陳烈芝	〃	〃	揭陽	分號
四一三	陳亞五	潮陽	馬德發	潮陽成田德順盛	〃
四一四	馬嫣枝	〃	〃	〃	〃
四一五	馬永色	〃	〃	〃	〃
四一六	蔡壽昌	澄海潮安饒平	振盛興	汕頭永興街四八號	總號
四一七	曾益鴻	〃	〃	〃	〃
四一八	曾家桐	〃	〃	澄海圖濠村	分號

121 120 119 115 117

55

~~54~~

四〇九	曾炳銳	登海潮安饒平	振盛興	登海图濠村	分號
四一〇	曾夢麟	〃	〃	〃	〃
四一一	曾丁木	〃	〃	〃	〃
四一二	曾炳愛	〃	〃	〃	〃
四一三	曾添松	〃	〃	〃	〃
四一四	曾國息	〃	〃	〃	〃
四一五	曾順來	〃	〃	〃	〃
四一六	曾添炎	〃	〃	〃	〃
四一七	曾錫濤	〃	〃	〃	〃
四一八	張喜川	〃	〃	〃	〃

汕頭永安

~~55~~ 56

四二九	黃在雄	澄海	協成興	東隴協成興	〃
四三〇	許漢忠	〃	〃　〃	〃	〃
四三一	陳國楨	普寧	福成	南山金甌	〃
四三二	陳秉倫	潮陽	〃　〃	汕頭永平路一三號	總號
四三三	陳魁存	南山	〃　〃	〃　〃	〃
四三四	陳錫庭	惠來	〃　〃	〃　〃	〃
四三五	鄭童生	潮安	〃　〃	〃　〃	〃
四三六	陳錫潮	揭陽	〃　〃	〃　〃	〃
四三七	陳石璧	潮陽	福利	潮陽長隴	分號
四三八	陳敬亮	〃	〃　〃	下蓬溪隴	〃

126　125　124　123　122

57

~~58~~

四三九	周爲彬	潮安	福利	潮安	分號
四四〇	陳光雲	潮陽	〃〃	潮陽長隴	〃
四四一	丁泗水	澄海	〃〃	澄海	〃
四四二	陳開全	潮陽	〃〃	潮陽長隴	〃
四四三	林啟文	潮安	〃〃	菴埠	〃
四四四	唐學營	澄海	〃〃	澄海蓬洲南生	〃
四四五	唐文高	〃	〃〃	〃〃	〃
四四六	郭其英	〃	〃〃	澄海	〃
四四七	徐海林	揭陽普寧豐順	同發利	汕頭永安橫街七號	總號
四四八	羅少坡	〃〃〃	〃〃	〃〃	〃

汕頭永安

128　127

58

~~57~~

四四九	羅友記	〃	〃	〃	〃	〃	〃 .	〃
四五〇	徐名造	〃	〃	〃	〃	〃	湯坑同發利	分號
四五一	蔡書洽	〃	〃	〃	〃	〃	〃 〃	〃
四五二	魏吳千	〃	〃	〃	〃	〃	揭陽同發利	〃
四五三	魏銀潤	〃	〃	〃	〃	〃	〃 〃	〃
四五四	魏潮廣	〃	〃	〃	〃	〃	〃 〃	〃
四五五	魏舜海	〃	〃	〃	〃	〃	〃 〃	〃
四五六	魏准閑	〃	〃	〃	〃	〃	〃 〃	〃
四五七	蔡傳月	〃	〃	〃	〃	〃	湯坑〃 〃	〃
四五八	魏春開	〃	〃	〃	〃	〃	揭陽〃 〃	〃

129

59

58

四五九	林乙峰	揭陽普寧豐順	同發利	湯坑同發利	分號
四六〇	羅文波	〃 〃 〃	〃 〃	〃 〃 〃	〃
四六一	陳川之	潮安饒平	陳協盛	汕頭永泰路八〇號	總號
四六二	黃悅報	〃 〃	〃 〃	〃 〃	〃
四六三	葉進利	潮安澄海饒平	陳炳春	汕頭潮安街七號	〃
四六四	葉宗榮	〃 〃 〃	〃 〃	〃 〃 〃	〃
四六五	陳合昌	〃 〃 〃	〃 〃	〃 〃 〃	〃
四六六	陳合欽	〃 〃 〃	〃 〃	〃 〃 〃	〃
四六七	陳展剛	〃 〃 〃	〃 〃	〃 〃 〃	〃
四六八	謝甲辦	〃 〃 〃	〃 〃	〃 〃 〃	〃

汕頭永安

130 131 132 133 134 135 136 137

60

~~59~~

四六九	李旭標	〃 〃 〃	〃 〃	〃 〃	〃	138
四七〇	張倬軒	〃 〃 〃	〃 〃	〃 〃	〃	139
四七一	蘇漢波	〃 〃 〃	〃 〃	〃 〃	〃	140
四七二	蘇漢標	〃 〃 〃	〃 〃	〃 〃	〃	141
四七三	潘松茂	〃 〃 〃	〃 〃	潘合利	分號	
四七四	潘得勤	〃 〃 〃	〃 〃	〃 〃	〃	
四七五	李一鶴（鳴）	潮陽揭陽普寧惠來南山	和興盛	潮陽成田泰盛	〃	
四七六	王乙仲	潮安潮陽揭陽澄海	〃 〃	汕頭永安街十五號	總號	142
四七七	馬遥遠	潮陽	〃 〃	〃 〃	〃	143
四七八	馬應秋	潮陽揭陽普寧惠來南山	〃 〃	潮陽成田泰盛	分號	

61

~~60~~

四七九	馬木弟	潮陽揭陽普寧惠來南山	和興盛	潮陽成田泰盛	分號
四八〇	馬垂穗	〃	〃	〃	〃
四八一	張楚吟	〃	〃	汕頭永安街七五號	總號
四八二	周勤發	〃	〃	〃	〃
四八三	黃鎮泫	〃	〃	潮陽成田泰盛	分號
四八四	陳俊峰	〃	〃	〃	〃
四八五	馬錫添	〃	〃	〃	〃
四八六	李耀城	〃	〃	〃	〃
四八七	李鴻約	澄海潮安饒平潮陽揭陽普寧	潮利亨	汕頭杉排路五四號	總號
四八八	陳特盛	〃	〃	普寧裕興	分號

汕頭永安

145 144

62

~~61~~

四八九	蘇育翰	〃 〃	〃 〃	汕頭杉排路五四號	總號
四九〇	李學茂	〃 〃	〃 〃	普寧裕典	分號
四九一	黃喜德	〃 〃	〃 〃	汕頭杉排路五四號	總號
四九二	陳特漢	〃 〃	〃 〃	普寧裕典	分號
四九三	陳達禎	〃 〃	〃 〃	汕頭杉排路五四號	總號
四九四	陳特榜	〃 〃	〃 〃	普寧裕典	分號
四九五	陳特鴻	〃 〃	〃 〃	〃 〃	〃
四九六	賴美福	揭陽潮陽普寧	和合祥	普寧和合祥	〃
四九七	賴表銳	〃 〃	〃 〃	〃 〃	〃
四九捌	張仲徐	〃 〃	〃 〃	〃 〃	〃

148 147 146

63
62

四九九	賴叙庄	揭陽潮陽普寧	和合祥	普寧和合祥	分號
五〇〇	張開申	〃 〃	〃 〃	〃 〃	〃
五〇一	張圖	〃 〃	〃 〃	〃 〃	〃
五〇二	張四弟	〃 〃	〃 〃	〃 〃	〃
五〇三	張木地	〃 〃	〃 〃	〃 〃	〃
五〇四	張炳晏	〃 〃	〃 〃	〃 〃	〃
五〇五	賴美雄	〃 〃	〃 〃	〃 〃	〃
五〇六	張聲盛	揭陽潮陽潮安澄海饒平普寧	〃 〃	汕頭安平路二三號	總號
五〇七	潘貴聚	〃 〃	〃 〃	饒平店仔頭合利	分號
五〇八	張聲惠	揭陽潮陽普寧	〃 〃	普寧	〃

汕頭永安

149

五〇九	張伯觀	〃 〃	〃 〃	〃 〃	〃
五一〇	張伯孝	〃 〃	〃 〃	〃 〃	〃
五一一	張伯知	〃 〃	〃 〃	〃 〃	〃
五一二	張伯光	〃 〃	〃 〃	〃 〃	〃
五一三	張聲作	〃 〃	〃 〃	普寧 和合祥	〃
五一四	張鶴秋	〃 〃	〃 〃	〃 〃	〃
五一五	張伯友	〃 〃	〃 〃	〃 〃	〃
五一六	楊松耀	潮安潮陽	光益裕	汕頭永泰街三四號	能號
五一七	楊辰才	潮安澄海	〃 〃	〃 〃	〃
五一八	楊哲泉	〃 〃	〃 〃	〃 〃	〃

152 151 150

65

~~64~~

五一九	許耀松	潮安 澄海	光益裕	汕頭永泰街三四號	盤
五二〇	張岳	〃 〃	〃 〃	〃 〃	〃
五二一	林仰峰	〃 〃	〃 〃	〃 〃	〃
五二二	陳綜明	〃 〃	〃 〃	〃 〃	〃
五二三	陳紫生	〃 〃	〃 〃	〃 〃	〃
五二四	陳熙明	〃 〃	〃 〃	〃 〃	〃
五二五	陳樹志	〃	〃 〃	潮安有記	公號
五二六	黄少波	〃	〃 〃	〃 〃	〃
五二七	蘇海山	〃	〃 〃	〃 〃	〃
五二八	廖貞適	〃	〃 〃	〃 〃	〃

汕頭永安

153 154 155 156 157 158

66

~~65~~

五二九	洪長南	〃	〃 〃	浮洋永茂	〃
五三〇	潘俊成	饒平澄海潮安	〃 〃	店市合利	〃
五三一	潘得傲	〃 〃	〃 〃	〃 〃	〃
五三二	黄懷錦	揭陽潮安潮陽	〃 〃	炮台德良	〃
五三三	陳碧堅	〃 〃	〃 〃	〃 〃	〃
五三四	陳怡豐	〃 〃	〃 〃	〃 〃	〃
五三五	陳訓煦	澄海	〃 〃	蓮陽裕華	〃
五三六	陳訓昭	〃	〃 〃	〃 〃	〃
五三七	陳亦好	〃	〃 〃	〃 〃	〃
五三八	林立恭	潮安澄海饒平	榮成利	汕頭昇平路一七六號	總號

159

67

~~68~~

五三九	黄細奴	潮安澄海饒平	榮成利	汕頭昇平路一六六號	總	160
五四〇	張　蟻	〃 〃	〃 〃	〃 〃	〃	161
五四一	吳諧藩	〃 〃	〃 〃	〃 〃	〃	162
五四二	黄炎泉	〃 〃	〃 〃	〃 〃	〃	163
五四三	蔡　疇	〃 〃	〃 〃	〃 〃	〃	
五四四	陳永鎮	〃 〃	〃 〃	店市合利	分號	164
五四五	潘得通	〃 〃	〃 〃	〃 〃	〃	
五四六	郭書賢	〃 〃	〃 〃	汕頭昇平路一六六號	總號	165
五四七	馮順炳	〃 〃	〃 〃	潮安萬安	分號	
五四八	劉有金	〃 〃	〃 〃	〃 〃	〃	

汕頭永安

五四九	李吉人	〃 〃	〃 〃	〃 〃	〃
五五〇	許明奐	〃 〃	〃 〃	〃 〃	〃
五五一	陳乾彬	〃 〃	〃 〃	〃 〃	〃
五五二	許仲謙	〃 〃	〃 〃	〃 〃	〃
五五三	林柾脩	揭陽普寧	〃 〃	揭陽增癸	〃
五五四	陳序拱	潮安	提成	汕頭昇平路一三一號	總號
五五五	陳大松	潮安澄海	〃 〃	〃 〃	〃
五五六	陳應譜	〃 〃	〃 〃	〃 〃	〃
五五七	陳俊豪	〃 〃	〃 〃	〃 〃	〃
五五八	董如恩	〃 〃	〃 〃	〃 〃	〃

170 169 168 167 166

69

~~68~~

五五九	董梓彬	澄海潮安	捷成	汕頭昇平路八三號	總號	171
五六〇	董梓杰	〃 〃	〃 〃	〃 〃	〃	172
五六一	董從振	〃 〃	〃 〃	〃 〃	〃	173
五六二	蔡宏德	〃 〃	〃 〃	〃 〃	〃	174
五六三	蔡高强	〃 〃	〃 〃	〃 〃	〃	175
五六四	陳永綿	潮陽	致盛	汕頭德安路四九號	〃	176
五六五	林承典	〃	〃 〃	〃 〃	〃	177
五六六	張海欽	澄海潮安	萬興昌	圖訓巷郊發利	分號	
五六七	孫振脹	潮安揭陽	義發	汕頭安平路四二號	總號	178
五六八	吳和奏	潮安澄海	佳興	汕頭德果街八四號	〃	179

汕頭永安

70

~~69~~

五六九	郭燕洲	潮陽普寧	〃	〃	〃	〃	180
五七〇	林子德	揭陽普寧	〃	〃	〃	〃	181
五七一	郭清輝	潮安澄海饒平	〃	〃	〃	〃	182
五七二	馬桂明	潮陽揭陽普寧	合	豐	汕頭永安街六六號	總號	183
五七三	李榮	〃	〃	〃	〃	〃	184
五七四	陳二奴	潮陽普寧惠來	〃	〃	成田協成豐	分號	
五七五	陳漢坤	〃	〃	〃	〃	〃	
五七六	陳湧	潮安澄海饒平潮陽揭陽	光	益	汕頭永和街八五號	總號	185
五七七	陳桂彬	潮安澄海	〃	〃	〃	〃	186
五七八	洪漢	〃	〃	〃	〃	〃	187

71

70

五七九	天永俊	潮安登海	光益		汕頭永和街八五號	總號
五八〇	陳作雄	〃 〃	〃	〃	〃	〃
五八一	陳桂清	〃 〃	〃	〃	〃	〃
五八二	黃甲耀	〃 〃	〃	〃	〃	〃
五八三	李木海	〃 〃	〃	〃	〃	〃
五八四	陳振初	潮陽揭陽	〃	〃	〃	〃
五八五	洪篤舜	潮安	〃	〃	學洋茂生	分號
五八六	洪飛竹	〃	〃	〃	〃	〃
五八七	張開正	〃	悅	記	汕頭永安街三四號	總號
五八八	張開通	潮安揭陽	〃	〃	金石福豐	分號

汕頭永安

194 193 192 191 190 189 188

72

71

五八九	張開堯	潮安	〃 〃	〃 〃	〃
五九〇	張祥儒	〃	〃 〃	〃 〃	〃
五九一	張元福	潮安揭陽	〃 〃	〃 〃	〃
五九二	柯明波	〃 〃	〃 〃	〃 〃	〃
五九三	倪漢標	〃 〃	〃 〃	〃 〃	〃
五九四	楊雲亭	〃 〃	〃 〃	〃 〃	〃
五九五	楊中元	潮安	〃 〃	汕頭永安街三四號	總號
五九六	沈兆南	〃	〃 〃	〃 〃	〃
五九七	林文進	潮陽普寧	〃 〃	〃 〃	〃
五九八	李大府	澄海	〃 〃	〃 〃	〃

198 197 196 195

73……72

五九九	沈應通	澄海潮安	悅記	汕頭永安街二四號	總號
六〇〇	邱學禹	〃 〃	〃 〃	〃 〃	〃 〃
六〇一	葉崇榮	〃 〃	〃 〃	〃 〃	〃 〃
六〇二	劉喜林	潮安澄海饒平揭陽	榮成利	汕頭昇平路一七六號	〃 〃
六〇三	鄭（镇）錦海	潮安	捷成	汕頭昇平路一三二號	〃 〃

203 202 201 200 199

74 ~~73~~

中華民國二十七年十二月一日

广东邮政管理局关于呈缴广东邮区批信局及其马来亚分号之中英文名称及完全地址清表致交通部邮政总局的呈（一九四八年二月七日）

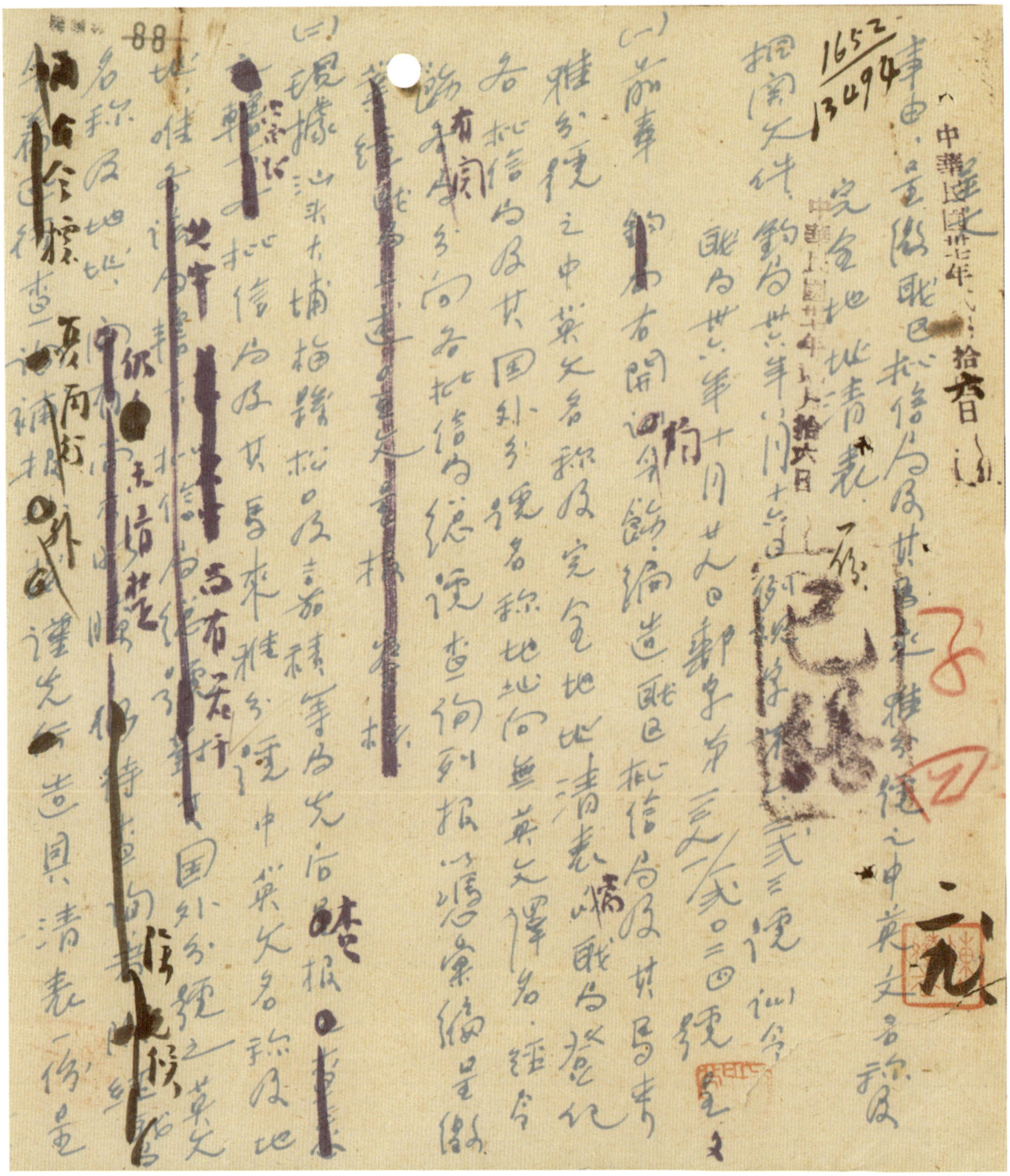

繳其餘各机局及其馬雅分院中英文名稱及地址，俟據報當即補報察核。

謹呈

郵政總局局長

附廣東郵區各机信局及其馬雅分院中英文名稱及地址清表一份共十二頁

照抄

7 FEB 1948 閱

90 繕校合信區内地股經劍組繕办

（全二七）

91 附件 ~~89~~

1651/1354呈附件 底張

廣東郵區各批信局及其馬來亞分號中英文名稱及地址清單

批信局名稱及地址	分號名稱及地址	
普通 汕頭永和街109號 Po Thong, 109 Yong Hwa Street, Swatow.	永吉祥 新嘉坡舊巴沙球膠律35號 Yong Kiat Siang, 35 Upper Circular Road, Singapore.	鴻圭 新嘉坡二馬路81號 Hong Say 81 New Bridge Road Singapore.
光益裕 汕頭永泰街34號 Kwang Yak Joo 34 Yong Thye Street, Swatow.	萬益成 新嘉坡馬車街一號 Buan Yak Seng 1 Upper Circular,Road, Singapore.	再和成 新嘉坡二馬路33號 Chye Hwa Seng, 33, New Bridge Road, Singapore.
	許順記 新嘉坡奉教街11號 Koh Soon Kee, 11, New Market Road, Singapore.	
洪萬豐 汕頭永安街53號 Ann Buan Hong, 35, Yong On Street, Swatow.	洪萬成 新嘉坡奉教街85號 Ann Buan Seng, 85, New Market Road, Singapore.	萬豐隆公司 新嘉坡振興街16號 Buan Hong Long & Co. 16,Chin Hin Street, Singapore.
~~Kway Thong Seng Kok~~,	匯通信局 新嘉坡十八間後38號 Kway Thong Seng Kok, 38 Circular Road, Singapore.	洪萬豐 檳城打鉄街263號 Ann Buan Hong, 263, Beach Street, Penang.

（1）

90

92

批信局名稱及地址	分號名稱及地址	
陳炳春 汕頭潮安街17號 Tan Peng Choon, 17, Teo Ann Street, Swatow.	陳炳春星洲分行 新嘉坡哨嘉拿律5號 The Tan Peng Choon Singapore Branch Office, 5, South Canal Road, Singapore.	
恒記 汕頭怡安街7號 Heng Kee, 7, Yee Ang Street, Swatow.	恒記棧 檳榔嶼港仔口街67號 Heng Kee Chan, 67, Beach Street, Penang.	
信大 汕頭永泰路128號 Sin Tai, 128,Yong Tai Road, Swatow.	普通莊 新嘉坡小坡梧槽律217號 Poh Hong Chang 217, Rochore Road, Singapore.	
有信 汕頭永和街68號 Yew Sin, 68, Yong Hwa Street, Swatow.	有信 新嘉坡二馬路新巴利脚38號 Yew Sin Chang, 38, New Bridge Road, Singapore.	
榮成利 汕頭永和街68號 Yong Seng Lee, 68, Yong Hua Street, Swatow.	茂興利 新嘉坡十八間後88號 Moh Heng Lee 88 & 89, Circular Road, Singapore.	祥利 新嘉坡二馬路鈕嗎里芝律79號 Siang Lee, 79, New Bridge Rd., Singapore.

(2)

~~91~~
93

批信局名稱及地址	分號名稱及其地址	
	達華 新嘉坡小坡三馬路奎因街61號 Tat Wah, 61, Queen Street, Singapore.	榮成 新嘉坡皇家山脚青橋頭泥律3號 Yong Seng, 3, Oro Road, Singapore.
	華益禮記 新嘉坡十八間後35號 Wah Yak Loy Kee 35, Circular Road, Singapore.	永德成 檳城高淵横街128號 Eng Teik Seng, 128, Pangkalan Rawa Road, Nibong Tebal, P.W.
永安 汕頭永和街99號 Yong An, 99, Yong Hua Street, Swatow.	永安祥 新嘉坡粮米朱律街39號 Yong Ann Siang, 39, New Bridge Road, Singapore.	
福成行 汕頭吉安街41號 Fock Sang Chong, 41, Kiat Ann Street, Swatow.	榮泰昌 檳城高樓仔6號 Eng Thye Cheang 6, Acheen Street Ghaut Penang.	榮泰昌恒記 怡保老街埕列治街4號 Eng Thye Cheang, Hen Kee, 4, Leech Street, Ipoh, Malaya.
	榮泰昌 馬來亞吉礁羅士打大街30號 Eng Thye Cheang, 30, Pekan China Alorstar, Kedah, Malaya.	

(3)

~~92~~

94

批信局名稱及地址	分號名稱及地址	
捷成 汕頭昇平路123號 Tsieh Cheng 123, Seng Ping Road, Swatow.	再和成偉記 新嘉坡粮米朱律33號 Chye Hwa Seng Wee Kee 33, New Bridge Road Singapore.	萬益成 新嘉坡馬車街一號 Ban Yak Seng, 1, Upper Circular Road, Singapore.
	振發棧 麻剌甲板底街40號 Chan Wat Chang 40, Pan Tai Street, Malacca.	海泉 芙蓉美芝律152號 Hai Chua, 152, Birch Road, Seremban.
	廣潮生 吉隆坡哥洛士打街55號 Kwang Teow Seng 55, Cross Street, Kuala Lumpur.	金成利 丁加奴關丹大街4號E Keng Seng Lee, 4-E Main Street, Kuantan.
	永順 丁加奴關丹緬街40/44號 Yong Soon, 40-42-44, Main Street, Kuantan.	
勝發 汕頭昇平路96號 Sheng Huat, 96, Seng Peng Road, Swatow.	裕成利 新嘉坡馬真律56號 Joo Seng Lee, 56, Merchant Road, Singapore.	萬和成 新嘉坡馬真律9號 Buan Hua Seng, 9, Merchant Road, Singapore.

(4)

~~93~~

95

批信局名稱及地址	分號名稱及地址	
	鼎盛 新嘉坡粮米末律58號 Tia Seng, 58, New Bridge Road, Singapore.	利華興 新嘉坡粮米末律77號 Lee Hua Heng, 77, New Bridge Road, Singapore.
	復源 新嘉坡沙球勝律8號 Hock Guan & Co., 8, Circular Road, Singapore.	新興 新嘉坡淡濱泥士律3/208號 Sin Heng, 3/208, Tampenis Road, Singapore.
	鄭綿春 吉隆坡福大街35號 Tay Miang Choon, 35, Foch Avenue, Kuala Lumpur.	
悅記 汕頭永安街34號 Juat Kee 34, Yung An Street, Swatow.	祥泰隆 新嘉坡大坡潮州街8號 Siang Thye Long 8, Teo Chew Street, Singapore.	永德盛 新嘉坡大坡潮州街13號 Yong Teck Seng, 13, Teo Chew Street, Singapore.
潮利亨 汕頭杉排路口54號 Teoh Lee Hing, 54, Sam Pai Street, Swatow.	潮利亨合記 庇能緞羅申街308號 Teoh Lee Hing Hop Kee, 308, Beach Street, Penang.	

(5)

~~94~~

96

批信局名稱及地址	分號名稱及地址	
光益 汕頭永和街85號 Kwong Yick 85, Yung Hua Street, Swatow.	孔明齋 新嘉坡新巴剎4號 Kong Ming Chay 4, New Market, Singapore.	公發祥 新嘉坡二馬路新巴剎脚18號 Kong Huat Siang, 18, New Bridge Road, Singapore.
	大信 新嘉坡大坡馬真律27號 Tai Sin 27, Merchant Road, Singapore.	同記 新嘉坡漆木街47號 Thong Kee Sen Ghek, 47, South Bridge Road, Singapore.
李華利 汕頭新潮興街94號 Lee Hoa Lee, 94, Sing Tioh Heng St., Swatow.	李福利 新嘉坡敬昭街27號 Lee Hock Lee 27, Keng Cheow Street, Singapore.	
義發 汕頭安平路42號 Ngi Huat, Ann Ping Road, Swatow.	中南 新嘉坡樟宜律16號 Tong Nan, 16, Changi Road, Singapore.	
陳長發 汕頭德里街99號 Tang Chang Fat, 99, Teck Lee Street, Swatow.	源利隆 新嘉坡戲館街17號 Guan Lee Loong 17, Carpenter Street, Singapore.	榮泰昌 檳城高樓仔街6號 Eng Thye Cheang, 6, Acheen Street, Chaut, Penang.

(6)

~~95~~

97

批信局名稱及地址	分號名稱及地址	
	耀華成 新嘉坡二馬路吊橋頭14號 Yeow Wha Seng, 14, New Bridge Road, Singapore.	
老億豐 汕頭安平路159號二樓 Low Aik Hong 1st Floor, 159, Ann Peng Road, Swatow.	萬德祥 新嘉坡小坡大馬路新街口597號 Ban Teck Siang, 597, North Bridge Road, Singapore.	耀華成 新嘉坡二馬路吊橋頭14號 Yeow Wah Seng, 14, New Bridge Road, Singapore.
泉利 汕頭永泰路104號 Chyuan Lih 104, Young Tai Road Swatow.	倪兩興 檳城打鉄街349號 Geh Leong Hin 349 & 351, Beach Street, Penang.	
陳四興 汕頭鎮邦街51號 Chen See Heng, 51, Tin Pan Road, Swatow.	承福興 檳城打鉄街281號 Seng Hock Heng, 281,Beach Street, Penang.	添和興 新嘉坡安順京街3號 Theam Wah Heng, 3, King Street, Perak.
饒興記 大埔 Ngew Hin Kee, Tai Po.	萬生棧 吉隆坡諧街63號 Wan Seng Chan, 63, High Street, Kuala Lumpur.	

(7)

96

98

批信局名稱及地址	分號名稱及地址	分號名稱及地址
陳富源 梅縣中山街 Chan Foo Ngian, Chung San Road, Meihsien.	陳富源 新嘉坡大坡橋路161號 Chan Foo Ngian, 161, S. Bridge Road, Singapore.	
廣德興 梅縣中山街 Kwong Tuck Hing, Chung San Road, Meihsien.	王泗記 怡保 Wong See Kee, Ipoh, Perak	
熊增昌 梅縣凌風西路紹興隆內 Yong Cheng Kee, C/O Shao Hing Long, W. Ling Fung Road, Meihsien.	遠東公司 檳城新街136號 Yuen Tung & Co., 136, Campbell Street, Penang.	
廣通莊 松口 Kwong Tun Chong, Tsunkow.	李三茂 怡保大吡叻列治街39號 Lee Som Mow, 39, Leech Street, Ipoh, Perak.	三元彰 新嘉坡福建街29號 Sam Ngian Chong, 29, Hokien Street, Singapore.
	王泗記 怡保大吡叻列治街53號 Wong See Kee, 53, Leech Street, Ipoh, Perak.	

(8)

99

87

批信局名稱及地址	分號名稱及地址	
匯通 嘉積 Huay Tung, Ka Chik, Hai Nan Island.	永利華公司 石叻小坡大馬路440-1號 Jong Lee Wah Co., 440-1,North Bridge Road, Singapore.	民安 石叻小坡連城街13號 Min Juan, 13, Liang Seac Street, Singapore.
	瓊源利 麻坡三馬路9號 Kheng Juan Lee , 9, F. Minam Musar.	南興 吉隆坡諧街139號 Nam Hing, Kuala Lumpur.
	世界旅店 芙蓉埠加梁街37號 World Lodging House, 37, Carew Street, Seremban, Malayan Union.	
陳益泰 嘉積 Chan Yik Tai, Ka Chik, Hai Nan Island.	益和堂 新加坡小坡大馬路436號 Yick Her Tuang, 436, South Bridge Road, Singapore.	廣泰 金保務邊路12號 Kwong Tai, 12, Wuh Bian Road, Kampar.
	富興隆 新嘉坡海南二街9號 Fuk Hing Long, 9, Hainam 2nd Street, Singapore.	

(9)

~~100~~
~~98~~

批信局名稱及地址	分號名稱及地址	
謙和隆 嘉積 Him Woo Loong, Ka Chik, Hai Nan Island.	天成美 新嘉坡海南街424號 Tien Cheng Mi, 424, Hainam Street, Singapore.	啟明 吉隆坡諧街234號 Chi Ming, 234, High Street, Kuala Lumpur.
聚合昌莊 嘉積 Tsui Hup Cheong, Ka Chik, Hai Nan Island.	豐盛合記 新嘉坡小坡巴米士街4號 Fong Seng Hup Kee, 4, Purvis Street, Singapore.	源盛 馬六甲雞場街47號 Yuen Seng, 47, JonkerStreet, Malacca.
	同益興 馬六甲板底街24號 Tong Yek Heng, 24, Kampong Pantei, Malacca.	
南通 嘉積 Nam Tong, Ka Chik , Hai Nan Island.	回寶文 新嘉坡巴米士街14號 Soo Pau Boon Press Co., 14, Purvis Street, Singapore;	南興昌 新嘉坡巴米士街37號 Nam Heng Chong, 37, Purvis Street, Singapore.
	南同利 新嘉坡巴米士街13號 Nam Tong Lee, 13, Purvis Street, Singapore.	協和拔記 新嘉坡巴米士街26號 Hiap Woh Puat Kee, 26, Purvis Street, Singapore.

(10)

101 ~~99~~

批信局名称及地址	分号名称及地址	
	南安 新嘉坡怒吠芝律422号 Nam Ann, 422, North Bridge Road, Singapore.	
同益 嘉积 Tong Aik, Ka hik, Hai Nan Island.	鸿安 新嘉坡小坡巴米士街28号 Hong On, 28, Purvis Street, Singapore.	富裕 新嘉坡小坡巴米士街5号 Foo Jui, 5, Purvis Street, Singapore.
恒裕兴 嘉积 Heng Joo Hing, Ka Chik, Hai Nan Island.	恒裕兴 新嘉坡冥里律街40号 Heng Joo Hing, 40, Menli Road, Singapore.	恒裕兴 马六甲武牙也街97号 Heng Joo Hing, 97, Bungaraya, Malacca.
	恒裕兴 缪阿尔海比街76号 Heng Joo Hing , 76, Hoikie, Mouholl.	群华商 居銮埠毛甲律街5号 Shum Wua Shang, 5, Mouca Road, Kiuluan.
	永裕兴 槟榔屿庇能律街812号 Jeong Joo Hing, 812, Penan Road, Penang.	

(11)

~~100~~

102

批信局名稱及地址	分號名稱及地址	
新富南 嘉積 Sun Foo Nam, Ka Chik, Hai Nan Island.	人信莊合記 新嘉坡小坡密陀律街31號 Jeng Seng Chuan Hup Kee, 31, Middle Road, Singapore.	德香園 怡保埠列治街67號 Tak Heung Yuen, 67, Leech Street, Ipoh.
華興 嘉積 Wah Hing, Ka Chik, Hai Nan Island.	益華合記 新嘉坡海南三街16號 Aik Wah Co., 16, Seah Street, Singapore.	
匯安 嘉積中原 Huay On, Chung Yuan, Ka Chik, Hai Nan Island.	阜安 新嘉坡小坡密陀律49號 Foo Ann, 49, Middle Road, Singapore.	南興昌 新嘉坡小坡巴米士街37號 Nam Heng Chong, 37, Purvis Street, Singapore.
	崇記 檳城牛干冬街437號 Thong Kee, 437-A Chulia Street, Penang.	錦和 馬六甲醬廍街71號 Kim Hua, 71, Tao Foo Street, Malacca.
黃泰豐 嘉積中原 Wong Tai Fung, Chung Yuan, Ka Chik, Hai Nan Island.	恆成 新嘉坡小坡余街10號 Hang Seng, 10, Seah Street, Singapore.	

(12)

广东邮政管理局关于查报当地各批信局及其马来亚分号中英文名称地址事项给汕头一等邮局的指令（一九四八年二月七日）

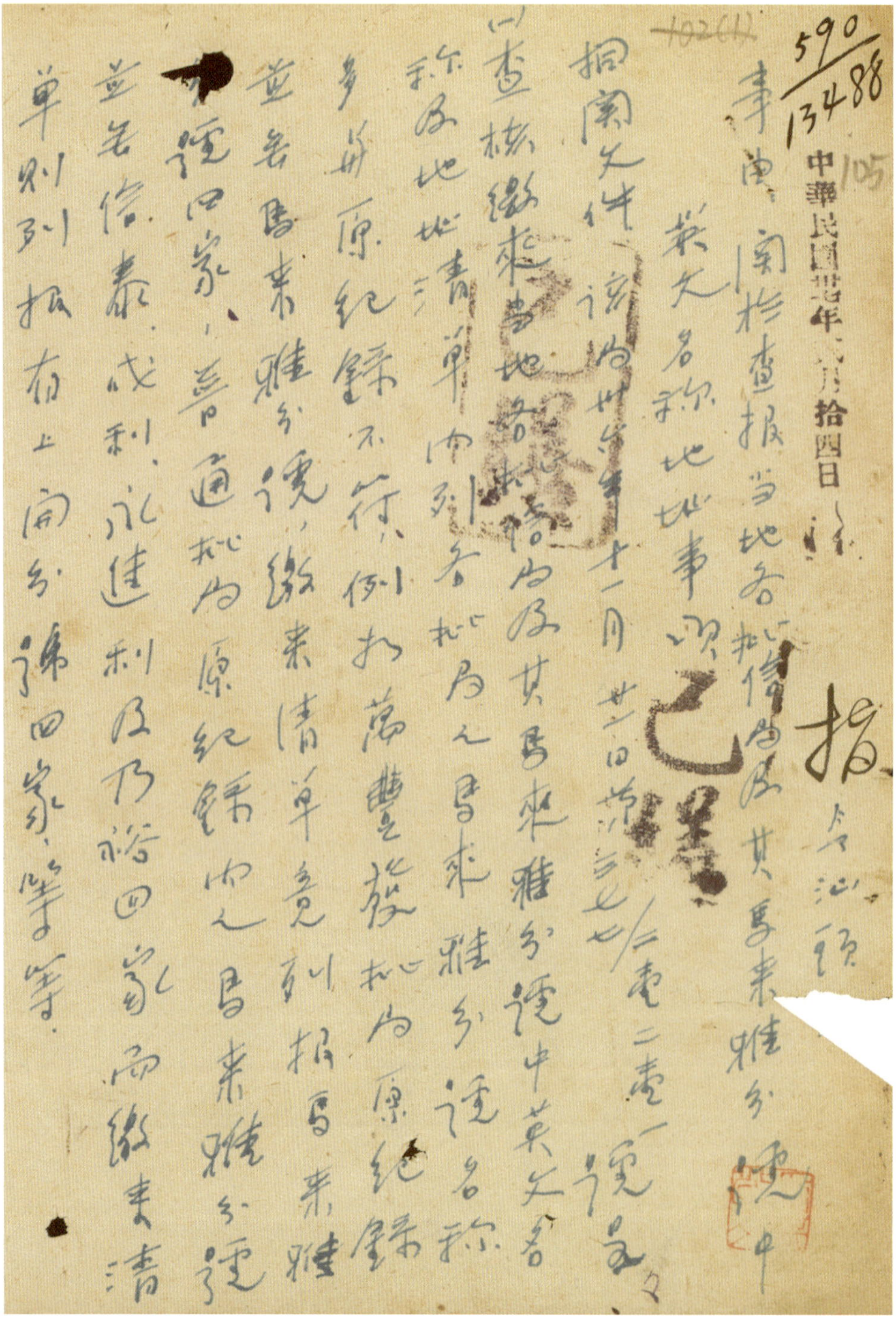

590/13488

中華民國卅七年二月拾四日

指令汕頭一等郵局

事由：關於查報當地各批信局及其馬來亞分號中英文名稱地址事項

搁關文件 該局卅六年十二月廿四日汕字第七七二一號呈悉

（一）查核繳來當地各批信局及其馬來亞分號中英文名稱

詳及地址清單內列各批局之馬來亞分號名稱

多與原紀錄不符，例如萬豐發批局原紀錄

並無馬來亞分號，繳來清單竟列有馬來亞

分號四家；普通批局原紀錄內之馬來亞分號

並無信泰、成利、永德利及乃裕四家，而繳來清

單則列有上開分號四家等等。

(二)仰即将该清单内所列报当地各机关及其曾来往分行名称与该局最近纪录逐一核对，如有不符，应迅即查明更正，并更正后再造具清表呈核。

(三)各机关尚未查明之曾来往分行相关英文名称及完全地址，应另由从速设法查明列报

已录

照抄

7 FEB 1948

汕头市侨批业职业工会批信专人会员名册（一九四八年二月二十三日）

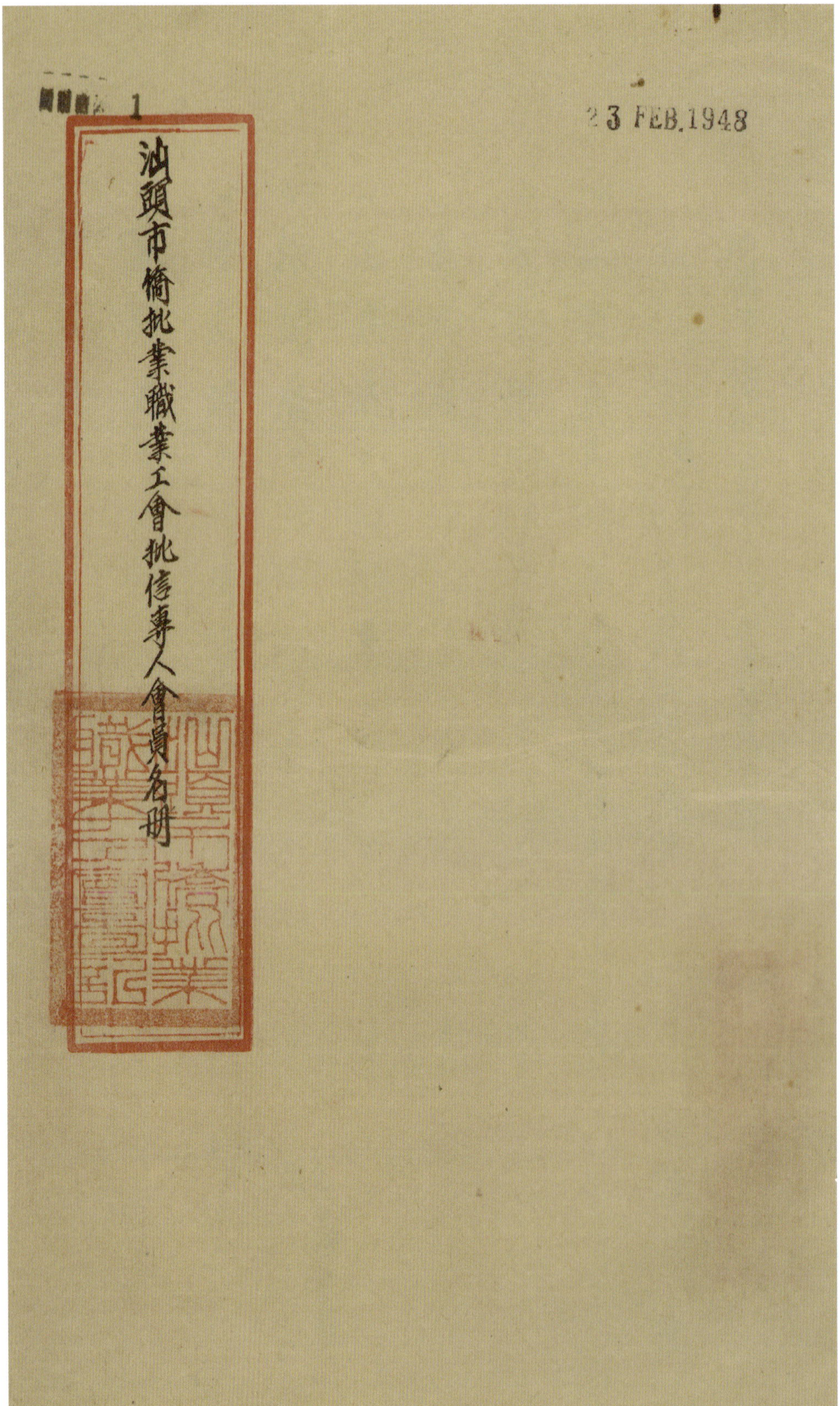
1

23 FEB.1948

汕頭市僑批業職業工會批信專人會員名冊

3

2

汕頭市僑批業職業工會會員名冊

姓名	性別	年齡	籍貫	工作批局	住址	備攷
丘學爵	男	32	澄海	悅記批記	永安街三十四號	名5 8
葉榮樂	〃	41	〃	〃	〃	
李大府	〃	37	〃	〃	〃	
沈應通	〃	42	潮安	〃	〃	
張開通	〃	30	〃	〃	〃	
楊友炳	〃	37	澄海	勝發批局	昇平路九十六號	名8 6
陳振通	〃	44	〃	〃	〃	
胡大弟	〃	〃	〃	〃	〃	

金石福豐號代理

汕頭永安

4

3

宋松来	々	32	〃	〃	〃	〃	
陳鎮壽	々	30	〃	〃	〃	〃	
林春雄	々	37	〃	〃	〃	〃	
黄木鎮	々	25	潮安	〃	〃	〃	潮安永和號代理
王永興	々	28	澄海	〃	〃	〃	達濠偉華號代理
楊松耀	〃	34	潮陽	光益僑批局永泰街三十四號			9
林仰峰	々	34	潮安	〃	〃	〃	
陳紹明	々	27	〃	〃	〃	〃	
張訓岱	々	32	〃	〃	〃	〃	
許耀松	々	43	澄海	〃	〃		

5

4

楊辰才	々	46	澄海	光益裕批局	〃	
楊哲泉	々	26	〃	〃	〃	〃
陳樹志	々	30	潮安	〃	〃	〃
林立恭	々	46	澄海	榮成利批局	升平路壹佰柒拾陸號	4 7
劉書林	々	24	〃	〃	〃	〃
黃細奴	々	56	〃	〃	〃	〃
張亞蟻	々	51	潮安	〃	〃	〃
李二府	々	26	澄海	普通批局	永和街壹佰零玖號	5 8
邱瑞林	々	42	饒平	〃	〃	〃
張登位	々	57	潮安	〃	〃	〃

潮安府記號代理

唐亞勤	〃	48	澄海	〃	〃
唐紹勳	〃	24	〃	〃	〃
林克溪	〃	44	〃	光盛批局永和街八十五號	4 4
黃振炎	〃	38	〃	〃	〃
曾紹爲	〃	53	潮安	〃	〃
董振梅	〃	30	〃	〃	〃
陳展剛	〃	54	澄海	陳炳春批局潮安街十七號	5 10
謝甲辦	〃	50	〃	〃	〃
葉進利	〃	36	〃	〃	〃
陳合昌	〃	27	〃	〃	〃

7 ~~6~~ ×

陳合欽	〃	24	澄海	〃	〃	〃	
鄭元偉	〃	40	潮陽	洪萬豐批局永安街五十三號			7 7 ×
楊啟金	〃	29	〃	〃	〃	〃	
鄭元田	〃	26	〃	〃	〃	〃	
陳奕中	〃	32	澄海	〃	〃	〃	
鄭息章	〃	32	潮陽	〃	〃	〃	
陳足雄	〃	26	澄海	〃	〃	〃	
陳西	〃	52	〃	〃	〃	〃	
張介讓	〃	26	潮安	有信批局永和街六十八號			10 12
董俊忠	〃	34	澄海	〃		〃	

8

7

董錦海	董從潤	黃啟明	秦炳欽	張介昭	張名贊	陳繼泉	李蘊光	董梟振	董伍
々	々	々	々	々	々	々	々	々	々
31	38	31	59	21	74	17	37	47	56
〃	〃	〃	〃	潮安	〃	〃	〃	澄海	〃
〃	〃	〃	〃	〃	〃	〃	〃	捷成批局	〃
〃	〃	〃	〃	〃	〃	〃	〃	昇平路嘉信廿三號	〃
〃	〃	〃	〃	〃	〃	〃	〃	9	〃
						潮安有記號代理	潮安永和號代理	11	

9 8

董梓傑	〃	26	澄海	捷成批局	〃	〃
蔡鴻德	〃	47	〃	〃	〃	〃
董梓彬	〃	31	〃	〃	〃	〃
陳俊豪	〃	31	〃	〃	〃	〃
陳應譜	〃	28	〃	〃	〃	〃
蔡高強	〃	31	〃	〃	〃	〃
鄭錦海	〃	42	潮安	〃	〃	〃
謝友青	〃	32	澄海	復安批局	永隆街六號	14
張海欽	〃	30	潮安	萬興昌批局	永安街六十號	19
丁鎮海	〃	32	澄海	福利批局	永泰路壹佰伍拾捌號	10

10

王勝居	〃	19	〃	廣順利批局	集隆街廿二號	1 5
蔡壽昌	〃	39	〃	振盛興批局	永興街四十二號	1 2
林利松	〃	32	潮安		永泰路六十六號	協成泰代理
洪篤舜	〃	26	〃		永平路八十六號	浮洋茂生代理
潘漢標	〃	20	饒平		商平路壹佰六十三號	隆都潘合利代理
王七	〃	23	澄海		永泰路八十六號	外砂炳記代理

10

理事長丘學禹

中華民國卅七年弍月廿三日

汕头一等邮局关于查报汕头各批信局及其马来亚分号中英文名称地址事项致广东邮政管理局的呈（一九四八年二月二十七日）

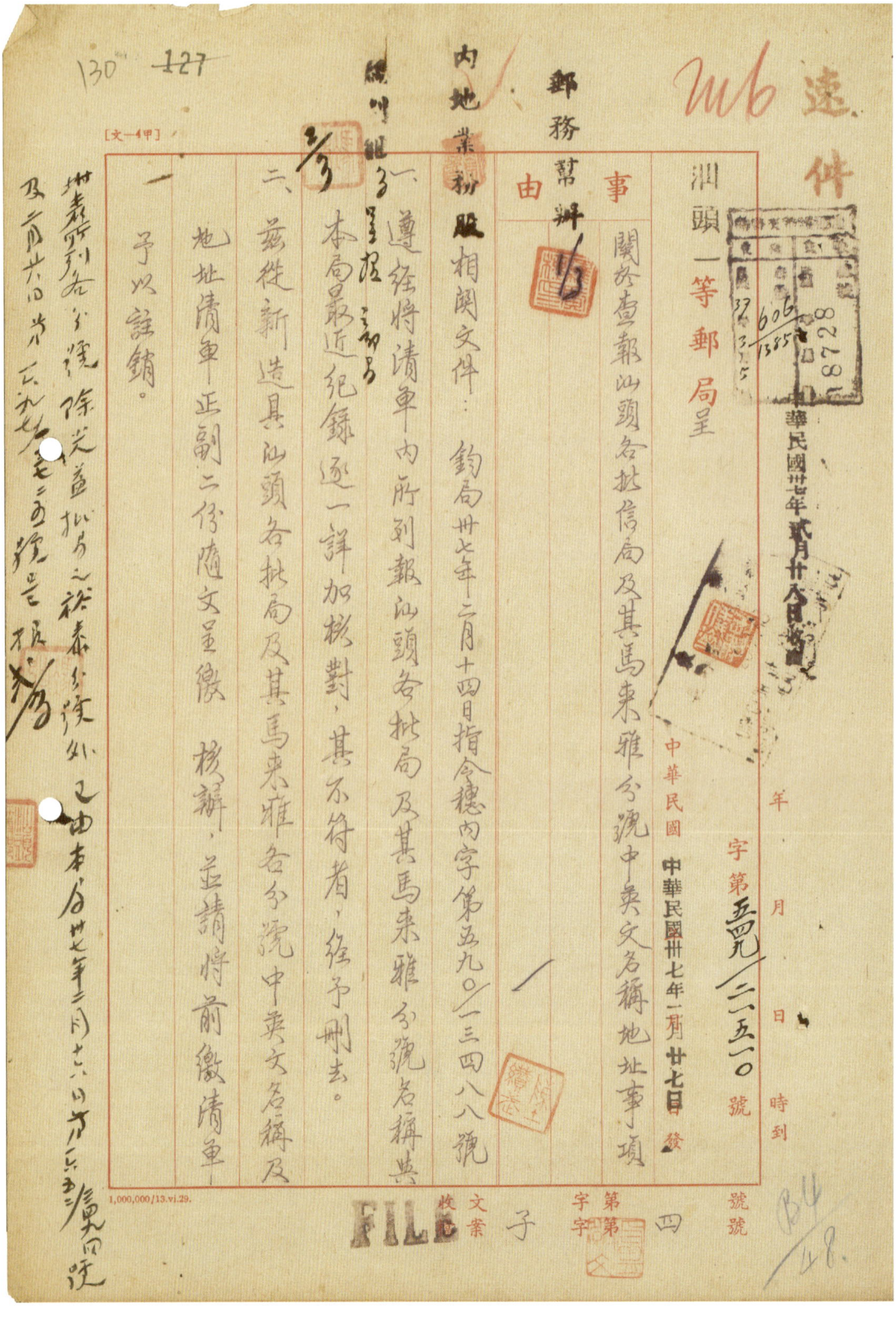
速件

汕頭一等郵局呈

字第五九/二一五一〇號

中華民國卅七年二月廿七日發

事由：關於查報汕頭各批信局及其馬來雅分號中英文名稱地址事項

郵務幫辦

內地業務股

相關文件：鈞局卅七年二月十四日指令穗內字第五九〇/一三四八八號

一、遵經將清單內所列報汕頭各批局及其馬來雅分號名稱與本局最近紀錄逐一詳加核對，其不符者，經予刪去。

二、茲從新造具汕頭各批局及其馬來雅各分號中英文名稱及地址清單正副二份隨文呈繳 核辦，並請將前繳清單一予以註銷。

FILE

~~128~~

131

【文一記乙】

三、各批信尚未查悉之馬來雅分號相關英文名稱及完全地址，經再函催儘速查報，一俟函報來局，再續行造具清單呈核。

謹呈

廣東管理局

附呈清單正副貳份。

汕頭一等郵局局長林紀楷

第貳頁

郵政公事用紙

4,000,000/27. vi. 30.

附：汕头各批局及其马来亚各分号中英文名称及地址清单

~~128~~
132

一

汕頭各批局及其馬来亞各分號中英文名稱及地址清單

批信局名稱 及詳細住址	分號名稱及詳細地址	
普通 汕頭永和街109號 Pothong 109 Yong Hwa Street Swatow	永吉祥 新嘉坡盒巴沙球勝律35號 Yong Kiat Siang 35 Upper Circular Road Singapore	鴻生 新嘉坡二馬路81號 Hong Say 81 New Bridge Road Singapore
光益裕 汕頭永泰街34號 Chop Kwang Yak Joo 34 Yong Thye Street Swatow	萬益成 新嘉坡馬車街1號 Chop Buan Yak Seng No.1 Upper Circular Road Singapore	再和成 新嘉坡二馬路33號 Chop Chye Hua Seng No.33 New Bridge Road Singapore
	許順記 新嘉坡奉教街11號 Koh Soon Kee No.11 New Market Road Singapore	
洪萬豐 汕頭永安街53號 Ang Buan Hong No.53 Yong On Street Swatow	洪萬成 新嘉坡奉教街85號 Ang Buan Seng No.85 New Market Road Singapore	萬豐隆公司 新嘉坡振興街16號 Buan Hong Long & Co. No. 16 Chin Hin Street Singapore
	匯通信局 新嘉坡十八間後38號 Kway Thong Seng Kek No.38 Circualr Road Singapore	洪萬豐 檳城打銅街263號 ~~Xxxx Say~~ Ang Buan Hong No.263 Beach Street Penang

第一頁

133

~~129~~

汕頭各批局及其馬來亞各分號中英文名稱及地址清單

批信局名稱及詳細住址	分號名稱及詳細地址	
陳炳春 汕頭潮安街17號 Tah Peng Choon 17 Tee Ann Street Swatow	暹京陳炳春星洲分行 新嘉坡哨嘉拿律5號 Tan Peng Choon(Bangkok) Singapore Branch Office No. 5 South Canal Road Singapore	
恒記行 汕頭怡安街7號 Heng Kee Hang 7 Yee Ang Street Swatow	恒記棧 檳榔嶼港仔口街67號 Heng Kee Chan 67 Beach Street Penang	~~xxxxxxxx~~ ~~xxxxxxxxxxxxxxxxxxxxxxxxxx~~
信大 汕頭永泰路128號 Sin Tai Hong No.128 Yong Tai Road Swatow	普通莊 新嘉坡小坡梧槽律217號 Poh Hong Chang No.217 Rochore Road Singapore	
有信 汕頭永和街68號 Yew Sin 68 Yong Hua Street Swatow	有信 新嘉坡二馬路新巴剎脚38號 Yew Sin Chang 38 New Bridge Road Singapore	~~利通~~ ~~詩巫十字街10號~~ ~~Lee Thong~~ ~~10 Cross Road~~ ~~Sibu~~
榮成利 汕頭昇平路176號 Yong Seng Lee 176 Sheng Ping Road Swatow	茂興利 新嘉坡十八間後88號 Moh Heng Lee No.88 & 89 Circular Road Singapore	祥利 新嘉坡二馬路鈕吻里芝律79號 Chop Siang Lee No. 79 New Bridge Road Singapore

第二頁

134

~~130~~

汕頭各批局及其馬來亞各分號中英文名稱及地址清單

批信局名稱及詳細住址	分號名稱及詳細地址	
	達華 新嘉坡小坡三馬路奎因街61號 Chop Tat Wah 61 Queen Street Singapore	榮盛 新嘉坡皇家山脚青橋頭源峰3號 Yong Seng No. 3 Oro Road Singapore
	華益禮記 新嘉坡十八間後35號 Wah Yak Loy Kee No.35 Circular Road Singapore	永德成 檳城高淵街128號 Eng Teik Seng No.128 Pang Kalan Rawa Road Nibong Tebal. P.W.
永安 汕頭永和街99號 Yong An 99 Yong Hua Street Swatow	永安祥 新嘉坡粮米朱律街39號 Yong Ann Siang Singapore	
福成行 汕頭吉安街41號 Fook Sang Chong No.41 Kiat Ann Street Swatow	榮泰昌 檳城高樓仔6號 Eng Thye Cheang No. 6 Acheen Street Chaut Penang	榮泰昌恒記 怡保老街場利治街4號 Eng Thye Cheong,Hen Kee No.4 Leech Street Ipoh, Malaya
	榮泰昌 馬來亞吉礁羅士打大街30號 Eng Thye Cheang No. 30 Pekan China Alorstar Kedah, Malaya	

第三頁

135

~~131~~

汕頭各批局及其馬來亞各分號中英文名稱及地址清單

批信局名稱及詳細住址	分號名稱及詳細地址	
勝發 汕頭昇平路96號 Sheng Huat No.96 Seng Peng Road Swatow	裕成利 新嘉坡馬真律56號 Joo Seng Lee No.56 Merchant Road Singapore	萬和成 新嘉坡馬真律9號 Buan Hua Seng, No.9 Merchant Road Singapore
	鼎盛 新嘉坡粮米朱律58號 Tia Seng NO.58 New Bridge Road Singapore	利華興 新嘉坡粮米朱律77號 Lee Hua Heng No.77 New Bridge Road Singapore
	福源 新嘉坡沙球朥律8號 Hock Guan & Co., No.8 Circular Road Singapore	新興 新嘉坡淡濱尼士律3/208號 Sin Heng No. 3/208 Tampenis Road Singapore
	鄭綿春 吉隆坡指天街35號 Tay Miang Choon No.35 Foch Avenue Kuala Lumpur	
悦記信局 汕頭永安街34號 Juat Kee Letter Fism No.34 Yung An Streett Swatow	祥泰隆 新嘉坡大坡潮州街8號 Siang Thye Long No.8 Teo Chew Street Singapore	永德盛 新嘉坡大坡潮州街13號 Yong Teck Seng No.13 Tew Chew Street Singapore

第四八

~~132~~ 136

汕頭各批局以其馬來亞各分號中英文名稱及地址清單

批信局名稱及詳細住址	分號名稱及詳細地址	
陳四興 汕頭鎮邦路51號 Chen See Heng No.51 Tin Pan Road Swatow	崇福興 檳城打鉄街281號 Seng Hock Heng No.281 Beach Street Penang	添和興 新嘉坡安順京街3號 Theam Wah Heng No.3 King Street Perak
光益批局 汕頭永和街85號 Kwang Yick Bank 85 Yung Hua Street Swatow	孔明齋 新嘉坡新巴剎4號 Kong Ming Chay 4 New Market Singapore	公發祥 新嘉坡二馬路新巴剎腳18號 Kong Huat Siang 18 New Bridge Road Singapore
	大信 新嘉坡大坡馬真律27號 Tai Sin 27 Merchant Road Singapore	同記 新嘉坡漆木街47號 Thong Kee Sen Ghek 47 South Bridge Road Singapore
	裕泰 新嘉坡振興街20號 Chop Joo Thye 20 Chinhin Street Singapore	聯和 新嘉坡大坡二馬路63號 Lian Wha Co. 63 New Bridge Road Singapore
李華利 汕頭新潮興街94號 Lee Hoa Lee No.94 Sing Tioh Heng St. Swatow	李福利 新嘉坡瓊昭街27號 Lee Hock Lee No.27 Keng Cheow St. Singapore	

第五頁

137 ~~183~~

汕頭各批局及其馬來亞各分號中英文名稱及地址清單

批信局名稱 及詳細住址	分號名稱及詳細地址	
義發 汕頭安平路42號 Ngi Huat 42 Ann Ping Road Swatow	中南 新嘉坡漳宜律16號 Tong Nan 16 Changi Road Singapore	
陳長發 汕頭德里街99號 Tang Chang Fat No.99 Teck Lee Street Swatow	源利隆 新嘉坡戲館街17號 Guan Lee Loong No.17 Carpehter Singapore	榮泰昌 檳榔嶼高樓仔街6號 Eng Thye Cheang No.6 Acheen Street Chaut Penang
	旭和 檳榔嶼答老仔	廣隆 怡保 植橋
	錦彰 怡保 朱毛橫街	耀華成 新嘉坡二馬路吊橋頭 Yeow Wha Seng 14 New Bridge Road Singapore
光億豐批局 汕頭安平路159號二樓 Low Aik Hong 1st. floor 159 Ann Peng Road, Swatow.	萬德祥批局 新嘉坡小坡大馬路新街口597號 Ban Teck Siang 597 North Bridge Road Singapore	耀華成批局 新嘉坡二馬路吊橋頭14號 Yeow Wha Seng 14 New Bridge Road Singapore

第六頁

~~136~~
138

汕頭各批局及其馬來亞各分號中英文名稱及地址清單

批信局名稱及詳細住址	分號名稱及詳細地址	
泉利 汕頭永泰路104號 Chyuan Lih No.104 Young Tai Road Swatow	倪兩興 檳城打鉄街349號 Geh Leong Hin Nos.349 & 351 Beach St. Penang	

卅七年二月廿七日編造

汕頭一等郵局局長

第七頁

汕头段一九四七年份已挂号批信局详情表续编（一九四八年二月二十八日）

261

汕頭局（訓令第八一〇號 通函第六十四號）附件

汕頭段三十六年份已掛號批信局詳情表續編

~~253~~ 262

批信局名稱	開設地方	營業人姓名	分號名稱	開設地方	代理人姓名	執照號數
嘉隆	汕頭	蔡煥臣	榮合昌	河婆	李化初	一三〇
			李裕昌	揭陽	李潤仁	
			森豐	河婆	蔡薰華	
			合興	香港	蔡龍	
			廣復興	新嘉坡	蔡俊美	
			昭昌	山口羊	蔡昭	
			錦記	勿里洞	蔡錦合	
			其成利	[illegible]偉	蔡日初	
			誠美	古樓	蔡錦標	
			廣安隆	蘇拉巴也	蔡渭亭	
			蔡東昇	佩剎克	蔡鴻	
			和和	暹京	許培豐	
福興	汕頭	劉士彥	劉喜合	潮陽	劉竹舟	一七六
			魏啟峯	揭陽	魏啟園	
			陳四合	金甌	陳雲騰	
			福興	流沙	陳宗海	
			萬發	橫[illegible]	黃秉房	
			振慶大	新嘉坡	黃啟平	
			永新	棉蘭	劉士城	
			源記	安南金邊	鄧其極	
			新發興	仙達	黃克欽	
			劉合盛	暹京盤谷	劉子澄	
			倪有興	橫城	倪宏擇	
			德盛興	日里	姚明盛	
勝發	汕頭	鍾詩和	魏啟峯	揭陽	魏啟園	一七八
			陳銓成	東海坪	陳進	
			劉喜合	潮陽	劉德丹	
			陳聯豐	流沙坪	陳成剛	
			有信莊	潮安	許振豐	
			倪两發	日里棉蘭	倪克昭	

（第一頁）

~~254~~ 263

批信局名稱	榮成利		
開設地方	汕頭		
營業人姓名	許衍衡		
分號名稱	開設地方	代理人姓名	執照號數
兩發棧	日里民礼	倪徐盛	
黃創成	日里哥抄蘭	黃玉柳	
李同春	坤甸	李春樹	
裕成利	新嘉坡	黃雪山	
復源	新嘉坡	曾昭明	
利華興	新嘉坡	姚連泉	
鼎盛	新嘉坡	蔡炳順	
馬和成	新嘉坡	鄭銳利	
新興	新嘉坡	蔡培枝	
鄭錦春	吉隆坡	鄭漢麒	
錦潮興	暹羅	陳源鐸	
合成	北婆羅洲	劉玉波	
鄭錦發	新加坡	鄭則光	
信昌	饒平	王昭平	一八一
劉喜合	潮陽	劉竹船	
黃德良	潮陽	黃經通	
馬安	潮安	許文龍	
協成	潮安	李茂如	
許廣源	詔安	許飛聲	
漕發	揭陽	林征修	
俊發	揭陽	侯德俊	
華益	新嘉坡	劉炳岳	
榮盛	新嘉坡	陳深漢	
榮順	散達坎	劉枝生	
達華	新嘉坡	秦建俠	
祥利	新嘉坡	張壽仁	
茂興利	新嘉坡	陳子吉	
永德成	庇能	姚貞河	
祥發	香港	姚泰秋	

（第二頁）

~~255~~ 264

批信局名稱	開設地方	營業人姓名	分號名稱	開設地方	代理人名稱	執照號數
信大	汕頭	陳謙銘	達大	香港	陳逸岩	一九六
			侯鴻盛	盤谷	侯澤軍	
			吳公興	安南	吳文翰	
			合成	[illegible]塘	陳謙銘	
			光德成	揭陽	李運祥	
			洪萬興	棉湖	洪賢明	
			劉喜合	潮陽	劉竹船	
			陳四合	金甌	陳成安	
			陳普通	新嘉坡	陳容清	
			陳信裕	安南宅郡	陳崇翰	
			光信利	暹羅	蘇崇澤	
長發	汕頭	陳少懷	陳裕發	金甌	陳允員	二三八
			陳四合	金甌	陳雲騰	
			劉喜合	潮陽	劉竹船	
			陳益隆	隆江	陳雲石	
			光德成	揭陽	李運祥	
			洪萬豐	棉湖	洪賢明	
			陳慶發	金甌	陳明石	
			旭和	檳榔嶼	陳子鐸	
			榮泰昌隆茂	檳榔嶼	陳玉如	
			寶隆	怡保	陳星遠	
			錦彰	怡保	陳鍾源	
			鑫榮	盤谷	陳漢瑜	
			耀華成	新嘉坡	陳新發	
			榮隆	香港	古錫賢	
			源利隆	新嘉坡	劉文饒	
泉利	汕頭	倪宏杏	源豐發	盤谷	林永材	二三七
			同興	寬市	劉選和	
			興利	松口	范宜洪	
			益成昌	大埔	劉達根	

（第三頁）

~~256~~ 265

批信局名稱	開設地方	營業人姓名	執照號數
佳興	汕頭	林光茂	二〇一
黃潮興	汕頭	黃壽璧	二〇三

分號名稱	開設地方	代理人姓名
潘發	三河	余昌文
吳達興	大埔	吳井言
公和發記	公洲	劉玉階
禮記	[illegible]陂	劉奕臣
南生莊	梅縣	何柏生
信泰	高陂	何奪甫
兩興	揭陽	許實坤
慶發	潮陽	陳明石
萬泰和兵記	新嘉坡	劉璧和
志成莊	香港	何啟慶
萬山棧	新嘉坡	何育卿
源利公司	新嘉坡	劉來維
合興盛	盤谷	賴鏗
倪兩興	擴鄉嶼	倪宏揖
協川公司	日里	黃毓芳
倪兩興	香港	倪宏量
劉壽合	潮陽	劉竹船
陳四合	潮陽	陳雲騰
詹恒亨	陽隍	詹正初
有信莊	澄海	蘇翊卿
魏啟峯	揭陽	魏啟圃
張合利	饒平	張景光
李源合	達濠	李偉臣
德隆	安南金塔	郭鏡蓉
源来	安南擺草	陳達偉
中興	安南簿寮	林如石
廣順	店子頭市	金振忠
劉壽合	潮陽	劉竹船
魏啟峯	揭陽	魏啟圃
有記	潮安	張幼初
聯順	澄海	許駿
曾順榮	達·陽	陳友照

~~257~~·266

批信局名稱	開設地方	營業人姓名	分號名稱	分號開設地方	代理人姓名	執照號數
老億豐	汕頭	劉宗道	集信	東隴	陳榮傑	二〇八
			林順成	饒平	林藹創	
			許廣源	詔安	許鳳聲	
			發利	松下	陳雲初	
			鄭和記	樟林	鄭敦衍	
			王廣合棧記	內浮山	王帆	
			濟豐祥	黃岡	何友仁	
			榮豐	東里	徐玉書	
			黃潮興	盤谷	黃順泰	
			榮德泰	盤谷	吳達經	
			泰源亨	盤谷	陳長三	
			松興泰	盤谷	黃景雲	
			泰成豐	盤谷	陳府銘	
			義瑞興	盤谷	金德河	
			永泰祥	盤谷	陳松保	
			振潮興	盤谷	陳府謙	
			裕豐	盤谷	陳梓宏	
			順裕發	潮陽	鄭和璋	
			福裕興	潮安	林楚明	
			順裕祥	澄海	李合賜	
			致成	香港	陳子謙	
			老億豐	香港	謝少岩	
			順合隆	新嘉坡	李宗饒	
			順合祥	安南金塔	黃明興	
			合昌	盤谷	劉宗武	
			南馬合記	盤谷	劉宗武	
			耀華成	新嘉坡	陳朝發	
			萬德祥	新嘉坡	洪勝良	
			馬金峰	盤谷	馬伯遺	
			萬棣	香港	劉文俊	
			中南	吉隆坡	呂學文	

（第五頁）

258 267

批信局名稱	開設地方	營業人姓名	分號名稱	開設地方	代理人姓名	執照號數
福成	汕頭	黃日輝	新發	新嘉坡	楊阜光	二三〇
			廣利	新嘉坡	吳仰華	
			陳四合	金甌	陳雲騰	
			劉喜合	潮陽	劉竹船	
			陳益隆	隆江	陳雲石	
			光德成	揭陽	李運祥	
			陳泰裕	金甌	陳景昌	
			協源興	福陽	林適通	
			榮泰昌德茂	檳榔嶼	陳玉如	
			榮泰昌恒記	怡保	陳玉文	
			光盛	檳榔嶼	劉漢盛	
			成興	佩剌克	為成源	
			和成	佩剌克	陳榮桂	
			榮泰昌	吉[illegible]	陳景茂	
四興	汕頭	陳四合	四合	潮陽	陳雲騰	二三一
			銘發	陸豐	葉芳輝	
			裕源	惠來	陳偉如	
			永福興	檳榔嶼	林為良	
			和裕	新嘉坡	陳趙順	
			錦昌	仙達	陳四銀	
			添和興	新嘉坡	林為材	
			源泰昌	暹羅	王楚仁	
			明興發	盤谷	周爍如	
捷成	汕頭	李毓鏧	何添記	大埔	何鏡初	二三二
			吳達興	大麻	吳井言	
			公和聯記	茶洲	劉玉階	
			益和	高陂	何青雨	
			廣恒豐	松口	黃志宏	
			平平	盤谷	張遜之	

更正事項：（一）卅六年份已掛號批信局詳情表第一頁信和成批局原列開設地方揭陽，誤繕，應已遷設汕頭。（二）第十九頁原列批信局名稱「鍾雲順」，應改為「鍾榮順」，請予修改正。